끝까지 해내는 뇌

Unstoppable Brain

© 2024 Bobinet, Kyra.

Original English language edition published by Forbes Books 18 Broad Street,
Charleston South Carolina 29401, USA. Arranged via Licensor's Agent: DropCap Inc. All rights reserved.
Korean edition copyright © 2025 by Woongjin Think Big Co., Ltd.

이 책의 한국어판 저작권은 ㈜웅진씽크빅에 있습니다.
저작권법에 의해 한국 내에서 보호를 받는 저작물이므로 무단전재와 무단복제를 금합니다.

작심삼일의 쳇바퀴에서 당신을 구할 뇌 과학 솔루션

끝까지 해내는 뇌

Unstoppable Brain

카이라 보비넷 지음
유지연 옮김

이 책을 향한 찬사

이 책의 '성과에서 반복으로의 전환'과 '우리는 생각보다 강하다'라는 문장이 마음에 꽂힌다. 32년간 정신과 의사로서 그리고 인생을 살아가면서 명확히 깨달은 것이 있다면 '좌절과 실패는 누구에게나 반드시 찾아온다'는 사실이다. 하지만 동시에 우리 삶에는 좌절을 넘어서는 '전화위복', 심리학에서는 '위기 후 성장'이라 표현하는 역동적이고 긍정적인 힘도 함께 존재한다.

좌절을 피하려고 아무리 노력해도 결국 우리 모두에게는 어두운 순간이 찾아온다. 이때 필요한 것은 막연한 희망이나 성과에 대한 강박이 아니라, 우리가 이미 내면에 가지고 있는 강력한 힘에 대한 현실적이고 명확한 믿음이다. 그 힘을 깨우는 방법은 화려한 목표를 세우고 성과를 쫓는 기존의 방식을 버리고, 작고 꾸준한 행동을 반복하며 조금씩 앞으로 나아가는 것이다.

성공했다고 해서 좌절이나 실패를 겪지 않는 건 아니다. 즉 성공과 실패는 서로 반대되는 개념이 아니라, 삶 속에서 뒤엉키며 우리를 성장시키는 중요한 두 요소다. 『끝까지 해내는 뇌』는 최신 뇌 과학을 바탕으로 누구나 겪게 되는 실패, 후회, 죄책감의 악순환을 어떻게 슬기롭게 극복할 수 있는지, 친절하면서도 체계적인 방법을 제시한다.

당장 읽지 않아도 좋다. 하지만 당신이 인생에서 좌절의 시기를 마주했을 때 이 책은 기필코 도움이 될 것이다. 한 번도 직접 만난 적 없는 저자에게 깊은 동지애를 느낀다.

_ 윤대현 | 서울대병원 정신건강의학과 교수, 『무기력 디톡스』 저자

『끝까지 해내는 뇌』에서 카이라 보비넷은 최신 뇌 과학과 실용적 통찰을 결합해, 행동 변화를 위한 혁신적인 접근법을 제시한다. 나는 스탠퍼드대학교에서 보비넷과 함께 강의하며 그녀가 환자들의 행동 변화를 이끌어내는 복잡한 과정을 학생들에게 얼마나 따뜻하고 명확하게 전달하는지 직접 목격했다. 이 책은 인간의 마음과 변화 가능성에 대한 저자의 깊은 이해를 고스란히 담고 있다. 특히 우리가 왜 똑같은 행동을 반복하는지, 그 배경에 있는 뇌의 메커니즘을 뇌과학적으로 설명하면서 동기와 행동 조절에 있어 '하베눌라'라는 뇌 부위의 혁신적인 역할을 소개한다. 이 책은 단순한 자기계발서가 아니다. 그동안 우리가 머리로는 알면서도 행동으로 옮기지 못했던 '인지와 실천의 간극'을 메우고, 누구나 지닌 변화의 힘을 끌어내는 설계도이다. 보건·의료 전문가, 교육자, 그리고 '끝까지 해내는 나'를 원하는 모든 이들에게 반드시 권하고 싶은 책이다.

_ 래리 추 Larry Chu | 스탠퍼드대학교 의과대학 교수, AIM 연구소 소장

복잡한 과학 개념을 이렇게 명료하게 풀어낼 수 있다니! 인용문과 이야기를 곁들여, 한 장 한 장이 술술 읽히는 책이다. 보비넷은 '실패병'이라는 개념을 통해 우리 안에 도사린 수많은 실패의 목소리를 어떻게 인식하고 극복할 수 있는지를 보여준다. 뇌 과학에 기반한 그녀의 접근법은 신선하며, 기존과는 전혀 다른 방식으로 사고할 수 있도록 우리를 이끈다. 과학적으로 탄탄한 동시에 이해하기 쉽고 무엇보다 동기를 북돋고 영감을 준다. 뿐만 아니라 복잡한 개념들을 아름답게 정리해 실천 가능한 단계로 제시한다. 간결하고 명확한 이 처방을 누구나 쉽게 이해하고 자신의 삶에 적용할 수 있을 것이다. 더 건강하고 만족스러운 삶을 꿈꾸는 이들에게 반드시 권하고 싶은 책이다.

_ 조지프 크베이더 Joseph Kvedar | 하버드대학교 의과대학 교수

『끝까지 해내는 뇌』는 동기부여를 과학의 관점에서 새롭게 바라보는 책이다. 보비넷은 우리가 반복해서 좌절하는 이유를 뇌의 '하베눌라'라는 기관을 통해 풀어내고, 그에 맞선 변화 전략을 구체적인 실천 단계로 제시한다. 일시적인 결심이 아니라 오래가는 변화와 진짜 성장을 원하는 이들에게 깊은 통찰을 안겨줄 것이다.

_ 제니 L. 버넷 Jeni L. Burnette | 노스캐롤라이나주립대학교 심리학과 교수

비만 치료를 전문으로 하는 의사로서, 환자들이 간절히 살을 빼고 싶어 하다가도 결국 다시 예전 습관으로 돌아가 체중을 되찾는 모습을 자주 목격한다. 마치 자신과 끊임없는 전쟁을 벌이는 것처럼 느껴질 때도 있다. 보비넷은 왜 우리가 아무리 의지를 다져도 목표를 이루고 유지하는

일이 그렇게도 어려운지 생물학적으로 설명해주는 새로운 과학을 설득력 있게 펼쳐 보인다. 이 획기적인 책은 '실패의 생물학'을 다루며, 실패 후에 따라오는 수치심과 죄책감을 새롭게 바라볼 수 있도록 도와준다. 하지만 그것만이 아니다. 자기 자신과의 대화를 바꾸어 진짜 성공에 이르는 길을 제시한다. 보비넷은 행동과학에 뇌 과학을 정교하게 엮어 왜 우리의 뇌가 우리를 방해하는지, 그리고 어떻게 뇌와 같은 팀이 되어 살아갈 수 있는지를 알려주는 실용적인 안내서를 완성했다.

_ 수잔 울버 Susan Wolver | 버지니아커먼웰스대학교 의과대학 부교수

보비넷과 함께 일한 10년 동안 나는 인간이 어떻게 하면 더 나은 방향으로 행동을 변화시킬 수 있을지에 대한 그녀의 집요한 탐구심에 깊은 인상을 받아왔다. 그녀의 최신작 『끝까지 해내는 뇌』는 지금껏 나온 이 주제를 다룬 책 중 가장 중요한 책일지도 모른다. 이 책은 체크리스트나 앱에 의존하지 않고 건강 개입과 직장 내 웰빙의 효과를 높일 수 있는 실용적이고 과학적인 전략을 제시한다.

_ 데이비드 J. 호크 David J. Hoke | 전 월마트 건강·복지 프로그램 총괄 이사

『끝까지 해내는 뇌』는 과학, 심리학 그리고 생생한 현실의 이야기가 절묘하게 어우러진 책으로, 독자에게 강력한 동기를 불러일으킨다. 보비넷은 연구와 스토리텔링을 능숙하게 결합해, 트래킹, 다이어트, 목표 설정 등 흔히 쓰이는 방법들이 어떻게 하베눌라의 '실패 감지 시스템'을 자극하는지를 흥미롭게 풀어낸다. 이 통찰력 있는 책은 '실패병'이라는 개념을 제시하며, 우리 안에 자리 잡은 실패의 목소리를 인식하고 극복하는

여정을 안내한다. 나아가 오랜 뇌 과학 연구를 통해 밝혀진 습관과 삶의 방식 변화에 대한 깊은 통찰도 함께 전한다. 프레임을 바꾸는 힘, 성장형 마인드셋, 그리고 체계적인 반복iteration의 전략을 강조하며, 실패의 굴레를 걷어내고 끝까지 동기를 유지할 수 있는 실질적인 도구를 제공한다.

_ **리즈 쿠오**Liz Kwo | 에버리 헬스Everly Health 최고 의료책임자

정확하고, 설득력 있으며, 강렬하다! 보비넷은 최신 뇌 과학 연구를 실제 적용 가능한 전략과 정교하게 연결해, 우리 안에 잠든 잠재력을 깨우고 영감 가득한 삶으로 이끈다. 우리는 뇌의 작동 방식을 이해함으로써, 그동안 의지가 꺾일 수밖에 없었던 이유를 파악하고 긍정적인 변화를 위한 구체적인 실천에 나설 수 있다. 『끝까지 해내는 뇌』는 평범함을 넘어서 삶을 바꾸는 지혜를 전하는, 자기계발을 위한 귀중한 안내서다.

_ **앨리슨 페두시아**Allison Feduccia | 텍사스대학교 신경약리학 박사

『끝까지 해내는 뇌』는 행동 변화를 가능하게 만드는 뇌 과학의 핵심을 알기 쉽게 풀어낸, 중요하고 흥미로운 책이다. 특히 실패를 인지한 후 동기를 꺼버리는 뇌 영역을 새롭게 밝혀낸 과학적 탐구는 일종의 깨달음을 안겨준다. 이 책은 행동 신경과학 분야의 이정표 같은 작품이며, 건강하고 지속 가능한 평생 습관을 만들고자 하는 모든 이들에게 반드시 필요한 책이다. 삶의 주도권을 되찾고, 목표 달성의 걸림돌을 넘어서고 싶은 사람이라면 꼭 읽기를 권한다.

_ **케이트 비비 드버니**Kate Beebe DeVarney | 조지메이슨대학교 신경심리학 박사

보비넷의 '실패'와 '습관 형성'에 대한 뇌 과학적 접근은 독창적이면서도 강한 설득력을 지닌다. 그녀는 우리 뇌의 작동 원리를 이해하고, 이를 바탕으로 삶의 긍정적 변화를 이끌어내는 것이 얼마나 중요한지를 강조한다. 변화를 원하는 동시에 효과적이고 지속 가능한 방식을 찾는 모든 이에게 이 책을 강력히 추천한다.

_ **마르가리타 라모스** Margarita Ramos | 워싱턴대학교 의과대학 박사

추천 서문

10여 년 전 카이라 보비넷을 처음 만났을 때, 그녀는 수년간 쌓아온 행동 변화 관련 지식을 기반으로 마음 챙김 프로그램을 개발하고 있었다. 얼마 후 그녀의 획기적인 첫 책 『잘 설계된 삶A Well Designed Life』이 출간된 것을 보고 나는 보비넷이 고통받는 사람들을 위해 그들의 삶을 변화시키는 프로그램을 만들고 싶어 한다는 것을 알 수 있었다. 그녀는 아직도 그 목표를 갖고 있는 것 같다.

우리의 우정은 계속되었고 나는 보비넷의 행동 설계 회사인 인게이지드인engagedIN(현재의 프레시 트라이Fresh Tri)에서 진행하는 여러 프로그램에 참여하는 즐거움을 누렸다. 또 샌타크루즈산에 있는 워크숍 센터에 강사로 초대받기도 했다. 그런 경험을 통해 그녀가 신경과학을 실용적이고 실행 가능한 원리와 통합하는 데 얼마나 해박한 지식을 갖추었는지 깨달았다. 프로그램 참가자들이 유대감을 형성하고 그녀가 전파하는 내용의 진실성과 힘을 깨닫는 순간을 목격하는 것은 정말 놀라운 일이었다.

보비넷은 캘리포니아대학교 샌프란시스코캠퍼스UCSF에서 의학 학위, 하버드대학교에서 공중 보건 석사 학위를 취득한 뒤 신경과학뿐만 아니라 행동 변화의 중요한 측면을 이해하는 데 앞장서왔다. 그녀는 개인과 조직이 더 나은 방향으로 행동을 바꾸도록 돕는 프로그램을 만들었으며, 전 세계뿐만 아니라 스탠퍼드대학교와 하버드대학교를 비롯한 선도적인 대학에서도 강의했다. 또 하버드대학교 공중보건대학원에서 이노베이터상Innovator Award을 비롯해 수많은 상과 찬사를 받았다.

지난 30년간의 연구와 지지를 바탕으로 그녀는 이 분야의 세계적인 전문가로 인정받고 있다. 하지만 보비넷은 단순히 책을 읽고 문헌을 검토하는 것만으로 연구를 한 것이 아니라 스스로 말했듯이 실험을 하는 데 많은 시간을 보냈다. 그녀는 인간이 자신에게 도움이 되는 일을 회피하는 이유를 살펴보았고, 두려움에 사로잡혀 아무 행동도 하지 못하고 스스로 쓸모없다는 느낌을 받을 때가 많다는 사실을 깨달았다. 이를 통해 자기 파괴적 행동의 밑바탕을 이해했고, 그런 감정 뒤에 숨어 있는 것이 무엇이며 어떻게 극복해야 하는지 알아내기 위해 집요하게 파고들었다. 또 그녀는 인간의 조건에 대해 뛰어난 통찰을 지닌 스승, 현명한 원주민 노인, 영적 지도자를 찾아 조언을 듣기도 했다. 이는 그녀가 행동을 변화시키는 데 도움이 되었을 뿐만 아니라 훌륭한 식견을 제공해주었다.

보비넷의 새 책 『끝까지 해내는 뇌』는 성공, 동기부여, 긍정적인 마음가짐을 기르는 방법의 비밀을 파헤치는 여정이다. 그녀는 '반복'이라는 사소한 습관이 지속적인 변화를 이루어낸 사람들에게 결정적 원동력이 되었음을 발견했다.

이 심오하고 시의적절한 책에서 보비넷은 목표를 달성하려 할 때 어째서 한 가지 방법이 모든 사람에게 맞지 않는지, '성공'을 추구하는 사회가 어떻게 지난 몇 년 동안 사람들의 정신적·신체적 건강을 악화시켜왔는지에 대한 통찰을 공유한다.

최신 신경과학을 종합한 획기적 연구에서 그녀는 '하베눌라habenula'라는 후측 시상 (뇌의 중심부에 위치한 기관으로 대뇌로 가는 감각정보가 모이고 운동정보가 나가는 입출력중추 역할을 한다.―옮긴이) 양쪽 위에 위치한 뇌의 작은 영역이 동기 행동, 적응, 보상 처리와 관련해 어떻게 기능하는지 이해하는 것이 중요하다는 사실을 발견했다. 하베눌라는 솔방울샘을 포함한 시상하부의 일부로, 긍정적이고 지속적으로 행동을 변화시키는 방법에 대한 통찰을 제공한다. 이 영역이 작동하는 원리에 대한 그녀의 통찰을 통해 우리는 원하는 삶을 창조할 수 있다.

또 그녀는 연민, 특히 자기 연민(자신을 불쌍히 여기는 것으로 오해하는 경우가 많으나 스스로를 비난하지 않고 이해하고 인정하는 마음을 뜻한다. 이러한 자기연민은 자신에 대한 과도한 비판이나 자책감을 줄이고 긍정적인 자아 정체성을 형성하는 데 도움이 된다.―옮긴이)이 지속적인 변화와 행복하고 건강한 삶을 위한 핵심 요소라는 사실을 깨달았다.

보비넷은 행동 변화에 창의적인 전략을 결합함으로써 평온과 변화 그리고 치유로 가는 길을 설계했다. 『끝까지 해내는 뇌』는 모든 사람에게 자신뿐 아니라 주변 사람들의 삶까지 변화시킬 수 있는 도구와 통찰을 제공하려는 열망을 보여주는 증거다. 또한 각자의 내면에 잠재력을 최대한 발휘할 수 있는 강한 힘이 있다는 사실을 깨달을 수 있도록 명확한 길을 제시할 것이다. 모든 사람의 서재에 없어서는 안 될 책이며, 내 서재에도 꼭 필요한 책이다.

_ **제임스 도티** James Doty | 스탠퍼드대학교 신경외과 교수,
『닥터 도티의 삶을 바꾸는 마술가게』 저자

+ 차 례 +

이 책을 향한 찬사   4
추천 서문   10

서장 | 당신은 뇌에게 완전히 속았다

그 누구도 주목하지 않았던 빨간 약, '하베눌라'   18
인생의 주도권을 되찾는 뇌 과학   24
끝까지 해내는 사람은 뇌를 다르게 쓴다   26

1부 포기하는 뇌는 어떻게 만들어지는가

1장 | 성과주의라는 신기루

한 번의 실패에 크게 무너지는 사람들의 특징   36
성과는 어떻게 우리 뇌에 독이 되는가   38
누구를 위해 하고 있습니까   55
불편한 진실을 마주하라   58

2장 | 의지를 꺾어버리는 내 머릿속 스위치

내 안의 '포기 버튼' 하베눌라가 작동하는 법   66
한밤중에 동기를 훔치러 온 보석 도둑, 하베눌라   81
당신은 결코 나약하지 않다   84
성과 집착은 하베눌라 스위치를 어떻게 활성화할까   88
뇌가 실패를 경험하는 방식을 관리하라   95

Unstoppable Brain

3장 | 세상은 당신이 포기하기를 간절히 바라고 있다

기하급수적으로 거대해진 다이어트 산업   **102**
당신의 실패가 돈이 될 때   **110**
더 이상 도파민에 집착하지 마라   **113**
언제까지 효과 없는 시스템에 머무를 것인가   **117**

2부 | '동기부여 차단기' 하베눌라의 스위치를 꺼라

4장 | "어차피 나는 안 된다"는 생각 멈추기

실패병의 세 가지 원칙   **127**
실패병을 부르는 여덟 가지 유형   **130**
'실패했다는 생각'이 실패를 부른다   **150**

5장 | 작심삼일 습관을 뿌리 뽑는 기술

뇌가 작동시키는 습관 알고리즘   **155**
신호–루틴–보상이 만드는 '습관 고리'   **158**
오래된 습관을 바꾸는 최고의 해결책   **161**
뇌에 가해지는 충격파, '중요한 감정적 사건'   **165**
트라우마는 뇌를 어떻게 바꿀까   **177**
지속되는 변화를 다시 생각하다   **181**

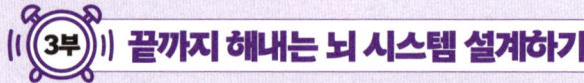

3부 | 끝까지 해내는 뇌 시스템 설계하기

6장 | 인생의 주도권을 쥔 사람은 무엇이 다른가
'반복적 사고'와 자기 효능감   **190**
경직된 뇌, 유연한 뇌   **196**
실패에 대한 면역력 키우기   **199**

7장 | 끝까지 해내는 브레인스토밍 전략
무력감을 돌파하는, 탐색   **208**
성공할 때까지 성공한 척 하라   **210**
변화를 시도할 때 예측할 수 있는 네 가지 결과   **213**
끝까지 해내는 뇌를 만드는 브레인스토밍   **216**
의욕 시스템을 강화하는 반복의 힘   **227**

8장 | 당신은 생각보다 더 강하다
그 어느 때보다 반복이 필요한 시대   **235**
사회적 무력감의 탈출구   **238**
"우리는 모두 연결되어 있다"   **243**
연습하라, 재구성하라, 반복하라   **245**
준비는 모두 끝났다   **249**

감사의 글   **252**
주   **257**

서장

당신은 뇌에게 완전히 속았다

우리는 삶에 변화를 가져다줄 수 있는 주체성, 자율성, 힘을 갖고 싶어 한다. 불안을 극복하고, 식단을 지키고, 할 일 목록을 모두 완료하고, 은퇴 자금을 모으고, 관계를 개선하고, 헬스장에 가서 운동을 하고 싶어 한다. 하지만 많은 사람이 나쁜 습관이나 패턴, 단기적 해결책에 갇혀 발전과 후퇴 사이를 오간다. 우리는 무엇을 해야 하는지 알고 있지만 장기적으로 실행에 옮기기를 어려워한다.

30년 동안 신경과학, 생리학, 심리학, 영성까지 아우르는 다양한 분야를 연구하면서 이러한 보편적 문제를 추적한 끝에 마침내 문제의 핵심을 찾아냈다. 그것은 바로 행동의 변화를 위해 우리가 배워온 방식이 실제로는 처음부터 끝까지 우리의 노력을 약화하는 성과주의적 접근에 빠져 있다는 점이다. 우리는 구체적specific이고, 측정measurable과 성취attainable가 가능하며, 연관성relevant이 있고, 정해진 시간내timesensitive에 이루어야 하는 SMART 목표를 세우고, 칼로리를 계산하고, 보상을 추구하고, 걸음 수를 추적하고, 순위표를 활용하고, 경쟁하고 경쟁하고 또 경쟁하면서 성과를 내라고 배운다.

이러한 방법은 뇌의 도파민 경로를 활성화해 보상을 추구하고 단기적으로 좋은 효과를 발휘한다. 하지만 장기적으로는 비교, 불안, 판단이라는 부정적 측면이 있어 이를 고수하지 않으면 실패와 수치심에 취약해진다. 다행히 영구적이고, 만족스럽고, 건강한 삶의 변화를 위한 새로운 희망과 과학이 존재한다.

영화 〈매트릭스〉에서 눈앞에 놓인 빨간 약과 파란 약 중 파란 약을 먹으면 이야기가 끝난다. 당신은 침대에서 깨어나 믿고 싶은 걸 믿으며 살아간다. 그러나 빨간 약을 먹으면 진실을 깨닫고 끝까지 나아가게 된다.

그 누구도 주목하지 않았던 빨간 약, '하베눌라'

새롭게 발견한, 잘 알려지지 않은 뇌의 비밀스러운 영역이 우리가 갈망하는 삶을 살 자유와 힘을 빼앗고 있다. 그 영역은 자신이나 다른 사람에게 가장 좋은 일을 하려는 동기를 잃게 만들어 결국 당신을 꼼짝 못하게 가둔다.

그 비밀은 무엇일까? 바로 '하베눌라'라는 뇌 영역이다. 이 작은 영역은 인간의 행동을 통제하는 두 가지 초능력을 지녔다. 첫째, 하베눌라는 아주 작은 일이라도 실패했다고 생각할 때마다, 그것이 자신도 모르는 무의식적인 생각이라 해도 실패 감지기 역할을 한다. 둘째, 하베눌라는 동기를 억제하는 차단기 역할을 한다. 즉 어떤 일을 실패했다고 감지할 때마다 갑자기 그 일을 계속하려는 의욕을 꺾어버리는 것이다.

하베눌라는 지금까지 발견된 뇌의 영역 중 가장 중요한 행동 조절 기관으로, 우리 삶에 일어나는 일과 일어나지 않는 일, 우리가 하는 일과 하지 않는 일을 판단하는 뇌의 핵심 장치다. 이 책은 활성화된 하베눌라가 과학계에서 수십 년 동안 가장 강력한 동인으로 여겨온 도파민과 보상 체계까지 지배할 수 있다는 사실을 알게 한다. 따라서 하베눌라를 활성화하는 것이 실패이고, 활성화된 하베눌라가 동기 상실, 우울증, 무력감을 불러온다면 모든 행동 변화에서 가장 중요한 점은 실패하지 않는 것(혹은 실패했다고 생각하지 않는 것)이며 무슨 일이 있어도 계속 나아가는 것이다. 그러면 당신이 타고난 성향, 목적, 경력 지향점, 협력자와 지지자, 열정이 유기적으로 드러날 것이다.

이 책은 빨간 약을 제공한다. 오늘날 행동 변화를 위한 가장 지배적 접근 방식인 '매트릭스'를 폭로하며 그것이 종종 비효율적이고, 해롭고, 뇌의 작동 방식과 상반되게 작용한다는 사실을 밝힌다. 이와 함께 현재 시스템 문제를 정확히 파악하고 건강과 삶을 되찾을 자유를 얻는 방법을 살펴볼 것이다. 그런 다음 행동 변화에 대한 모든 것을 바꿔놓을 최신 신경과학의 수많은 증거를 소개하고 의학, 과학, 자연에 기반을 둔 다양한 진실과 이야기를 살펴볼 것이다. 이러한 내용은 당신이 반복되는 실패에서 교훈을 얻고 당신을 점점 더 무력하게 만드는 매트릭스에서 벗어나는 데 도움을 줄 것이다.

주의할 점은 빨간 약을 먹지 않게 만드는 '회귀 반응'을 설명하는 행동과학 개념인 고무줄 효과Rubber Band Effect에 빠져들지 않는 것이다. 급진적이거나, 불편하거나, 이해하기 어려운 것을 접할 때마다 뇌는 자연스럽게 기존에 알고 있던 것으로 돌아가기 위해 노력한다. 연못 속 개구리 이야기는 이 개념을 가장 잘 보여준다.

연못에 개구리 한 마리가 평화롭게 살고 있었다. 어느 날 바다 개구리 한 마리가 다가와 말했다.

"안녕, 잘 지내니?"

"안녕, 넌 어디서 왔어?"

"난 바다에서 왔어!"

"바다? 그게 뭐야?"

"음, 그건 끝이 보이지 않을 정도로 아주 큰 물이야."

"아, 그럼 이 연못의 2배쯤 되는구나."

"아니, 한 방향으로 계속 헤엄치다가 끝까지 못 갈 수도 있어."

"아, 알겠다. 이 연못의 3배쯤 되는 거구나?"

이 책을 읽다 보면 행동 변화의 기존 패러다임과 맞지 않는 새로운 개념이나 데이터를 받아들이기 어려울 수도 있을 것이다. 아니면 바다를 헤아리지 못하는 연못 개구리처럼 새로운 것을 원래 알고 있던 것과 통합하려 애쓰는 자신을 발견할 수도 있을 것이다. 이는 지극히 정상이며 행동과학과 신경과학에서도 잘 설명하고 있다. 연못 개구리는 바다가 얼마나 거대한지 이해하지 못한다. 내가 기존의 행동 변화 접근법이 잘못되었다고 말하자 누군가가 "그래, 알았어요"라고 대답했듯이 말이다. "아니, 그건 정말 나쁜 방법이에요." "그래요, 다른 사람에게는 나쁠 수도 있지만 저는 괜찮아요." "아니요, 정말 나쁘다니까요."

뇌가 과거 데이터를 고수하는 경향은 최근 과학이 발전하면서 밝혀진 사실이다. 과학자들은 뇌가 사건을 기반으로 한 모든 감각 데이터를 모아 일종의 '상향식' 접근법으로 현실에 대한 인식에 도달한다고 믿었다. 하지만 신경과학과 수학 분야의 매우 복잡하고 지적인 연구를 통해 뇌가 과거의 결론과 경험에 많은 비중을 두며 현실과 가정을 처음부터 완전히 재구성하는 노력을 들이는 데는 인색하다는 사실이 새롭게 밝혀졌다.

뇌에서 감각으로 가는 피드백feedback 뉴런의 수는 감각에서 뇌로 가는 피드 포워드feed forward 방향에 비해 10배나 많다. 불교 철학에서는 이 개념을 '조건화conditioning'라고 부르는데, 이는 실험동물이 과제를 수행하도록 만드는 데 이용하는 파블로프의 조건화[1]와 비슷하다. 간단히 말하면, 과거는 새로운 것을 배우고 변화하는 능력을 크게 방해하는 '중력'을 지니고 있다. 그것은 비자발적이고 습관적으로 작용한다. 이 책의 목표는 이러한 한계에서 벗어나 진정으로 변화하고 자유로워지는 데 필요한 중력 탈출 속도를 제공하는 것이다.

우리로 하여금 행동을 중단하게 하는 것은 트라우마, 실패, 산만함, 해로운 습관 등의 중력이다. 이러한 장애물과 신념에서 자유로워진다면 누구나 자신의 재능을 최대한 발휘할 수 있을 것이다. 미국 원주민 사회에는 '약 묶음medicine bundle'이라는 개념이 있다. 이는 우리 각자가 지니고 있는 치유 능력, 창의성, 지혜를 은유적으로 나타낸다. 당신의 약 묶음, 즉 고유한 삶의 목적은 신성한 것이며, 당신이 존재하는 이유는 가족과 공동체를 이해하고 그들에게 기여하기 위해서다.

각자의 약을 보충하고 발전시키려면 시간이 걸린다. 나는 내 약을 모으기까지 수십 년이 걸렸다. 내 조상은 보헤미안 집시 농부, 불특정한 유럽인, 내가 시민권자로 등록되어 있는 미네소타 오지브웨족에 이르기까지 다양하다. 나는 미국 중서부, 캘리포니아, 동부 해안, 오클라호마에서 자랐고, 그곳에서 다양한 사람들과 관계를 맺고 존중하는 법을 배웠다. 그리고 대학에서는 생물학과 암 연구에 몰두했다.

나는 UCSF 의과대학에서 의학과 심리학을 배웠고, 하버드대학교 대학원에서 공중 보건과 의료 혁신에 대해 공부했다. 또 폭력 범죄자의 사회 복귀를 돕는 사회정의 비영리단체를 설립·운영하면서 연민, 경계, 재발, 트라우마에 대해 배웠다. 대형 의료 회사의 임원으로 일하면서는 현재의 방법이 지속 가능한 건강 행동 변화를 이끌어내는 데 얼마나 비효율적인지 절실히 깨닫기도 했다. 이 약묶음은 해를 거듭하고 치료를 거듭하고 의식을 거듭할 때마다 조금씩 유용하고 진실한 것으로 발전했다. 그리고 모든 사람이 각자의 여정을 통해 자신만의 고유한 약묶음을 만든다는 사실을 알고 있다.

하지만 장애물도 존재한다. 삶은 결코 쉽지 않다. 아무리 훌륭하고 교육을 많이 받은 사람이라 해도 문제에 맞닥뜨리기 마련이다. 부유하고 유명하지만 비참하고 중독된 사람들을 보라! 현실은 '고통을 눌러 압축한 포장'처럼 작용하며, 달의 인력에 따라 끊임없이 바뀌는 조수의 흐름처럼 일정하게 존재한다.

불교 철학의 첫 번째 진리는 고통과 고통의 원인이 존재한다는 것이다. 나는 수많은 트라우마, 음식 및 포르노 중독, 조상의 대량 학살, 식량 및 경제적 불안, 정서적 학대와 부모의 폭력이라는 잿더미에서 일어났고, 이 모든 것은 수치심, 낮은 자존감, 실패, 고착화라는 사슬로 나를 묶었다. 당신도 이와 비슷한 고통 때문에 수차례 무릎을 꿇은 적이 있을 것이다.

우리는 점점 더 혼란스러워지는 시대에 살고 있다. 미디어, 에너지, 식품, 의료 분야의 거대 기업은 대중의 신뢰를 무너뜨렸고 그 결과 잘못된 정보, 분열, 음모가 낡은 스펀지에 핀 곰팡이처럼 퍼져나갔다. 한때 견고한 성처럼 여겨졌던 수많은 기관이 이제는 위선과 거짓, 부패의 무게에 짓눌려 제 역할을 하지 못한다. 우리는 사진이나 동영상, 글을 보면서 인공지능이 작성했으리라는 의심과 냉소적 태도를 갖게 되었다. "변화의 시대에 끊임없이 배우는 사람은 땅을 물려받는 반면, 배움을 멈춘 사람은 더 이상 존재하지 않는 세상에 매달려 있는 자신을 발견할 것이다"라는 미국의 사회철학자 에릭 호퍼Eric Hoffer의 말처럼 말이다.

인생의 주도권을 되찾는 뇌 과학

자신을 해방하고 보호하기 위해서는 진실과 신뢰의 진정한 원천을 점점 더 간절히 찾게 된다. 그리고 자연보다 더 진실하고 신뢰할 수 있는 원천은 없다. 자연의 패턴과 이를 설명하는 과학은 우리가 의지할 수 있는 땅이다. 인간이 만들어내고 서로 강요하는 인위적 구조와 내러티브는 우리를 병들게 하는 경우가 많다. 우리는 이제 무엇이 진실인지, 무엇이 최선인지 알지 못하는 것 같다.

훌륭한 관찰이 이뤄지는 행동과학에서도 주로 대학생을 대상으로 한 단기 연구에 뿌리를 두는 경우가 많다. 뇌가 24세까지 성숙하지 않는다는 점을 고려할 때, 이것이 정말 일반화할 수 있는 행동 데이터와 통찰일까? 이러한 행동 데이터는 인간 경험에 대한 단서를 제공하지만 장기적으로 적용하거나 고령자 혹은 다문화 인구에 적용하기에는 부족하다. 이것이 내가 조작과 왜곡이 난무하고 정신없이 돌아가는 이 세계에서 센스메이킹sensemaking(환경의 여러 불확실한 요인과 맥락을 파악하고 사실·경험·관찰을 종합해 의사 결정을 위한 의미를 만들어가는 과정—옮긴이)을 위해 신경과학에 몰두하게 된 이유다. 나는 표면으로 드러나는 인간의 행동을 신경과학적으로 증명해 내가 연구한 주제가 삶의 제1원칙으로 삼을 만큼 확신할 만한 것임을 알게 되었다.

내가 지적하고자 하는 것은 근본적으로 다른 상태다. 당신이 실제로 자신의 인생을 주도할 운전대를 잡고 있다면 어떤 모습일까? 당신이 꿈꾸던 방식으로 삶을 바꿀 수 있다면 어떨까? 자신의 자유뿐 아니라 진실을 다룰 수 있다면 어떨까?

이렇게 할 수 있는 유일한 방법은 마음과 뇌의 작동 방식에 기반을 두는 것이다. 뇌와 의식의 아름다움과 복잡성에 대한 우리의 이해 수준은 초기 단계에 불과하다. 이 때 명상 수행을 거친 사람들이 수천 년 동안 쌓아온 지혜는 과학, 의식, 현실에 대한 실마리를 제시하고 길을 알려준다. 물리학, 진화생물학, 철학의 이론과 연구는 서양, 동양, 원주민의 심리적 이해와 어우러져 더 완벽한 그림을 완성할 수 있다.

뇌에는 수억 개의 뉴런이 작동하기 때문에 그곳에서 무슨 일이 일어나는지 이해하는 것은 버거운 일이다. 이 책에서 나는 뇌에 관련된 매우 복잡한 신경생물학 및 해부학적 발견(예를 들어 하베눌라)을 가장 유용하게 전달하기 위해 약간의 창의적 방식을 사용할 것이다. 더불어 하베눌라에 대한 연구 또한 빠르게 진행되고 있기 때문에 과학계는 시간이 지남에 따라 이러한 그림을 더욱 발전시킬 것이다.

물론 가장 현대적인 신경과학적 관점은 신경계를 독립적으로 작동하는 개별 뇌 영역이 아닌, 수많은 신호와 여러 초점 간의 전달이 통합된 전체로 여기는 것이다. 하지만 이 책은 뇌에 대한 철저하고 미묘한 검토를 제공하기보다는 하베눌라처럼 인간의 행동 변화와 삶에 큰 영향을 미치는 최근의 과학적 발견을 실질적으로 적용하는 데 초점을 맞추고자 한다. 마찬가지로 나는 '뇌'와 '마음'이 특정 분야에서 서로 다른 개념으로 여겨진다는 사실을 염두에 두고, 필요한 경우 이를 구분하고자 한다.

끝까지 해내는 사람은 뇌를 다르게 쓴다

이러한 이해는 빼앗겼던 인생의 주도권을 되찾아준다. 당신 스스로 진실의 원천을 이해할 때 주체적 삶을 영위할 수 있다. 다른 사람은 당신의 상사가 아니며 당신에게 모든 진실, 특히 자신에 대한 진실을 알려줄 수 없다! 그들은 당신을 판단할 자격이 없으며, 다만 당신의 여정을 위한 스승, 동반자, 때로는 거울이 될 수 있다. 당신은 다른 사람을 기쁘게 하거나, 자신을 그들과 비교하거나, 그들의 진실을 당신 것으로 받아들이기 위해 존재하는 것이 아니다. 주권을 포기한다는 것은 매트릭스에 접속하는 것, 즉 공동 창작자가 아닌 미디어, 제품, 솔루션의 '소비자'가 되고 마는 것이다.

당신은 의식적이고 자율적인 기여자가 아니라 기계의 톱니바퀴가 될 수밖에 없다. 그런 상태에서는 자신의 꿈이 아닌 부모님, 종교 지도자, 고용주 등 다른 사람의 꿈을 따를 것이다. 또 자신의 재능을 완전히 발휘하기보다 인플루언서를 따라하고, 누군가에게 열광하는 팬이 되고, 다른 사람과 자신을 비교할 것이다.

그렇다고 해서 '내가 가장 중요하다'라며 우월감, 쾌락주의, 나르시시즘 같은 미성숙한 개념에 빠진다는 뜻은 아니다. 그런 개념은 더 무력하고 통제되지 않은 상태일 뿐이다. 그보다 사랑, 겸손, 유대감, 용기, 그리고 무엇보다도 배움으로 가득한 삶이 가장 건강한 인간의 모습이라고 믿는다.

그렇다면 어떻게 해야 할까? 최고의 삶을 살기 위한 가장 효과적이고 보람 있는 방법은 뇌를 거스르지 않고 협력하는 것이다. 뇌의 보호 장치인 하베눌라를 탐색하는 방법을 알아낸 사람만이 그러한 삶을 살 수 있다. 그리고 이 책에서 소개할 내용처럼 그 비결은 바로 성과에서 반복으로 전환하는 것이다.

이 책의 주목적은 당신이 원할 때 원하는 방식으로 삶과 습관을 바꿀 수 있는 자율권을 부여하는 것이다. 이 책은 최신 뇌 과학을 활용한 세 가지 단계의 '처방'을 제공해 당신을 갇힌 상태에서 끝까지 나아가는 사람으로 바뀌도록 도와준다. 이 마법의 약을 마음속에 받아들이면 과거에 가로막히거나 미래에 대한 두려움이 밀려올 때 타고난 동기를 회복하는 해독제가 되어줄 것이다.

1부에서는 당신의 뇌에 어떤 일이 일어나고 있는지, 그것이 당신에게 어떤 해를 끼치는지, 목표와 추적 같은 일반적인 성과 기반 접근 방식이 어떻게 당신을 해치고 약화하는지 살펴볼 것이다. 이를 통해 뇌의 하베눌라 영역에 대한 획기적 발견을 이해하고, 그것이 장기적 성공을 달성하는 방법에 관한 모든 것을 어떻게 바꾸는지 알게 될 것이다.

2부에서는 진정한 자신이 아닌 다른 모습을 연기하게 만드는 사회적 조건을 알아보고 그것이 우리 각자에게, 심지어 상처가 없는 것처럼 보이는 사람에게 어떤 영향을 미치는지 살펴본다. 현재의 지배적인 행동 변화 접근법에서 벌거벗은 임금님 같은 불편한 진실을 드러내 빨간 약을 먹을 것이다. 가장 인기 있고 널리 알려진 행동 변화 방법을 파헤쳐 그것의 효과가 일시적일 수밖에 없는 이유를 살펴볼 것이다. 그리고 다이어트 산업, 의료 산업, 소셜 미디어 산업 등 알게 모르게 뇌의 약점을 수익 모델로 이용하는 분야와 기업을 실패 산업이라 부를 것이다. 또 우리 자신을 가장한 실패의 얼굴과 목소리를 조명하고 그 손아귀에서 연민의 마음으로 우리 자신을 해방시킬 것이다. 마지막으로 지속적인 변화와 당신이 원하는 삶을 얻기 위해 필요한 과학에 대해 다룰 것이다.

끝으로 3부에서는 장기적이고 지속적인 변화를 달성한 사람들의 마법을 살펴보고, 그들만이 지속적으로 변화를 달성할 수 있는 이유와 방법에 대해 이야기할 것이다. 반복에 대해서도 배울 텐데, 반복은 과학, 사회학, 의학을 통틀어 실패를 막거나 무력화해 당신을 멈추지 않는 존재로 만드는 유일하고 확실한 방법이다. 결론적으로 기후, 빈곤, 부족주의 같은 오늘날의 가장 크고 어려운 문제를 해결하는 새롭고 효과적인 방법으로 새로운 개념과 과학을 적용할 것이다.

당신은 삶의 주인이자 가치 있는 존재다. 무언가를 믿도록 조건화되었다 해도, 당신의 천부적 권리는 배우고 성장할 자유를 누리는 것이다. 당신은 당신 자신이 되지 못할 이유가 없다. 당신은 반드시 자신의 삶에서 이해하거나 배울 수 있다. 내가 경험한 바에 따르면, 우주는 배우는 사람, 계속 노력하는 사람을 벌하지 않으며 자비를 베푼다. 어느 아메리카 원주민 노인은 이렇게 말했다. "신은 아기와 바보만 보호하는데, 나는 아기가 아니지 않은가!"

우리는 자신도 모르는 사이에 실패에 통제당한다. 매트릭스 안에 갇힌 것이다. 이것은 우리 모두가 운영해왔고 믿도록 조건화되어온 성과 기반 접근 방식을 받아들인 결과다. 하지만 새로운 신경과학에 비추어 보면, 지나친 성과주의가 뇌의 자연스러운 동기부여와 보호 본능을 저해하고 변화 능력을 약화한다는 사실이 더욱 분명해진다. 꼭 그런 식일 필요는 없다. 성과보다 진전에 초점을 맞춘 반복적 접근과 사고를 택함으로써 우리는 자신과 세상을 위한 강력하고 지속적인 변화를 이끌어낼 수 있다.

Unstoppable Brain

1부

포기하는 뇌는
어떻게 만들어지는가

1장
성과주의라는 신기루

1등이 아니면 꼴찌다.

- 리키 보비 Ricky Bobby

마야는 완벽하게 착지했다. 이번에도 훌륭했다. 어려운 동작도 그녀가 하면 쉬워 보였다. 도마를 짚고 뛰어올라 중력과 물리학을 거슬러 공중에서 몸을 비틀고 회전한 뒤 한 치의 흔들림도 없이 매트에 착지했다. 세 살 때 뒷마당에서 공중제비와 옆 돌기를 시작한 이후 마야는 체조에 천부적인 재능을 보였고, 자신의 한계를 뛰어넘기 위해 지칠 줄 모르는 열정으로 체조 수업과 캠프에 참여했다. 그녀는 체조하는 것이 즐거웠다. 아홉 살 무렵에는 1984년 올림픽에 출전한 미국의 체조 선수 메리 루 레턴Mary Lou Retton처럼 작고 탄탄한 근육질 몸으로 성장했다. 꾸준히 뛰어난 실력을 발휘해온 마야는 수개월 동안 훈련에 매진해 처음 대회에 참가했다. 지역 병원의 간호사인 마야의 부모님은 관중석에서 환호하며 딸을 응원했다. 아주 중요한 순간이었다.

마야는 마루운동부터 평균대까지 전 종목에 출전해 거의 모든 종목에서 우승했다. 대회가 끝난 후 그녀는 팀원들과 축하를 나눴고 소녀들은 얼굴 가득 웃음을 지으며 마음껏 즐거워했다. 하지만 집으로 돌아오는 길에는 전혀 다른 장면이 펼쳐졌다. 차 안 분위기는 침울할 뿐이었다. '엄마, 아빠가 실망하신 걸까? 나는 몇몇 종목에서 우승했고 팀도 좋은 성적을 거뒀어. 뭐가 문제인지 모르겠어.' 어색한 침묵이 몇 분 더 흐르고 나서야 마야는 이유를 알게 되었다.

"마야, 넌 이 상황을 심각하게 여기지 않는구나."

"너는 오늘 최선을 다하지 않았어. 우리는 네가 체조를 배우는 데 많은 돈을 쏟아붓고 있지. 네가 더 잘할 수 있다는 걸 알기 때문이야."

"재능을 낭비하지 마라. 조금만 집중하면 올림픽에 나갈 수 있어."

아홉 살 어린 나이에도 마야는 자기 인식이 뛰어났다. 그녀는 그날 차 안에서 들은 말을 결코 잊지 않았다. 그날 일을 계기로 체조는 마야 자신보다 부모님에게 더 중요한 일이 되었다. 마야는 경기 성적에 지나치게 매달리는 부모님과 체조 코치들을 위해 학교에서 친구들과 어울리는 마야가 아닌 '체조 연기를 하는' 마야가 되었다. 실제로 이후 그녀의 코치들은 팀원에게 음식 섭취량을 정확히 기록하고 목표 수립 시 구체적이고 specific, 측정 가능하고 measurable, 달성 가능하며 achievable, 관련성이 있고 relevant, 기한이 정해져야 time-bound 한다는, 이른 바 SMART 원칙에 따라 체중 감량 목표를 철저히 지키도록 지시했다. 이것은 여성의 신체와 외모에 대한 평가가 만연한 집단에서 생활하는 소녀들에게 엄청난 압박이었다. 마야는 반항심, 저항감, 숨겨진 고통 때문에 폭식을 반복해 체중이 늘어났다. 그녀는 점점 더 한계에 내몰리며 순위가 하락했지만 발목 골절을 비롯한 여러 부상에도 계속해서 자신을 몰아붙이며 연기를 펼쳤다. 사람들을 기쁘게 하는 과정에서 그녀는 신체적, 정신적으로 큰 타격을 입었고 삶의 모든 면에서 성공하려는 동기나 정상적으로 활동하려는 의욕을 점점 더 잃어갔다.

결국 마야는 체조를 그만두었다. 한때 순수한 즐거움으로 여겼던 활동은 슬프게도 자기혐오에 몰아넣는 일로 바뀌었고 대학교에 들어간 후에는 자살 충동과 치료 저항성 우울증을 겪었다.

안타깝게도 마야의 사례는 흔히 볼 수 있는 이야기다. 미국 질병통제예방센터Centers for Disease Control and Prevention, CDC에 따르면 2019년 우울증 관련 증상을 보인 청소년은 2007년보다 60퍼센트 증가한 것으로 나타났다. 같은 기간 불안, 기분 장애, 자해로 응급실을 찾은 어린이와 청소년의 숫자도 급격히 증가했다.[2] 최근 CDC가 발표한 2011~2021년 청소년 위험 행동 설문 조사[3]는 심각한 결과를 보여준다. 2021년 주요 통계는 다음과 같다.

- 미국 청소년의 42퍼센트는 지난 1년 동안 '지속적인 슬픔이나 절망감'을 경험했다.

- 슬픔이나 절망감을 느낀 10대 여학생의 비율(57퍼센트)은 남학생(29퍼센트)의 2배에 달했다.
- 성소수자 또한 정신 건강 문제를 겪을 가능성이 더 높았다.
- 미국 고등학생의 22퍼센트(마찬가지로 여학생 비율이 2배 가까이 높음)는 자살을 심각하게 고려했고, 18퍼센트는 자살 시도 계획을 세웠으며, 10퍼센트는 실제로 자살을 시도했다.

1990년대 실리콘밸리에서도 비슷한 일이 일어났다. 스탠퍼드대학교 경영대학원 출신으로 금융계를 빛냈던 한 유명 인사의 이야기다. 데빈은 고등학교 때부터 비즈니스, 기술, 숫자 등 모든 분야에서 뛰어난 능력을 발휘하는 천재였다. 이러한 재능을 바탕으로 그는 미국 유수의 명문 학교를 거쳐 엘리트 집단에서 유력 인사들과 어깨를 나란히 했고, 실리콘밸리 최고의 투자자문 회사 중 한 곳에 자리 잡았다. 낮에는 업계 고위 경영진의 존경을 한 몸에 받았고, 저녁에는 예약하지 않고도 유명 레스토랑에 들어가 가장 좋은 자리를 안내받았다. 당연히 데빈은 자유계약 시장에 나온 축구 스타처럼 많은 주목을 받았고 최고의 금융기관에서도 파격적인 영입 제안이 이어졌다.

데빈은 한참 망설였으나 공격적인 영입 제안이 계속되자 이를 받아들이고 소규모 회사에서 누리던 보장과 지위, 영향력을 뒤로한 채 더 푸른 초원처럼 보이는 곳으로 떠났다. 데빈을 영입한 일류 대기업은 "이 부서는 우리의 미래이며 당신이 이끌어나갈 겁니다"라는 말로 세상을 다 줄 것처럼 약속했다. 그러나 필요한 재정적, 인적 지원이 이루어지지 않은 채 몇 년이 지났고 데빈의 부서는 좌충우돌하며 저조한 실적을 거둔 끝에 모두 해고되고 말았다. 데빈은 직장을 잃었을 뿐만 아니라 그곳에서 일하는 동안 내세울 만한 성과도 올리지 못해 (그는 최근 실적이 없었다) 이중으로 타격을 입었다. 금융업계에서는 채용 면접 때 이전 직장에서 올린 성과를 제시해야 했기 때문이다. 데빈은 실패자가 된 기분을 느끼며 자기 의심에 시달렸고 새 일자리를 찾는 이방인이 된 것 같았다. '예전에는 세상이 내게 다가오곤 했어. 이제 어떻게 해야 하지?' 그는 의욕을 완전히 잃고 수년 동안 깊은 우울증에 빠졌다. 그리고 금융 분야에서 다시는 고위직을 얻지 못했다.

한 번의 실패에 크게 무너지는 사람들의 특징

마야와 데빈의 공통점은 알고 보면 쉽지만 찾기 어려운 곳에 있다. 그것은 우리가 배운 성공의 의미와 성공을 이루는 방법에 대한 집단적 맹점이다. 우리는 모두 마야와 데빈과 같은 병을 앓지만 다양한 변이와 여러 증상으로 고통받고 있다. 암과 마찬가지로 많은 사람이 앓는 이 병은, 있는 그대로의 자신이 되는 것이 아니라 자신을 이용해 무언가를 성취하려 할수록 더욱 악화된다.

이 병은 무엇일까? 바로 '실패'다(이 주제에 대해서는 4장에서 자세히 살펴볼 것이다). 그렇다면 이 병의 주원인은 무엇일까? 단순히 배우거나 경험하거나 있는 그대로의 자신이 되지 않고 무언가를 성취하려는 것이다. 학술적으로 이러한 성과 지향적 존재 방식을 다양한 명칭과 방법으로 연구하지만 여기에서는 논의를 단순화하기 위해 성과 기반 목표 지향성performance-based goal orientation, 성과 목표performance goal, 성과 마인드셋performance mindset에 초점을 맞출 것이다(이 책에서는 주로 성과 마인드셋에 대해 논의한다).

성장 마인드셋growth mindset이라는 개념을 창시한 저명한 마인드셋 연구자 캐럴 드웩Carol Dweck은 초기 연구에서[4] 목표 지향성을 성과 목표와 학습 목표, 두 가지로 정의했다. 먼저 성과 목표는 '개인이 자신의 능력에 대해 긍정적 평가를 얻으려 하거나 부정적 평가를 피하려 하는 것'을 뜻한다.[5] 이것은 외재적 동기, 즉 '외부 목표 달성, 칭찬 및 인정 획득, 경쟁에서의 승리, 금전적 보상 등에 바탕을 두고 어떤 활동에 참여하려는 동기'와 관련이 있다.[6] 이와 반대로 학습 목표는 '개인이 자신의 능력 향상, 새로운 것에 대한 이해나 숙달을 추구하는 것'으로 정의되며 이는 내재적 동기, 즉 내적 보상과 만족을 추구하는 것과 유사하다.[7]

마지막으로 성과 마인드셋은 추구하는 바만 다를 뿐 어디에나 적용된다. SMART 원칙이나 성과 목표를 이용하는 것, 체중·칼로리·탄수화물·1일 걸음 수를 계산하고 모니터링하는 것, 높은 성과 순위, 소셜 미디어의 '좋아요'와 팔로워 수, 연간 성과 보너스 등을 추구하는 것이 대표적인 예다. 즉 끊임없이 다른 사람과 자신을 비교하고, 모든 것을 평가해 순위를 매기고, 1등을 차지하고 명예나 관심을 얻기 위해 경쟁하는 것이다.

물고기에게 물이 보이지 않듯이 성과는 보이지 않는 매트릭스가 되어 모든 면에서 생활을 지배하기에 이르렀고 그 안에서 헤엄치는 우리는 있는 그대로의 인간human being이 아닌 끊임없이 무언가를 '하는' 인간human 'doing'으로 바뀌었다. 앞으로 살펴보겠지만 성과 마인드셋이 지나치게 **남용**되면서 우리는 건강과 삶의 질에 치명적인 영향을 받고 있다. 우리의 일상은 사랑, 안전, 생존을 위해 쉼 없이 이어지는 하나의 무대 공연이 되었다. 마야에게는 체조 경기장이, 데빈에게는 직장이 바로 그 무대였다.

성과는 어떻게 우리 뇌에 독이 되는가

'최고급 실'로 만든 옷을 입었다고 생각한 채 홀딱 벗고 행차한 임금 님처럼, 성과 마인드셋은 실제로 아무것도 없음에도 성공이라는 환상으로 나타날 수 있다. 이러한 성과 마인드셋은 초기에 효과를 내는 경우도 있으나 몇 가지 중요한 측면에서 해로운 영향을 미친다.

연구에 따르면 성과 마인드셋은 학업과 직장 모두에서 노력, 연습, 성실함의 가치를 떨어뜨리는 것으로 나타났다.[8] 또 특성 불안trait anxiety(특정한 상황에 관계없이 지속적으로 불안감을 보이며 자신의 행동에 확신을 갖지 못하는 상태―옮긴이)과 실패에 대한 두려움을 높일 뿐만 아니라 실패를 피하기 위한 부정행위도 증가시켰다.[9] 충격적인 사실은 성과 마인드셋이 경기력을 향상시키기 위한 약물복용이나 혈액도핑(적혈구를 수혈하거나 혈액 대체재를 투여해 운동 능력을 향상시키는 방식―옮긴이) 같은 부적응 행동 및 불법행위와도 밀접한 관련이 있다는 점이다.[10] 또 성과 마인드셋은 이미 자기 효능감이 높은 사람에게만, 자신의 전문 분야에서만, 단순한 과업에서만, 과업의 규칙이 일관된 경우에만 성공을 가져오는 경향이 있다.[11] 마지막으로 가장 중요한 점은 성과 마인드셋이 엄격하고 측정 가능하며 구체적인 결과를 사용해 성공을 정의하게 만듦으로써 다른 정의에 따라 성공할 수 있는 능력을 손상시키고 실패할 수밖에 없는 상황을 야기한다는 것이다.

이것은 받아들이기 힘든 사실이다. 당신 또한 믿을 수 없다는 생각이 들 것이다. '말도 안 돼! 성과는 아주 효과적이야. 나는 꽤나 알아주는 사람이라고(최고의 운동선수, 높은 성과를 내는 임원, 수상 경력이 있거나 매우 존경받는 높으신 분)!' 나도 한때는 그랬다. 하버드 의대를 졸업하고 대기업에서 사업부를 총괄하며 성공했다고 생각했다. 하지만 솔직히 말하면 성공이라는 딱딱한 사탕 코팅 안에는 거짓, 중독, 불안, 부끄러운 행동 같은 물컹하고 끈적이는 내용물이 가득했다. 이것은 나뿐만이 아니다. 매트릭스에 사로잡힌 의심스러운 마음을 부드럽게 깨우고 성과 마인드셋의 진실을 알아내기 위해 임금님의 옷장을 둘러보자.

1. '명확한 목표'의 아이러니

2주 만에 식스팩을 만들거나 최신 다이어트법으로 한 달 만에 7킬로그램을 감량하는 등 일명 '패스트 헬스fast health'가 최근 크게 유행하면서 심각한 부작용에도 장기적인 체중 감량 전략으로 GLP-1(음식 섭취 시 장에서 분비되는 호르몬으로 식욕을 억제하는 역할을 한다.—옮긴이)

약물을 주사하는 위험한 방식이 확산되고 있다. 이는 매우 비정상적인 현상이다. 이 모든 것이 매년 수십 억 달러의 수익을 올리는 치열한 다이어트 및 웰니스 산업을 돌아가게 만든다. 그리고 이 산업은 성과 마인드셋을 기반으로 한다.

체중 감량, 대체식 위주의 식단, 저녁 식사용 '특별' 음식 등 평범한 일상생활이 아닌 예외적인 무언가를 하는 것은 대부분 일시적 결과를 가져오며 심각한 부작용을 동반하는 성과 지향적 활동이다. 예를 들어 많은 다이어트 및 피트니스 방법은 쉽게 사용할 수 있는 앱을 이용해 마지막 5킬로그램을 감량하거나, 마지막 5킬로미터를 끝까지 달리는 데 성공하게 해준다. 하지만 그 화려한 약속은 동시에 큰 부작용을 초래한다.

한 질적 연구[12]에 따르면 대학생 또래의 여성들은 다이어트 및 피트니스 앱이 정량화에 지나치게 집중하고, 남용을 조장하며, 특정 유형의 피드백을 제공함으로써 해로운 증상을 유발하고 이를 악화시킨다고 생각했다. 이러한 앱의 여덟 가지 부정적 결과에는 숫자에 대한 집착, 엄격한 식단, 강박증, 앱 의존성, 성취에 대한 높은 민감성, 극도의 부정적 감정, 부정적 메시지를 통한 동기부여, 과도한 경쟁이 있다.

나는 수십 년 동안 공중 보건의이자 과학자로서, 그리고 체중과 싸우는 한 명의 여성으로서 주어진 규칙을 따랐다. '이건 분명 효과가 있을 거야'라고 생각하며 내가 찾을 수 있는 모든 성과 지향적 접근법을 충실하게 적용하고 홍보했다. 10대 초반에는 리처드 시먼스 Richard Simmons와 제인 폰다 Jane Fonda의 운동 비디오를 샀고, 10대 후반에는 웨이트 워처스Weight Watchers의 다이어트 프로그램과 린 퀴진Lean Cuisine의 냉동 다이어트 식품을 이용했다. 그 밖에도 발목에 차는 모래주머니, 슬림패스트SlimFast 셰이크, 헬스장 회원권, 보충제 등을 구매했다.

피트니스 기술과 스마트폰이 등장하면서는 달리기를 할 때 쓸 암밴드와 손목 밴드, 아이팟을 샀고 펠로톤Peloton(실내 자전거 등 홈 트레이닝 장비 제조 및 피트니스 플랫폼 운영 업체—옮긴이) 실내 자전거도 마련했다. 이따금 너무 절망적인 나머지 지방 분해 시술에 의존하기도 했고, 통제할 수 없이 폭식한 후 죄책감을 덜기 위해 잠시 설사약을 복용하기도 했다. 나는 통제할 수 없는 행동을 하면서 자신을 미워하는 것이 어떤 기분인지, 자신의 몸이 탈출할 수 없는 감옥처럼 느껴지는 것이 어떤 심정인지 잘 알고 있다.

또 직업적으로도 환자 수백만 명의 건강을 변화시키기 위해 모든 방법을 시도해보았다. SMART 목표부터 특정 성분을 먹지 않는 식단 관리 프로그램, 마음 챙김 식사, 피트니스 챌린지, 금전적 인센티브, 건강 코칭, 챗봇에 이르기까지 동원 가능한 모든 프로그램을 시도했다. 그뿐만 아니라 하버드·스탠퍼드·듀크대학교를 비롯해 자체 식단 및 체중 감량 프로그램을 개발한 유수의 의료 기관 및 임상의와 협력해 치료법을 모색했다. 의료 시스템을 신뢰하도록 훈련받은 나는 이러한 접근법의 효과를 높이기 위해 충실히 노력했다. 그러나 효과가 나타나리라고 굳게 믿었지만 기존 조언을 따르거나 유망한 신기술을 적용하기 위해 거듭 노력했음에도 결국 무언가가 잘못되었음을, 즉 임금님이 벌거벗고 있다는 사실을 서서히 깨달았다. 성과 마인드셋은 보이지 않는 실이었다.

기존 다이어트 방식을 실천했을 때 체중이 다시 증가하는 비율이 80퍼센트에 이르는 것을 보면[13] **대다수** 사람들이 성과 마인드셋 때문에 '실패'하고 있음을 알 수 있다. 즉 목표에 전혀 도달하지 못하거나 일시적으로 목표를 달성했다가 원래 상태로 돌아가고 만다. 특히 의료 분야에서 행동 변화에 적용하는 접근법은 지난 수십 년 동안 거의 달라지지 않았다. 전문가들은 환자들에게 보통 SMART 원칙을 통해 건강 목표를 세우고 계획을 지키라고 권유한다. 게다가 목표 달성도를 확인하기 위해 측정하고, 계산하고, 체중을 재도록 요구한다. 이 방법은 확실하고 분명해 겉으로 보기에 가장 논리적이고 효과적인 접근으로 여겨진다.

하지만 여기에는 중대한 영향이 숨겨져 있는 경우가 많다. 성과 지향적 접근법은 우리가 기울이는 모든 노력을 성공-실패 또는 승리-패배의 이분법으로 전환한다. 매우 구체적이고 명확한 결승선이 정해지면 성공은 좁은 의미의 정의 하나만 남고 나머지는 모두 실패로 여겨진다. 예를 들어 결혼식 전에 7킬로그램을 감량한다는 목표를 세웠는데 5킬로그램밖에 빼지 못해 웨딩드레스가 맞지 않는다면 성공했다고 생각하겠는가, 실패했다고 생각하겠는가?

다이어트를 하는 사람 중 20퍼센트만이 장기적으로 감량한 체중을 유지한다는 앞의 통계를 생각해보자. 여기서 '장기'는 단 1년을 의미한다! 가장 인기 있는 14가지 다이어트 방법에 대한 연구[14]에 따르면, 체중은 대부분 12개월이 지나면 원래 수준으로 돌아오며 심혈관계 개선 효과는 지속되지 않는 것으로 나타났다. 이후 이루어진 보완 연구[15]에서는 체중 감량 및 생활 습관 변화의 표준인 당뇨병 예방 프로그램Diabetes Prevention Program(DPP)을 실시하고 이를 마친 참가자들의 6~15년 후 데이터를 조사했다. 몸무게를 5퍼센트 이상 감량해 '성공'한 사람들 중 감량 체중을 유지한 사람은 4퍼센트도 되지 않았고, 나머지는 모두 원래 몸무게 또는 그 이상으로 체중이 증가했다.

심지어 당뇨병 예방 프로그램을 실시한 집단과 그렇지 않은 집단의 장기 체중 감소 차이는 1퍼센트에 불과했다! DPP 생활 습관 변화 프로그램은 건강한 생활 및 사고방식에 대한 확실한 근거를 바탕으로 최고의 지침을 제공한다. 그러나 이 프로그램 또한 체중, 활동 시간, 식사 일지 등의 지표를 매주 기록하며 성과 마인드셋으로 진행 상황을 측정한다.

이러한 성과 도구는 직관적이고 쉬워 보이지만, 가장 표준적인 이 체중 감량 프로그램의 장기 성공률이 1퍼센트에 불과하다면 본질적으로 무언가가 잘못된 것이 분명하다. 이처럼 성공률이 형편없는 의학적 접근법(약물 치료, 수술 등)은 임상에서 효과적인 치료법으로 살아남지 못할 것이다. 하지만 우리는 행동 변화 프로그램에 그러한 기준을 적용하지 않는다. 수년 동안 이 프로그램을 장려해온 공중 보건 및 행동 변화 전문가로서 나는 지속적인 체중 감량 문제를 해결하지 못했다는 냉혹한 현실을 직시해야 했다. 결국에는 이 사실을 인정하며 불편한 진실을 깨닫게 만드는 빨간 약을 삼켰다.

좀 더 자세히 살펴보자. 일정 기간 진행되는 성과 기반 체중 감량 프로그램에는 80~97퍼센트의 실패율 외에도 거짓말, 속임수, 식이 장애, 부적응 행동 등 심각한 부작용이 가득하다. 건강 개선을 돕는 5,000명 이상의 간호사와 건강 코치를 총괄하며 해당 부서의[16] 의료 책임자로 일하던 당시, 나는 환자들이 그 주에 SMART 목표를 달성하지 못하면 의료진과의 만남을 피한다는 사실을 알아냈다. 최근 이루어진 대조 연구에 따르면, 동료 그룹의 지원과 건강 교육 외에 SMART 목표를 추가할 경우 사람들은 아무것도 하지 않을 때보다 더 나쁜 결과를 보이는 것으로 나타났다.[17]

2. 스스로를 연기하는 시대

성과 마인드셋이 어느 순간 개인적·직업적·일상적 관계에 적용되면 우리는 마야처럼 진정한 자신이 아닌 자신의 그림자, 즉 '연기하는' 자신이 될 수도 있다. 소셜 미디어와 인플루언서의 영향력이 커진 요즘 사람들은 자신의 현실이 무엇인지조차 모른다. 항상 사진을 찍고 그럴듯한 모습을 골라 소셜 미디어에 올리기 때문이다. "오늘 어때요?" "아주 좋아요." 실제로는 불안 발작이 일어나도 상대방이 듣고 싶어 하고 기대할 것으로 생각하는 말을 한다.

가짜 친구, 챗봇 콘텐츠, 가스라이팅, 연락 두절 등은 인간관계가 점점 더 성과 지향적으로 바뀌면서 진정성이 사라지고 있음을 드러내는 현상이다. 예를 들어 연락 두절은 무의식적으로 느낀 감정과 다른 사람을 위해 연기한 감정의 간극이 갑자기 좁아질 때 발생한다. 어느 순간 더 이상 감정을 꾸며낼 수 없게 되면, 무엇이 문제이고 어떻게 하면 더 나아질지 의식적으로 깨닫기도 전에 실패한 행동에서 벗어나 마음 편한 행동으로 전환해 사람들과 연락을 끊게 된다. 다음 사례를 살펴보자.

겉으로 보기에 당신은 피트니스 수업을 매우 좋아하지만 이후 아이들을 데리러 갔을 때 아이들이 잔뜩 지치고 우울해 있다는 걸 깨닫는다. 학교 수업을 마친 뒤 방과 후 돌봄 교실에 이어 체육관 돌봄 수업까지 소화했기 때문이다. 아이들은 엄마, 아빠와 함께하는 시간을 간절히 원하고, 그런 아이들이 마음에 걸린 당신은 점차 피트니스 수업을 빠지다가 결국 그만두게 된다. 당신은 관계를 즐기고 있다고 생각하겠지만, 스스로 인정하기도 전에 마음이 멀어지기 시작하고 물리적으로 관계를 떠나기에 앞서 감정적으로 떠나게 된다. 연구자들은 우리가 의식적으로 인지하기 훨씬 전에 뇌의 암묵적 기억 시스템이 이러한 행동과 선택을 하도록 만든다는 사실을 밝혀냈다.[18]

또 다른 대표적인 예는 전적으로 성취를 위해 만든 데이트 앱이다. 이러한 앱은 그야말로 사람을 쇼핑하는 경험을 제공하며, 로그인하는 순간 가치가 있는지 없는지로 사람을 평가하는 정신 모델mental model을 만들어낸다. 당신은 누군가를 '장바구니'에 추가할 수도, 터치 한 번으로 삭제할 수도 있다(누군가가 내게도 그렇게 하고 있기 때문에 결국 자신의 가치가 낮아지는 느낌을 받는다). 따라서 데이트 앱 참가자들은 특정한 방식으로 이러한 비인간화를 지배하는 알고리즘에서 인기를 얻기 위해 포커페이스를 유지한 채 데이트 '쇼핑객'으로 행동한다(진실을 과장하거나 여기저기에 사진 필터를 추가할 수도 있다).

하지만 그런 노력은 아무 효과도 없다! 56퍼센트 이상의 여성이 원치 않는 불법 메시지로 성희롱을 당하고[19] 부, 지위, 외모 등 온라인의 매력 측정 기준을 충족하지 못하는 50퍼센트의 남성이 데이트 시장에서 완전히 배제된다.[20] 이는 오늘날 사랑과 관계를 찾는 방식에 성과 지향적 도구가 어떻게 침투하고 만연해 있는지 단적으로 보여주는 예다.

게다가 사랑이 사라지면 연락 두절도 다시 등장한다. 어떤 사람이 자신의 애인에게 진실하게 대하지 않는다면 그렇게 만든 원인이 있을 것이다. "처음부터 행복하지 않았는데 몰랐어"라는 말은 흔히 대는 핑계다. 그리고 최상위 계층의 남성에게는 데이트 앱에서 터치 한 번으로 쉽게 만나고 헤어질 수 있는 여성이 수두룩하다.

3. 성공의 정점에 선 그들이 깨달은 것들

베테랑 배우 짐 캐리는 캐릭터에 완전히 몰입해 실제 자신의 모습을 잊을 정도로 실감 나게 연기할 수 있다는 것을 깨달았다. 짐 캐리는 영화 〈맨 온 더 문〉에서 앤디 카우프먼을 연기한 뒤 "내가 누구인지 기억하는 데 한 달이 걸렸다. 내가 4개월 동안 짐 캐리를 잊을 수 있다면 짐 캐리는 누구일까?"[21]라고 회상했다.

30년 넘게 톱스타 자리를 지켜온 브래드 피트는 자신의 '완벽한 삶'이 실제로는 완벽하지 않다는 것을 깨달았다. 그는 알코올 및 마약 중독으로 오랜 기간 어려움을 겪었고 결혼 생활은 실패로 돌아갔다.

그의 말처럼 알코올과 마약 중독은 '모든 것을 망가뜨렸다.' 2022년 회복한 후 브래드 피트는 "이 시기는 나의 약점과 실패를 바라보고 내 편이 되어주는 시간이었다"[22]라고 회상했다.

마찬가지로 많은 아역 배우(비슷한 연령대의 미국 어린이보다 약물에 빠질 가능성이 3배 높다)는 우울증과 불안에 대처하기 위해, 나이가 들면서 스포트라이트가 사라진 후 다시 도취감을 얻기 위해 약물에 의존한다. 열 살 때부터 아역 배우로 활동하며 세계에서 가장 인기 있는 스타 중 한 명이 된 셀리나 고메즈는 2016년 자가면역질환 중 하나인 루푸스의 부작용으로 우울증, 불안, 공황 발작과 싸우고 있다고 밝혔다. 그녀는 "무대에 오르기 직전이나 무대에서 내려온 직후 공황 발작을 겪기 시작했다"고 말하며 이 증상을 해결하기 위해 정신 건강 클리닉을 찾았다고 팬들에게 털어놓았다. 세계에서 가장 유명하고 멋진 연예인이 이런 일을 겪고 있다면, 그리고 그들이 성과 마인드셋을 이용해 성공의 정점을 찍었다면 이런 의문이 들 수밖에 없다. 그들은 누구를 위해 일하고 있을까?

연예인뿐만이 아니다. 사이클 선수 랜스 암스트롱Lance Armstrong은 고환암을 극복한 후 투르 드 프랑스(프랑스에서 매년 7월 3주 동안 열리는 세계적인 프로 도로 사이클 경기—옮긴이)에서 7회 연속 우승하는 기록을 세웠다. 그는 〈오프라 윈프리 쇼〉에서 기록 향상을 위해 약물을 복용했다고 인정하기 전까지만 해도 세계를 손에 넣은 성공한 인물이었다. 그는 자신의 행동이 '공평한 경쟁의 장을 만드는 것'이었다고 설명하며 경쟁력을 유지하기 위해 도핑을 '강요'당했다고 주장했다. 암

스트롱은 지칠 줄 모르는 성과 마인드셋으로 끝까지 전력을 기울였지만 안타깝게도 명예를 잃고 추락하고 말았다.

러시아 피겨스케이팅 선수 카밀라 발리예바Kamila Valieva는 열다섯 살 때 놀라운 재능을 선보이며 2022년 베이징 동계 올림픽에서 금메달 후보로 급부상했다. 하지만 대회 도중 발리예바가 금지 약물 양성 반응을 보였다는 스캔들이 터지면서(이후 그녀는 무혐의 처분을 받았다) 어린 선수에게 가해지는 과도한 압력의 위험성이 부각되었다. 열다섯 살 어린아이가 스스로 약물을 복용한다는 것은 있을 수 없는 일이기 때문이다. 발리예바는 금메달 획득이 기대되는 선수였기 때문에 금메달을 따지 못하는 것은 실패였다. 이러한 성과 목표를 달성하는 유일한 방법은 부정행위뿐이었을 것이다.

시몬 바일스Simone Biles는 7개의 올림픽 메달과 25개의 세계 선수권 메달을 획득한 역사상 가장 뛰어난 체조 선수다. 여섯 살 때부터 활약해온 바일스는 2018년, 전 미국 체조 대표 팀 주치의에게 수년간 성적으로 학대당한 사실을 폭로해 전 세계를 충격에 빠뜨리며 세간의 주목을 끌었다. 바일스는 자신의 기량을 칭찬했던 스포츠 당국에 배신당하고 담당 주치의에게 정신적 충격을 받은 후 학대로 인한 정신 건강 악화를 이유로 2020년 올림픽 출전을 포기했다.

점점 더 많은 아이들이 어린 나이에 스포츠에 뛰어들고 있으며, 이들은 긍정적이고 지속적인 삶의 기술을 중시하기보다 승리에 대한 압박에 시달리는 코칭스태프들에게 운동을 배우는 경우가 많다. 여름 방학을 즐기며 자유롭게 놀던 시기는 오래전 끝났고, 치열한 경쟁이 펼쳐지는 클럽 팀에서 1년 내내 운동에만 전념해야 하는 처지가 됐다. 대부분 여름 훈련 팀에 합류하지 않으면 학기 중 경기에 출전하지 못한다. 이는 발전이 가장 빠른 선수를 선발하고 나머지는 포기해버림으로써 패배감을 유발하는 접근 방식이다. 이런 일이 열한 살짜리 아이들에게 일어나고 있는 것이다!

결국 스포츠를 즐기고 삶의 기술, 팀워크, 동료애, 친밀한 우정을 키울 수 있는 아이들 중 95퍼센트는 도태되고 만다. '이기는 것이 중요한 것이 아니다'라는 격언과 달리 이기는 것은 절대적으로 중요하다. 한 팀이 이기면 다른 아이들은 실패자가 되어 벤치로 밀려나고 경기에 출전할 기회를 얻지 못해 흥미를 잃거나 운동을 아예 그만둘 수 있다. 이것은 한 팀 또는 한 명의 경쟁자만 승리할 수 있다는 제로섬 사고방식으로 이어진다. 나머지는 아무리 좋은 성과를 내더라도 '패배자'가 될 뿐이다. 이 장의 서두에 소개한 리키 보비의 인상적인 말처럼 2등은 꼴찌보다 나을 것이 없다.

바로 이것이 문제다. 지나치게 열성적인 부모들이 특히 문제가 되는 경향을 생각해보자. 이들 부모는 아이의 성숙도가 특정 학년이나 스포츠 기준에 맞도록, 그래서 적절한 시기에 아이가 가장 크고, 가장 나이가 많고, 가장 재능이 뛰어나도록 출산 시기를 계획한다. 슈퍼스타 육상 선수인 로런 플레시먼Lauren Fleshman과 린다 플래너건Linda Flanagan은 언론인 말콤 글래드웰Malcolm Gladwell과의 흥미로운 인터뷰에서 부상을 숨기고, 폭식증과 싸우는 팀원을 지켜보고, 남모르는 영양실조를 겪고, 설명할 수 없는 여러 건강 문제에 시달리는 등 엘리트 여성 운동선수들이 처한 현실에 대해 이야기했다. 의심할 여지없이 성과 지향적 사고는 어린이부터 성인까지 체육계에 종사하는 모든 이들이 왜곡된 현실과 부적응 행동을 겪게 만드는 원인이 되고 있다.[23]

이처럼 어린이 리그에서 뛰든 전국 대회 우승을 놓고 경쟁하는 성과 마인드셋의 손아귀에서 벗어날 방법은 없다. 성과 마인드셋이 효과를 내는 것처럼 보이는 경우조차 말이다. 더구나 성과 마인드셋은 실제로 효과적이지 않다. 다행히 마야는 성과 지향주의로 인한 위기에서 친구와 가족의 도움을 받았고 케타민(마취제의 일종으로 통증을 줄이는 데도 이용된다.—옮긴이) 보조 요법으로 자살 충동과 우울증에서 벗어났다. 마야는 인생의 시나리오를 바꿔 보건학 석사과정을 수료했고 사람들이 어린 시절의 성과주의에서 벗어날 수 있도록 돕고 있다.

4. 헝거 게임이 되어버린 성과 마인드셋

이 장을 쓰고 있는 지금, 엘리자베스 홈스Elizabeth Holmes는 혁신적인 혈액검사 기술을 내세운 테라노스Theranos의 투자자들을 속인 혐의로 징역 11년 형을 선고받아 복역 중이다. 어린 시절부터 지칠 줄 모르는 사업가였던 그녀는 열아홉 살에 스탠퍼드대학교를 중퇴하고 제2의 스티브 잡스를 꿈꾸는 실리콘밸리의 유명 인사였다. 줄곧 자기 역할에 충실해온 그녀는 한창 준비 중인, 자신의 삶을 다룬 영화에서 어떤 배우가 주연을 맡으면 좋을지 묻자 이렇게 대답했다. "그들은 저를 연기하는 게 아닙니다. 제가 만든 인물을 연기하는 거죠."[24] 그녀는 엘리자베스 홈스를 **연기**하고 있었다.

또 다른 유명 사기꾼 샘 뱅크먼프리드Sam Bankman-Fried는 2022년 말 거대한 암호 화폐 제국이 무너질 때까지 고객을 속여 수십억 달러를 가로챘고, 이 때문에 수십 년의 징역형을 선고받았다. 매사추세츠 공과대학MIT을 졸업한 뱅크먼프리드는 주주와 암호 화폐에 열광하는 고객을 위해 하루에 수백만 달러를 움직이며 자기자본 거래에서 큰 성공을 거두었다. 이후 성과가 점점 떨어지는 데 압박감을 느낀 그는 모든 것이 거짓이었다는 무거운 진실 앞에 결국 무너지고 말았다.

이처럼 고공 행진하던 기업이 한순간에 곤두박질치는 사례는 부분적으로 인격적 결함 탓일 수도 있다. 하지만 성과 마인드셋과 성과 압박에 따른 부정적 결과는 일반 직장인에게서 흔히 볼 수 있는 이야기다. 앞서 언급한 데빈의 사례는 많은 사람에게 일어난다. 해고는 근로자에게 심각한 정서적 상처를 남길 수 있으며, 특히 그것이 '다윈주의적 감축 프로세스(생물 개체가 환경에 적응하는 과정에서 생존에 유리한 형질을 지녀야 더 오래 살아남는다는 다윈의 자연선택 진화 이론을 빗댄 것―옮긴이)'를 정당화할 뿐 본질적으로 무의미한 성과 평가의 결과일 경우 더욱 그렇다.

예를 들어 많은 기업이 직원들의 성과를 1~5점으로 상대평가해 '등급'을 매기는데, 100명 가운데 1~2명에게만 5점을 준다. 그다음 일부 직원에게 4점, 상당수 직원에게 3점을 주고, 2점이나 1점을 받은 직원은 보통 해고된다. 이런 시나리오는 기업에서 급격히 전개된다. 사회 초년생이던 시절에 나는 직원들이 눈치를 보는 데 익숙한 어느 대기업에서 일했는데, 그런 눈치 보기는 특히 가을 해고 시즌에 가장 심했다.

불공평하게도 정리 해고 대상에는 고령 근로자 같은 취약층이 많이 포함되었고, '당신이 다음 차례일 수도 있다'는 위협의 그림자가 끊임없이 드리우자 남은 직원들은 바쁜 척하기 위해 불필요한 회의에 수십 명이 필사적으로 참석하는 등 기이한 성과 지향적 행동을 보였다. 또 함께 일하는 대신 가장 돋보이는 프로젝트의 공을 차지하기 위해 서로를 밟고 올라서기도 했다. 이러한 현상은 오늘날 비즈니스 현장에서 일상적으로 벌어진다. 돋보이는 프로젝트가 무엇인지 모두가 알고 있고 그런 프로젝트를 하고 싶어 하기 때문에 치열한 권력 다툼이 일어나는 것이다.

이러한 난투 속에서 성과 마인드셋은 주도적으로 행동하며 앞으로 나아가도록 상위 그룹 직원들을 독려한다. 하지만 그들이 정말 그 일에 적합한 사람일까, 아니면 그저 무언가를 쟁취하는 데 가장 적극적인 사람일까? 그리고 그다음에는 어떤 일이 벌어질까? 어쩌면 그들이 일을 망치고 더 나쁜 결과를 초래할 수도 있다. 회사가 의도치 않게 사내 '헝거 게임'을 만들었기 때문이다.

그다음에 어떤 일이 일어나는지는 문헌에 잘 나와 있다. 절망감, 상실감, 불확실성, 실패감이 한데 어우러져 조직이 침체되며 이 때문에 일부 구성원은 포기하는 지경에 이를 수도 있다. 더 심각한 경우 실직으로 깊은 우울증에 빠지거나 자살로 이어지기도 한다. 호주에서 실시한 대조 연구[25]는 이러한 냉엄한 현실을 잘 보여준다. 이 연구에 따르면, 1년 내에 발생한 해고나 비자발적 실업이 청년층의 자살 및 자살 시도의 주요 변수로 나타났다.

우리 사회에 만연한 기업의 해고 트렌드는 이러한 문제를 더욱 악화한다. 몇십 년 전만 해도 정리 해고는 어려움을 겪는 기업이 어쩔 수 없이 선택하는 불명예스러운 최후 수단이었지만, 이제는 가장 존경받는 기업이 이익을 극대화하고 주주를 만족시키기 위해 매년 실시하는 서바이벌 작업으로 바뀌었다. 뉴욕대학교 경영학 교수 스콧 갤러웨이Scott Galloway는 "시장은 정리 해고를 좋아합니다. 그렇기 때문에 정리 해고를 발표할 때마다 주가가 오르는 것입니다"라고 말한다.

하지만 거기에는 대가가 따른다. 오늘날 기업 환경에서는 소문이 빠르게 확산되기 때문에 직원들의 이메일이나 소셜 미디어를 통해 곧 닥칠 해고 소식이 몇 시간 만에 퍼질 수 있다. 2022년 일론 머스크가 수많은 인력을 정리 해고할 당시 X(옛 트위터)처럼 줌을 통해 전 직원을 해고한 경우도 있다. 일부 기업은 대량 해고의 흐름을 막으려고 노력하지만 해고는 건강 문제, 심각한 정신적·재정적 스트레스, 자살 위험 증가(1.3~3배) 등 장기적으로 부정적 결과를 초래한다.[26]

이뿐만이 아니다. 《하버드 비즈니스 리뷰》 기사에 따르면 '실직 근로자는 우울증 발병 위험이 2배, 약물 남용 위험이 4배 높다'.[27] 또 실직의 누적 효과 때문에 실직 근로자는 남은 경력 기간 지속되는 장기적 소득 손실을 견뎌야 하는 경우가 많다. 예를 들어 1981년 경기 침체기에 해고된 근로자의 소득은 30퍼센트 감소했으며 20년이 지난 지금 그들 대부분은 일자리를 유지한 동료보다 여전히 20퍼센트 낮은 소득을 얻고 있다.

기업과 근로자가 치르는 간접 비용 또한 해고에 따른 비용 요소다. 해고를 견뎌낸 사람들도 '불안, 사기 저하, 슬픔, 남은 자의 죄책감' 등으로 어려움을 겪기 쉬우며, 이는 종종 직무 이탈과 고용 안정에 대한 불안으로 이어져 업무 성과를 떨어뜨릴 수 있다. 기존의 성과 기반 체계로 직원들이 너무나 많은 직간접적 피해를 입는 현실에서 우리는 다음과 같은 의문을 품게 된다. 이것이 직장인을 위해 취할 수 있는 최선의 방법일까?

결국 우리는 임금님이 벌거벗고 있다는 사실에 도달한다. 그리고 '누구든 정상에 있는 사람에게 효과가 있으니 당신에게도 효과가 있을 것이다'라는 사회의 성과주의 논리에 의문을 느낀다. 성과주의는 시몬 바일스와 랜스 암스트롱에게 효과가 있었다. 데빈과 마야에게도 효과가 있었다. 브래드 피트와 셀리나 고메즈에게도 마찬가지다. 정말인가? 정말 효과가 있는가? 바일스와 암스트롱은 성과주의가 자신들에게 '효과가 있었다'고 믿는가? 브래드 피트는 정말 조금도 걱정하지 않고 어려움도 겪지 않았는가?

성과주의 방법을 남용하면 언젠가 역효과가 발생하며 본인뿐 아니라 가족, 파트너, 신념 체계에까지 악영향을 미친다. 도망치거나 숨을 곳은 어디에도 없다. 예를 들어 아메리칸드림을 약속하는 성과주의 방법과 구조가 중산층을 사로잡았지만, 실제로는 슈퍼스타부터 억만장자까지 소수만 승자가 된다. 왕좌의 게임에서 승리한 사람들은 다른 사람들이 같은 길을 따라갈 수 있도록 성과주의 교육, 고용, 정치 시스템을 구축했다. '꼭대기'에 있는 사람은 바닥에 있는 사람이 겪는 성과 문제에 일시적으로 둔감하거나 무감각할 수 있으며, 승자인 자신은 그 피해에서 자유롭다고 생각할 수도 있다. 그러나 성과 지향적 사고는 스스로를 갉아먹으며 장기적으로는 모두에게 부작용이 나타난다. 당신은 올해 르브론 제임스LeBron James 같은 스타 농구 선수일지 모르지만 언젠가는 은퇴 후 몸이 뻣뻣해질 것이다. 영원히 정상에 머무는 사람은 아무도 없다.

일부 독자들은 이 책이 성과 마인드셋을 지나치게 폄하하는 것이 아닌지 의문이 들 것이다. 성과주의가 정말 나쁜 것일까? 우리는 모두 성과를 추구하지 않는가? 쉽게 설명하면 성과주의는 다양한 형태의 중독, 실패한 인간관계, 경력 단절 등 여러 문제에 따른 고통을 유발한다. 또 다른 사람에게 과도한 영향력을 행사하게 만든다. 즉 다른 사람을 통제하고 우위를 차지하는 데 사용하는 권력의 매개체가 되어 가장 취약한 사람들에게 해를 끼친다. 내가 당신을 시켜 나를 위해 무언가를 수행하고 내가 설계한 게임을 하도록 만들 수 있다면 나는 당신을 통제할 수 있다. 당신이 진정한 자신의 모습을 포기했기 때문이며 더 정확하게는 당신의 자주권을 버렸기 때문이다.

누구를 위해 하고 있습니까

높은 성과를 내는 임원 그룹에게 성과 마인드셋과 그 부작용에 대한 데이터를 공유한 적이 있다. 그들 대부분은 엘리트 운동선수 출신이거나 명문대 졸업자였다. 당시 분위기는 마치 내가 지구가 평평하다고 말하는 것 같았다. 그들은 내가 경쟁과 성과 지표의 중요성을 평가절하한다고 의심하며 격분했다. 나는 지나친 성과 마인드셋의 해악에 빠진 물고기에게 물을 보여주고 싶었을 뿐, 그들이 수조 밖 판매대에서 숨을 헐떡이게 만들 생각은 없었다. 그것은 내 의도가 아니었다. 따라서 몇 가지 중요한 맥락을 덧붙이고자 한다.

나는 개인적으로 목표, 상, 성과 등에 반대하지 않는다. 다른 사람들만큼이나 인간의 놀라운 성취와 위대한 업적을 축하한다. 하지만 성과 마인드셋은 개인이나 조직에 융통성 없이 계속 적용되면 결국 해를 끼치는 것으로 입증되었다. 성과주의는 마라톤이 아닌 단거리경주에 적합하기 때문이다. 성과주의 접근 방식은 꽃가루를 흩날리는 화려한 봄꽃, 경기 종료 직전의 불가능한 3점 슛, 큰뿔야생양의 짝짓기 시기처럼 짧은 기간이나 정해진 규칙 또는 특정 계절에 적용할 때 가장 효과적이다. 예를 들어 수컷 큰뿔야생양은 짝짓기를 위해 7월부터 다른 수컷들과 싸운다.

하지만 12월이 되면 짝짓기 철이 끝난다. 그런데도 성과 지향적 짝짓기 경쟁이 계속되면 겨울이 됐을 때 무리 전체가 굶주리고 번식하지 못해 멸종 위기에 처할 수 있다. 종종 폭력적으로 벌어지는 수컷 간의 싸움은 평생 가는 사회적 서열을 결정하기도 한다. 싸움에 진 수컷은 사회적 지위가 급격히 떨어질 뿐만 아니라 무리에서 배척당해 오랫동안 낮은 지위에 머무른다(우리는 2장에서 이러한 현상을 설명하는 새로운 신경과학과 이러한 패배를 극복하기 위해 뇌를 어떻게 활용해야 하는지 살펴볼 것이다).

다시 말하지만 계절에 따라 이루어지는 성과 지향적 싸움은 큰뿔야생양의 생존에 필요한 정상적이고 자연스러운 결과를 가져오며 질서를 유지하는 수단이 된다. 마찬가지로 인간의 삶에서 성과 마인드셋은 단기적이고, 돌이킬 수 없으며, 정해진 규칙이 있는 목표를 달성하는 데 도움이 되는 필수 요소다.[28]

하지만 성과 마인드셋을 과도하게 사용하면 문제가 생긴다. 기업은 분기별로 주식시장에 성과를 보고하고, 관리자는 1년 단위로 성과를 점검한다. "자네는 올해 어떤 일을 했나?" "목표 리스트에 있는 모든 일을 달성했습니다." 이러한 성과 관리는 매우 훌륭하지만 위험을 감수하고 다른 일에 도전하려는 시도를 가로막는다. 예를 들어 노스캐롤라이나주립대학교의 심리학 교수이자 뛰어난 마인드셋 연구자인 제니 버넷Jeni Burnette 박사는 성취(일반적으로 말하는 성과) 마인드셋이 학습보다 자기 보호 중심의 행동 패턴을 불러일으킨다고 밝혔다.

많은 회사가 직원 스스로 성과 목표를 세우고 평가 등급을 결정할 수 있도록 허용하지만 직원들은 회사 전체를 위해 옳은 일을 하기보다 자신이 설계한 대로 업무를 수행하고, 위험을 회피하며, 1등만 추구한다. 또 해고 시즌이 다가오면 일자리를 잃지 않을까 걱정하며 제 살 깎아 먹기 경쟁을 벌인다. 이때 당신은 누구든 맨 아래에 있는 사람보다 잘하기만 하면 된다. 그러면 그들이 해고되고 당신은 살아남을 것이기 때문이다. 곰에게 쫓길 때 가장 뒤로 처지지만 않으면 된다는 오래된 격언대로 말이다.

결론적으로 성과주의 도구는 단기간에 대규모로 배제 또는 선택해야 하는 과업에 적합하다. 하지만 경력·생활 방식·건강처럼 평생 지속되고, 예측할 수 없으며, 변동성이 매우 크고, 원래 상태로 돌아갈 수 있는(예를 들면 요요 현상) 노력에 적용하거나 남용할 경우 해로운 결과를 가져온다. 왜 그럴까? 그것은 뇌 회로, 특히 내재적 동기 및 외재적 동기와 관련된다(앞서 언급했듯이 학습 기반 목표 지향, 성과 기반 목표 지향과 관련이 있을 것이다).

2012년 기능적 자기공명 영상fMRI 연구에 따르면 뇌의 내재적 동기 회로와 외재적 동기 회로는 서로 교차하지도, 같은 영역을 사용하지도 않는 것으로 밝혀졌다.[29] 이를 간단히 말하면 '다른 사람을 위해 이 일을 하는가, 아니면 나를 위해 하는가?'라는 질문으로 요약된다. 연구 결과, 직장에서 프로젝트를 완료하고 보상을 받는 것과 같이 인센티브 기반의 외재적 보상을 위해 행동할 때는 외재적 동기 회로를 사용하는 것으로 나타났다. 그러나 이러한 행동과 관련된 뇌 회로는 후방대상피질Posterior Cingulate Cortex, PCC이라는 뇌 영역에서 종결되며 그 결과 다른 사람이 나를 통제한다고 느끼는, 즉 권한이 박탈되었다고 느끼는 상태가 된다. 따라서 성과주의가 오래 지속되면 실패나 무력화 또는 둘 다로 이어질 수밖에 없다.

불편한 진실을 마주하라

당신은 예외라고 생각한다면 다시 생각해보라. 직장에서 승승장구하고 있을지 모르지만 가까운 사람들과의 관계는 어떤가? 자신이 훌륭한 부모라고 생각하지만 재정 습관은 어떤가? 유명하고 영향력 있고 부유할 수 있겠지만 무언가에 중독되지 않았는가? 영적으로 매우 깊이 있는 사람일 수 있지만 개인적 괴로움이나 과거의 트라우마는 얼마나 해결되었는가?

당신은 진정한 자신의 모습이 아닌 어떤 방식으로(직장인, 부모, 연예인, 치유자, 운동선수 등) **자신을 연기**하며 성과를 추구하고 있는가?

내일 당장 그 사람으로 연기하는 능력을 잃는다면 어떻게 될 것인가? '있는 그대로의 나'가 무엇을 의미하는지 알고 있는가? 아니면 '성과를 추구하는 나'로 취급되는 사회적 프로그래밍 때문에 자아 개념을 잃고 이러한 질문을 놓치고 있는 것은 아닌가? 하지만 괜찮다. 당신이 나빠서가 아니다. 당신은 좋은 사람이고 그들이 하라는 대로, 그들이 효과가 있을 거라고 말한 대로 모든 일을 처리하려고 진지하게 노력했다.

하지만 그들은 틀렸다. 랜스 암스트롱은 투르 드 프랑스에서 우승하기 위해 부정행위를 저질렀다. 시몬 바일스는 성과에 집착하는 어른들이 그녀를 보호하지 못한 채 감추기에만 급급했던 학대 행위 때문에 우울증과 싸웠다. 마야는 자살을 시도했고, 데빈은 해고 후 의욕을 잃었다. 성과 마인드셋은 그들이 말한 대로 작동하지 않는다. 즉 효과가 없거나 지속되지 않는다. 그러나 성과 마인드셋은 현재 사회를 지배하는 접근 방식이다.

영원히 성과를 낼 수는 없다. 결국 승리하는 것은 시간뿐이다. 우리는 모두 실패하거나, 다치거나, 나이가 들거나, 지칠 것이다. 다행히 다음 장에서 다룰 내용처럼 새롭고 유망한 신경과학이 다시 빛을 밝혀 끊임없는 성과의 굴레에 갇힌 우리를 자유롭게 할 것이다. 더불어 좀 더 자연스럽고 지속 가능하며 만족스러운 삶에 대한 희망을 제시할 것이다.

2장

의지를 꺾어버리는
내 머릿속 스위치

인생에서 가장 큰 차이는 아는 것과 실천하는 것의 차이다.

- 리처드 빅스Richard Biggs

의대 재학 시절, 나는 친구들과 함께 '심각한 상습 폭력 범죄자'라는 꼬리표가 붙은 청소년을 돕기 위해 비영리단체를 설립했다. 이런 청소년들은 소년 법원에서 평균 14회 이상 재판을 받았고, 이후 성인 교도소나 캘리포니아 소년원California Youth Authority(질서를 유지할 나이 많은 수감자가 없는 파리대왕 같은 교도소 환경을 생각해보라)에 수감되었다. 이들이 샌프란시스코 남쪽, 숲이 우거진 산속 소년원에서 복역하는 동안 우리 단체의 다양한 자원봉사자와 출소자들은 자연 체험 프로그램으로 그들이 자기 계발을 할 수 있게 도왔다. 그리고 그들이 지역사회에 복귀할 때 복학, 채용 면접, 자녀 양육을 위한 식료품 및 기저귀와 생필품 구입 등 모든 것을 지원했다. 당시 사례 관리자였던 로베르토는 특히 의욕 넘치는 열여덟 살 마커스가 청년을 위한 고소득 기업가 정신 프로그램에서 높은 면접 점수를 받도록 도왔다.

샌프란시스코 프로젝트에 참여했던 마커스는 키 180센티미터의 건장한 아프리카계 청년으로, 열두 살 때부터 소년원을 드나들었다. 겉으로 보기에 그는 금욕적이고 웃는 일이 거의 없다는 점에서 위협적인 분위기를 풍겼다. 이는 어린 시절의 트라우마, 인종차별, 억압에서 비롯된 너무나도 흔한 결과였다. 하지만 그를 알아가고 그의 과거를 이해하면서 나는 그가 겉모습과 전혀 다른 온화한 성향을 지니고 있다는 사실을 깨달았다.

마커스는 프로그램에 참여하는 동안 기업가 정신에 대한 애정을 키웠고, 맞춤 의류를 만들어 판매하는 자수성가형 성공 스토리로 동료 사이에서 두각을 나타냈다. 먼 지역에서 진행된 인터뷰는 청년 경력 개발 프로젝트의 하나로, 장래가 촉망되는 다른 유색인종 청년 사업가들과 함께 안전하고 힘이 되는 직장에서 자신의 꿈을 펼칠 수 있도록 돕는 사업이었다. 마커스는 직원들과 함께 수없이 많은 면접을 연습하며 몇 주 동안 준비했다. 우리는 면접 때 입을 옷을 준비해주었고 그는 멋지게 차려입었다. 모든 것이 완벽했다. 그는 자가용이 없었기에 헌터스 포인트 인근을 지나는 버스를 타고 면접 장소에 갈 예정이었다. 그곳에서 불과 몇 킬로미터 떨어진 곳에서 나고 자랐음에도 한 번도 가보지 않은 도시였다.

면접 당일 아침, 마커스는 버스 정류장에 10분 일찍 도착했고 인생의 새로운 장을 시작한다는 기대감에 들떠 있었다. 하지만 버스가 도착하고 운전기사가 문을 열자 그는 얼어붙었다. 잠시 어색한 침묵이 흐른 뒤 안 탈 거냐는 버스 기사의 물음에 마커스는 망설였다. 실패감에 압도되어 버스에 타려는 의욕과 자신감을 순식간에 잃은 것이다. 그렇게 몇 초가 흘렀다. 마커스는 버스 기사에게 손을 흔들었고 버스는 부르릉 소리와 함께 떠나며 그의 자존감까지 앗아갔다. 마커스는 고개를 숙이고 어깨를 축 늘어뜨린 채 터벅터벅 집으로 돌아가 실패한 하루를 잊기 위해 비디오게임을 시작했다.

마커스는 매우 낯설고 두렵기까지 한 공간, 즉 성과주의라는 세계로 발을 내디디고 있었다. 자신의 가치를 평가받기 위해 평소에 입지 않는 옷을 입고 낯선 사람에게 자신을 소개하는 모의 면접은 지극히 성과주의적이며 승자와 패자, 성공과 실패를 가르는 벼랑 끝 상황을 만들어낸다.

우리 프로그램을 마친 뒤 성공을 거두고 거리 봉사 활동을 돕고 있던 에릭은 마커스의 이야기를 듣고 무슨 일인지 알아보기 위해 그의 집을 찾았다. 자신이 마커스를 도울 수 있을 거라고 생각한 에릭은 집에서 비디오게임을 하고 있는 마커스에게 물었다. "그냥 포기할 건가요?" 마커스는 이미 실패의 늪에 빠져 있었다. "네, 그럴 것 같아요…. 잘 모르겠어요." 우리는 그의 마음을 돌리지 못했다. 마커스는 이리저리 흔들렸고 자신이 꿈꾸던 사람이 되지 못했다. 현재 마흔 살인 그는 마을에서 은행 보안 요원으로 일하며 정직한 삶을 살고 있다.

하지만 한때 기업가 정신을 추구하며 품었던 열정에 비하면 공허한 삶일 것이다.

이 같은 사례는 마커스만이 아니다. 그의 이야기는 부유하든 가난하든, 남성이든 여성이든, 특권이 있든 없든, 나를 비롯해 거의 모든 사람에게서 나타나는 광범위한 패턴을 보여준다. 당신이 아무리 최고의 자리에 있다 해도 숨겨진 무의식 패턴은 앞길을 가로막고 목적에서 멀어지게 할 수 있다.

우리가 익숙하게 접하는 또 다른 사례가 있다. 몇 년 전 고위 임원진에게 행동 변화에 대한 건강 및 웰니스 교육을 실시한 적이 있다. 5,000명이 넘는 부서를 총괄하는 에바는 건강해지기 위해 자신이 노력한 이야기를 들려주었다. 이야기는 활기차게 시작되었다.

"작년에는 정말 멋졌어요! 저는 일하기 전 명상을 하고 매일 요가를 하면서 점심때면 샐러드를 먹었죠."

그녀는 잠시 이야기를 멈추고 바닥을 내려다보았다.

"그다음에 무슨 일이 있었죠?" 내가 물었다.

에바는 한참을 멍하니 바라보며 침묵을 지키다 말했다. "모르겠어요. 그냥 중단했어요. 모든 것을 말이에요."

그녀는 아무도 없는 집에 혼자 남겨진 것처럼, 지난 1년 동안의 기억이 모두 증발해버린 것처럼 시무룩한 표정이었다. 마치 외계인에게 납치되었다가 기억을 잃은 채 지구에 돌아온 것 같았다. "모르겠어요." 그녀는 자신이 완전히 실패했다고 생각했다.

이러한 패턴은 학습된 무기력learned helplessness이라는 개념으로 학술 문헌에 잘 설명되어 있다. 나는 1960년대에 학자들이 동물의 행동을 가리키기 위해 처음 만들어낸 이 용어를 좋아하지 않는다. '무기력'이라는 단어가 사람에게 적용되면 자칫 비난이나 노력 부족을 의미할 수 있기 때문이다. 따라서 이 연구의 중요한 역사를 소개한 다음 이번 장에서 다룰 새로운 신경과학에 더 적합한(게다가 더 정확한) '동기 상실motivatioin loss'이라는 용어로 바꾸어 사용할 것이다.

전해지는 이야기에 따르면, 1960년대에 한 연구 팀이 개를 사육장에 가두고 발에 전기 충격을 주는 불미스러운 실험을 했다. 처음에는 개들이 땅을 파고 컹컹 짖으며 고통에서 벗어나기 위해 모든 행동을 취했다. 하지만 결국 꼼짝 못하고 얼어붙어 체념하고 말았다. 그리고 고통에서 벗어날 수 있다는 희망을 포기한 채 아무 행동도 하지 않고 축 처져 있었다. 이렇게 위협 앞에서 무력해지는 법을 배운 개들을 통해 '학습된 무기력'이라는 개념이 탄생했다.[1] (다행히 현대 과학은 이런 야만적인 실험을 비윤리적 행위로 규정했고, 오늘날의 과학자들은 그런 패턴을 조사하는 더 정교한 방법을 찾아냈다).

심리학 저널 《사이콜로지 투데이Psychology Today》는 학습된 무기력을 다음과 같이 쉽고 간단하게 정의한다. '학습된 무기력은 개인이 부정적이고 통제할 수 없는 상황에 끊임없이 직면해 상황을 바꾸려는 노력을 멈추는 경우에 발생한다. 상황을 바꿀 능력이 있는 것처럼 보일 때조차 말이다.'[2] 이것이 의미하는 바는 학습된 무기력이 행동과 결과의 분리를 야기한다는 점이다. 이것이 바로 인식과 행동의 불일치know-do gap다.

"내가 무엇을 해야 하는지 알지만, 하지 않아요."

"내가 하는 일은 무엇이든 소용없어요."

"내게는 어떤 것도 효과가 없어요."

학습된 무기력을 키우는 아이는 어려운 상황에 놓이게 된다. 실패를 자신의 능력이 부족한 탓으로 돌리고 성공을 외부 요인 덕분으로 생각하는 경향이 있기 때문이다. 이러한 무기력 상태가 수동성, 불안, 우울증 등 구체적 행동 반응을 증가시키면서 문제는 계속 이어진다.[3]

마커스와 에바는 이러한 문제의 징후를 보여준다. 사람들은 맹목적으로 성과를 추구한다. 직장에서 죽어라 일하고, 새로운 취미에 빠져들고, 실내 자전거를 타고, 채식주의에 전념하며 뛰어난 성과를 향해 쉼 없이 달린다. 그러다 갑자기 그런 일을 하지 않게 된다. 무슨 일이 일어났는지 전혀 알지 못한 채 말이다. 그들이 알지 못하는 것은 성과주의 사고가 계속 시도하려는 동기를 조용히 없애버린다는 사실이다. 필립 오바디아Philip Ovadia 박사는 이렇게 말했다. "우리는 사람들에게 '건강'에 대해 조언했는데 효과가 없으면 그저 사람들이 조언을 따르지 않았다고 생각한다. 어쩌면 우리가 형편없는 조언을 하고 있는지도 모른다."

내 안의 '포기 버튼' 하베눌라가 작동하는 법

이런 상황을 만드는 요인은 무엇일까? 그것은 바로 신경과학의 판도를 바꾼 '하베눌라'라는 뇌 부위다. 하베눌라는 인간 행동을 조절하는 가장 강력한 장치이며 지금까지 난해한 비밀로 감춰져 있었다. 뇌 시상thalamus 중 0.5센티미터를 차지하는 이 강력한 신경 해부학적 구조는 실패를 인식할 때마다 활성화되어 다시 시도하려는 동기를 무의식적으로 하향 조절한다.[4] (용어를 단순화하기 위해 이 책에서는 좌우 한 쌍의 하베눌라뿐만 아니라 하베눌라의 외측lateral과 내측medial을 통틀어 '하베눌라'로 지칭한다. 다만 하베눌라 각 부위의 뚜렷한 기능에 대해서는 과학자들의 최신 분석을 인정한다).

바로 이것이 핵심이다. 뇌에서 지속적인 행동 변화를 이끌어내는 주요인은 습관 형성이며, 습관이 형성되려면 동기부여가 지속적으로 이루어져야 하기 때문이다. 이 내용에 대해서는 5장에서 살펴볼 것이다. 실제로 도파민 기반의 보상보다 반보상 경로anti-reward pathway라고 알려진 하베눌라가 행동을 예측하고 견인하는 데 훨씬 주된 요인으로 작용한다는 증거가 점점 더 많아지고 있다.[5] 이 새로운 통찰은 습관을 형성하고 행동을 변화시키려는 노력에 중요한 의미를 지닌다.

하베눌라는 **실패 감지기**failure detector로, 우리의 생존을 돕는 진화적 임무를 수행한다. 원시 제브러피시zebrafish에도 하베눌라가 있었다. 하베눌라는 우리가 해로울 수도 있는 행동을 반복하지 않도록 막음으로써 부상, 질병, 죽음으로부터 보호하기 위해 진화했을 것이다. 예를 들어 뜨거운 난로를 건드리면 하베눌라가 활성화되어 다시는 그 난로에 손대지 않도록 경고함으로써 통증이나 위험에서 보호할 것이다. 하지만 건강이나 삶을 개선하는 문제에서는 하베눌라가 가장 큰 장애물이 된다.

활성화된 하베눌라는 동기를 억제하는 **차단기**kill switch로 작용한다. 따라서 식단을 지키거나 불안을 조절하는 데 실패했다고 생각할 때마다 우리는 새로운 경험을 시도하거나 건강한 습관을 형성하려는 노력을 멈추게 된다. 절대적인 실패나 최종적인 실패는 거의 없다는 점을 명심하자. 우리는 대체로 행동 변화라는 측면에서 인지된 실패를 경험하지만 하베눌라는 모든 실패를 동일하게 인식한다.

행동을 지배하는 하베눌라의 힘은 당신이 차 안에 있다고 상상하면 이해하기 쉽다. 동기와 목표 추구에 대한 보상으로 수반되는 도파민은 페달이라고 할 수 있다. 사실 이 '가속페달'은 사람들이 건강을 유지하도록 돕기 위해 열정적으로 노력해온 임상의, 설계자, 과학자와 건강 개선 프로그램이 오랫동안 주목해온 부분이다. 과거 나는 (그리고 현재 많은 사람은) 도파민을 증가시키고, 동기부여 슬로건으로 의욕을 북돋고, 사람들을 건강 증진 활동에 참여시키는 일명 '전력을 다하는' 개입 방법에 수십 년 동안 집착했다.

"그냥 해."
"고통 없이는 얻는 것도 없다."
"어제보다 더 강하게."

하지만 모두가 놓친 것이 있다. 바로 브레이크가 걸려 있다는 사실이다. 하베눌라는 브레이크 같은 역할을 한다. 실제 자동차처럼 당신은 가속페달을 마음껏 밟을 수 있지만 브레이크가 작동하면 아무 데도 갈 수 없다. 다시 말해 활성화된 하베눌라는 활성화된 보상 체계보다 당신의 행동에 더 큰 힘을 발휘한다(중독이 어떻게 작용하는지에 대해서는 나중에 다룰 것이다). 따라서 하베눌라 브레이크가 적극적으로 '활성화'되면 아무리 건강하고 유익한 일을 하고 싶어도, 아무리 자신이 해야 할 일이 무엇인지 알고 있어도 하지 않게 된다. 인식과 행동의 불일치가 생기는 것이다.

1940년대 후반, '신경심리학의 아버지'로 불리던 도널드 헵Donald Hebb 박사는 신경 가소성, 즉 새로운 뉴런과 연결이 증가하는 것을 통해 뇌가 변화할 수 있다는 가설을 처음으로 제시했다.[6] 당시에는 '늙은 개에게 새로운 재주를 가르치기 어렵다'는 격언이 과학계의 불문율이었다. 하지만 그의 연구는 수십 년이 지나 에릭 캔들Eric Kandel이 첨단 장비로 신경계 신호 전달을 정확하게 측정하고 2000년에 노벨상을 받으면서 신경 해부학적 증거로 뒷받침되었다. 캔들의 연구는 헵 박사가 60년 전에 상정했던 신경의 상관관계를 밝혀냈다.

캔들의 연구가 헵의 이론을 살려냈듯이 이제 하베눌라는 학습된 무기력을 설명하는 신경 해부학적 근거로 떠오르고 있다. 그리고 이를 통해 사육장 안 개들이 전기 충격을 받으면서 사육장에 머무르는 이유 또한 설명할 수 있다. 따라서 여기서는 학습된 무기력이라는 용어 대신 인식과 행동의 불일치를 행동 측면에서 더 정확하게 표현하는 '동기 상실'이라는 용어를 사용할 것이다.

하지만 여기서 끝이 아니다. 현대 행동심리학의 토대인 강력한 뇌 휴리스틱heuristic(즉 뇌가 시간과 인지적 노력을 최소화하기 위해 만드는 지름길과 가정)은 하베눌라에 대한 최근 연구 결과에 비추어 볼 때 더욱 흥미롭다. 예를 들어 대니얼 카너먼Daniel Kahneman과 아모스 트버스키

Amos Tversky, 그리고 이후 리처드 탈러Richard Thaler는 인간이 얻는 것보다 잃는 것에 더 민감하다는 사실을 설명한 '전망 이론prospect theory'과 '손실 회피loss aversion'로 노벨경제학상을 받았다.

이러한 현상은 이후 2020년에 카이 루게리Kai Ruggeri의 연구를 통해 수많은 나라와 문화에서 확인되었다.[7] 이에 대해 행동경제학자들은 돈을 잃는 것에 대한 회피 심리가 작용한 것으로 오랫동안 인식해왔으나 이제는 회피를 일으키는 근원인 하베눌라에서 신경의 상관관계가 영향을 미치는 것으로 밝혀졌다.[8] 그리고 손실 회피는 이득보다 2배가량 강한 것으로 나타났다.[9] (이 내용은 이 장 끝부분에서 좀 더 자세히 살펴볼 것이다). 쉽게 설명하면 이렇다. "그냥 해"를 실천하려는 모든 노력은 "안 돼, 하지 마"라는 생각만으로도 상쇄될 수 있다. 즉 동기를 억제하는 차단기가 더욱 강력한 것이다. 그럼 하베눌라가 어떤 방식으로 작동하는지 살펴보자.

1. 우울과 불안이라는 번개

수십 년 동안 나는 우울증의 신경과학적 근거를 발견했다는 신경과학계의 흥분에 동참했다. 당시 지배적인 이론은 "나는 못해", "나는 충분하지 않아" 같은 서사적 자아가 관련된, 전전두엽 피질의 과도한 반추가 우울증과 불안의 근원이라는 것이었다.[10] 이는 논리적으로 타당한 이론이다. 그렇지 않은가? 부정적인 생각에 사로잡혀 있으면 이러한 반추가 감정과 기분을 결정한다는 사실이 확인되었다. 이 가설에 근거해 나와 동료들은 마음 챙김, 요가를 기반으로 한 스트레스 프로그램 같은 새로운 개입 방법을 서둘러 개발했고, 어느 정도 효과가 있었다.[11] 하지만 나중에 밝혀졌듯이 반추는 다가오는 폭풍 전선의 적란운처럼 시작에 불과한 반면 하베눌라는 지상에 내리치는 번개나 마찬가지였다.

컬럼비아대학교 심리학 및 교육학 교수 리사 밀러Lisa Miller 는 "성취를 달성한 뇌는 다음 목표에 끊임없이 중독된다. 하지만 이러한 중독은 성취를 성공의 기회로 삼을 때 문제가 된다. 무언가를 시도해서 실패할 경우 우울증과 불안으로 이어질 수 있다"라고 지적한다. 이밖에 점점 더 많은 연구에서 하베눌라를 단지 방관자가 아닌 우울증과 불안의 주요인으로 지목하고 있다. 리Li 등의 연구[12]에 따르면, 쥐 실험에서 하베눌라의 과다 활동이 우울증과 상관관계가 있는 것으로 나타났다. 사토리우스Sartorius 등의 또 다른 연구[13]에서는 치료 저항성 주요 우울 장애를 겪는 환자의 하베눌라에 직접 뇌 심부 자극을 주어 우울증을 일시적으로 완화했다. 윈웨이Yun-Wei 등의 연구[14]에서는 쥐의 하베눌라에 손상을 주어 우울증을 (무쾌감증, 동기 상실) 유발했다.

fMRI를 이용해 주요 우울 장애가 있는 환자와 건강한 지원자를 비교한 로슨Lawson 등의 연구[15]에서는 더 많은 증거가 도출되었다. 연구진은 주요 우울 장애 환자들의 경우 예상되는 처벌에 대한 반응에서 하베눌라 활성이 감소한다는 사실을 발견했다. 그들은 이것이 우울증 환자가 보이는 자기 옹호를 위한 행동 능력 저하, 즉 동기 상실을 입증할 수 있다고 생각했다. 또 하베눌라가 작을수록 우울증이 더 많이 발생한다는 사실을 알아냈다. 바레이로스Barreiros 등의 연구[16]에서는 우울증 치료에 반응하는 환자와 반응하지 않는 환자의 하베눌라를 비교했다. 치료 저항성 우울증 환자는 하베눌라와 기본 모드 네트워크default mode network(인지 활동을 하지 않고 휴식을 취할 때 활성화되는 뇌의 특정 부위—옮긴이), 즉 반추하고 걱정할 때 활성화되는 영역 사이의 연결성이 현저히 증가했다.

이러한 연구들을 종합해보면 치료 저항성, 심각한 우울증, 하베눌라, 환각 보조 요법의 기대할 만한 치료율 사이에는 흥미로운 연관성이 있을 수 있다. 예를 들어 초기 증거는 주요 우울 장애의 효과적인 치료법으로 케타민의 작용을 연구한 동물실험(특히 쥐의 뇌)을 통해 발표되었다. 전통적인 치료는 선택적 세로토닌 재흡수 억제제SSRI(2세대 항우울제의 일종으로, 인간의 감정, 행동 등을 결정하는 주요 신경전달물질인 세로토닌이 신경세포 내부로 재흡수되는 것을 막음으로써 뇌의 세로토닌 양을 높인다. 우울증, 불안장애, 강박장애 등을 치료하는 데 쓰인다.—옮긴이) 사용으로 시작하며, 효과가 없을 경우 케타민 보조 치료로 돌아서는 환자가 점점 더 많아지고 있다. 쥐 우울증 모델에서 케타민의 작용 메커니즘을 추적한 최근 연구는 케타민이 하베눌라와 결합한다는 것을 보여주었다.[17] 이는 케타민이 하베눌라를 통해 우울증을 완화한다는 것을 시사하며, 앞서 살펴보았듯이 하베눌라는 우울증의 근원으로 떠오르고 있다.

치료 저항성 우울증과 자살 충동이 있는 마야 같은 사람들이 겪는 이러한 고착(동기 상실)과 절망감은 과활성되거나 '상처 입은(동기 상실을 유발하는 실패의 역사)' 하베눌라의 전형적인 특징으로 보인다. 케타민은 과잉 반응하는 하베눌라에 결합해 하베눌라를 진정시키거나 비활성화함으로써 과잉 반응을 억제하는 것으로 추측되며, 그 결과 도파민 보상 경로가 낙관적인 감정과 기쁨을 되찾을 수 있게 된다. 물론 이것은 지나치게 단순하고 이론적인 설명이며 연구는 아직 초기 단계에 불과하므로 더 많은 연구가 필요하다.

SSRI의 효과는 시간이 지남에 따라 떨어지는 것으로 알려져 있다. 이는 급격하게 기분이 다운되었을 때 단기적으로 빠르게 증상을 완화하는 데 가장 적합하다는 것을 의미한다. 하베눌라는 반추 질환으로 여겨지는 우울증, 불안, 강박 장애를 더 효과적으로 치료할 수 있는 새롭고 강력한 임상 표적으로 희망을 제시하고 있다.

2. 만성 스트레스, 뇌의 보상 신호를 왜곡하다

하베눌라가 배고픔과 포만감에 관여하는 데 대해 흥미로운 이야기가 나오고 있다. 하베눌라에 대한 관심이 높아지기 전에는 도파민을 매개로 한 보상 경로의 과도한 활성화가 음식에 대한 갈망을 유발하는 요인으로 널리 받아들여졌다. 하지만 이제 하베눌라가 정서적 섭식emotional eating의 주원인 중 하나로 여겨진다. 허버트Herbert 등의 연구[18]에 따르면, 만성 스트레스는 뇌의 보상 신호를 조절하는 하베눌라의 정상적인 능력을 억제하는 것으로 나타났다. 스트레스로 하베눌라가 억제되면 보상 신호가 계속 활성화되고 그만 먹으라는 신호를 무시한 채 계속 먹게 된다. 이것이 스트레스성 폭식의 메커니즘이다!

게다가 스트레스로 인한 하베눌라 억제는 특히 단 음식과 기분을 좋게 해주는 음식에 대한 갈망을 증가시켜 궁극적으로 체중 증가를 야기한다. 요약하면 이 연구는 스트레스 때문에 작동을 멈춘 하베눌라가 과식과 체중 증가를 촉진한다는 것을 시사한다. 즉 폭식을 막는 브레이크가 '꺼지는 것'이다!

2018년 말도나도Maldonado와 동료들은 fMRI 뇌 스캔을 이용해 거식증 때문에 원치 않는 체중 감소를 경험한 암 환자들의 뇌 활동을 건강한 대조군과 비교했다.[19] 연구 팀은 먼저 휴지기동안 두 그룹의 차이를 평가한 후 두 그룹 모두에게 보상으로 주스를 주었다. 그 결과 암 환자 그룹에서 하베눌라와 시상하부 및 측좌핵 사이의 휴지기 기능적 연결성resting state connectivity(아무것도 하지 않는 상태에서 뇌 속 네트워크들이 얼마나 잘 연결되어 있는지 보여주는 지표. 연결도가 높을수록 주의력·집중력·각성도가 높다.—옮긴이)이 현저히 감소하는 것을 발견했다. 게다가 주스 보상을 제공한 후 암 환자 그룹의 선조체(신경세포가 모여 대뇌 기저핵의 일부를 이룬 부분—옮긴이) 활동(선조체는 보상과 목표를 향한 움직임을 연결시키며[20] 여기서 목표는 주스 보상이다) 또한 건강한 대조군에 비해 현저히 감소했다.

이는 하베눌라가 쾌락적 섭식 행동과 항상성 섭식 행동 모두에서 중요한 역할을 할 수 있다는 것을 의미한다.[21] 이러한 연구는 아직 초기 단계에 불과하지만 하베눌라가 배고픔과 포만감을 조절하는 강력한 장치로 작동한다는 점을 보여준다.

3. 코카인에 중독된 쥐 이야기

하베눌라는 중독에서도 핵심 요인으로 떠오르고 있다. 한 연구[22]에 따르면 하베눌라는 뇌에서 니코틴 수용체의 밀도가 가장 높은 부위였다. 유전자 연구에서도 흡연자의 위험 증가와 관련 있는 주요 유전자 그룹이 입증되었고[23], 이러한 유전자군을 발현시키는 주요 뇌 영역이 하베눌라인 것으로 나타났다.[24]

또 다른 연구에서는 코카인에 대한 초기 도파민 보상 효과가 사라진 후 하베눌라가 주도하는 회피 효과(신체적, 정서적 고통 같은)가 약물 추구 행동을 유발한다는 사실을 발견했다.[25] 노이만Neumann 등은 쥐에게 코카인을 주입한 후 즉각적인 보상 단계에서는 하베눌라가 활성화되지 않았으나, 이후 반복적인 코카인 자가 투여와 관련된 하베눌라 활동이 현저히 증가한다는 사실을 입증했다.[26] 쥐가 코카인에 노출된 후 7일 동안 하베눌라 활동이 증가했는데, 이는 약물 투여 중단 후 장기적 갈망 상태가 지속될 수 있음을 시사한다. 볼드윈Baldwin과 동료들[27]은 측면 하베눌라가 반복적으로 약물에 노출되면 과다 활동 상태가 되고, 그 결과 도파민 분비가 감소해 약물 투여를 중단했을 때 금단증상을 경험하게 된다는 것을 제시했다. 이러한 금단증상은 갈망과 관련 있는 것으로 알려졌다. 랙스Lax 등은[28] 코카인을 자가 투여한 쥐에서 하베눌라가 투여 용량에 따라 점증적으로 퇴화한다는 사실을 입증했다.

이는 쥐가 코카인을 많이 투여할수록 코카인 투여를 막는 '브레이크'가 약해진다는 것을 뜻한다. 당신도 중독 패턴에서 이런 현상을 보앉을 것이다. 뮐러Müller 등은 헤로인 중독자들의 사후 하베눌라가 정상보다 작다는 것을 발견했는데, 이는 하베눌라가 헤로인 때문에 지나치게 차단되어 '위축'되었기 때문에(즉 브레이크가 사라졌기 때문에) 약물 사용, 다시 말해 도파민에 대한 헛된 추구를 억제할 수 없게 되었음을 의미한다.[29]

하베눌라는 도파민 조절 외에도 세로토닌과 노르에피네프린(교감신경계의 신경전달물질로 분비 시 혈류량과 대사활동이 증가하고 집중력이 높아지는 등의 효과가 있다.—옮긴이)을 조절하는 영역과 연결되어 있다.[30] 이것으로 충분하지 않다면, 내측 하베눌라가 손상된 쥐에게서 충동성이 증가한다는 것을 보여준 또 다른 연구도 있다.[31] 이 모든 연구가 가리키는 것은 하베눌라가 중독을 유발하는 세 가지 위협인 중독성 물질에 대한 갈망을 유발하고(아마 하베눌라가 손상되었을 때), 중독성 물질 사용에 대한 보상을 낮추고, 중독성 물질을 사용하려는 충동을 높이는 데 깊이 관여한다는 점이다.

4. 출구가 없다는 착각

지금까지 하베눌라에 대해, 그리고 열린 사육장에서 벗어나지 못하는 개에 대해 알아보았다. 어린 시절 자신이 통제할 수 없는 압도적이고 충격적인 경험을 했던 사람이라면, **누구나** 탈출할 방법 없이 어딘가에 갇혔다고 믿는 것과 비슷한 상황에 놓여 있을 것이다. 그리고 출구가 제시되어도 그것을 보거나 인식할 수 없을 것이다.

이들이 느끼는 무력감은 결코 이들의 성격이나 지능에 대한 비판이 될 수 없다. 누구도 그런 상황에 맞설 수 없으며 특히 어린아이는 더욱 그렇기 때문이다. 도리어 바람직하지 않고 통제 불가능한 시나리오에 거듭 부딪히는 경험은 반복적인 무력감에 빠지게 만든다. 이에 따른 동기 상실은 무언가 시도하려는 노력을 가로막는다. 하베눌라가 "이건 무의미해. 에너지를 낭비하지 말고 그냥 받아들여"라고 말하기 때문이다. 교사들은 그런 아이를 보면 트라우마가 있다고 생각하기보다 게으르고, 과잉 행동을 보이고, 말썽을 일으키고, 수줍음을 많이 타는 것으로 여길 수 있다.

그런 트라우마 시나리오를 설명하는 것으로 아동기 부정적 경험 Adverse Childhood Events, ACEs이라는 개념이 있다. 다수의 연구를 통해 입증된 이 개념은 신체적·성적·정서적 학대, 방임, 약물 남용, 부모의 이혼, 기타 영향 등 어린 시절의 트라우마를 검증된 척도로 정량화한다. 이 ACEs 설문지[32]는 미래에 정신적 또는 신체적 건강 문제가 발생할 가능성을 측정하며, 높은 점수는 일반적으로 어린 시절의 높은 무력감 수준을 나타낸다. ACEs 점수(1~10점)는 어린 시절 아이의 하베눌라가 얼마나 많이 '공격'받았고 그 결과 성인이 되어 동기 상실을 유발했는지 여부와 가설적 상관관계가 있다.

실제로 한 연구[33]에서는 생쥐의 초기 트라우마(어미 쥐와의 분리)가 스트레스 재노출에 대한 반응성이 높아진 민감한 하베눌라에서 우울증 상태를 유발하는 것으로 확인되었다. 마두바타Madubata 등[34]은 아프리카계 미국인 청년의 인지된 인종차별, 무력감, 우울 상태의 관계를 평가한 결과 차별받은 횟수와 무력감 경험이 우울 증상과 양의 상관관계가 있음을 발견했다. 트라우마는 브레이크를 과민하게 만들고 지나치게 민감한 브레이크는 우울증을 유발한다.

또 다른 연구[35]에서는 통증, 중독, 기분 조절에 관여하는 뇌 메커니즘(하베눌라 내에 존재하는 Dyn/KOR 펩타이드 수용체 쌍)이 쥐의 초기 트라우마(모성 박탈)의 영향으로 변형된다는 사실이 입증되었다. 이는 중요한 현상이다. 이 신호를 바꾸면 도파민 분비를 억제하고, 식욕을 자극하며, 동물에게 고지방 식단을 제공할 때 과식을 유발하는 것으로 밝혀졌기 때문이다. 요약하면 트라우마는 하베눌라를 변화시켜 도파민 분비를 줄이고 과식을 유발한다.

또 다른 연구 팀인 가와이Kawai 등[36]은 하베눌라와 전대상피질Anterior Cingulate Cortex이라는 뇌 영역의 관계가 행동에 어떻게 영향을 미치는지 살펴보았다. 그 결과 전대상피질은 하베눌라-전대상피질 회로 내에서 일어난 과거 회피 경험의 결과를 추적하는 것으로 보였다. 이전 연구에서 어린 시절의 스트레스가 전대상피질의 기능장애를 유발한다는 것이 입증되었기 때문에 이는 중요한 사실이다. 모든 내용을 종합하면 아동기 부정적 경험이 전대상피질을 손상시킨다는 사실을 알 수 있다. 전대상피질은 보통 하베눌라와 함께 작용해 우리를 위험에 빠뜨릴 수 있는 불쾌한 일을 기록한다. 그러나 이 시스템이 손상되면 스스로를 옹호하거나 위험을 감지하지 못할 수 있다. 이것이 바로 아동기 부정적 경험에서 볼 수 있는, 자신에게 가장 이익이 되는 행동을 하지 못하는(인식-행동 불일치) 현상이다.

아동기 부정적 사건, 우울증, 불안, 중독, 정서적 섭식이 모두 비슷한 신경과학적 원인에서 비롯된다는 점을 알면 ACEs 점수가 높은 사람을 더 효과적으로 진단하고 지원할 수 있다. 억압과 인종차별, 아동기 부정적 사건, 트라우마를 더 많이 견딘 사람은 꿈의 버스가 도착했을 때 얼어붙은 마커스처럼 시도하려는 동기를 더 크게 상실한다. 오지브웨족으로 어린 시절 기숙학교 생활과 학대 때문에 외상 후 스트레스 장애PTSD를 얻은 내 어머니도 마찬가지다(그녀가 살아남은 것은 기적이며 그녀는 정말 놀라운 여성이다!).

그런 아동이나 성인은 게으르다는 꼬리표가 붙거나 '의욕 없는' 사람으로 사회에서 부당하게 평가받는다. 의식적으로 통제할 수 없는 하베눌라의 활성화 때문에 매우 강력하고 실질적인 동기 상실이 이루어진다는 점을 이해하면, 우리는 가장 큰 피해를 경험한 사람들에게 더욱 큰 연민을 갖고 그들이 고통, 수치심, 실패감을 치유하도록 효과적으로 지원할 수 있다. 수십 년 동안 이 진실을 탐구해오면서 내가 만난 중독자, 자살 충동 환자, 노숙자, 상습 범죄자 가운데 마음속으로 고통에서 벗어나고 싶어 하지 않은 사람은 아무도 없었다. 그들의 인식-행동 불일치는 대부분의 사람들보다 더 크고 압도적이었다. 그들은 자신의 브레이크가 켜져 있는지, 더 중요하게는 어떻게 꺼야 하는지 알지 못했다.

5. 활성화된 하베눌라와 수면 부족

하베눌라는 수면에서도 중요한 역할을 하는 것으로 보인다. 다음은 뇌 영역의 실세인 하베눌라가 수면 영역에서 어떻게 작용하는지 분석한 최신 연구 결과 중 일부다.

- 하베눌라는 멜라토닌을 생성하고 수면-각성 주기에 영향을 미치는 송과선pineal gland이라는 뇌 영역 바로 옆에 자리 잡고 있다. 하베눌라와 송과선의 근접성과 공동 진화는 둘의 연관성에 대한 과학적 연구에 영감을 주었다.
- 예를 들어 하언Haun 등[37]이 쥐의 뇌 중 하베눌라 하류 영역인 반굴속fasciculus retroflexus의 연결을 끊자 쥐들의 렘수면(깨어 있는 것에 가까운 얕은 수면—옮긴이)이 감소했다.
- 게다가 하베눌라를 구성하는 뉴런은 송과선이 관장하는 일주기 리듬과 유사한 1일 리듬을 지니고 있다.[38] 이는 두 가지가 어떻게든 동기화되어 있음을 의미한다.
- 또 다른 최근 연구[39]에서는 쥐의 하베눌라가 활성화되면 만성 스트레스가 수면에 미치는 영향(예를 들어 비렘수면 증가, 자고 있지 않을 때 각성 저하, 우울증 유사 행동)과 비슷한 작용이 일어나는 것으로 나타났다. 이는 만성 스트레스가 하베눌라를 활성화해 수면 부족을 유발할 수 있음을 의미한다.

수면을 조절하는 하베눌라의 역할에 대해서는 더 많은 연구가 필요하다. 여기서는 스트레스가 수면에 영향을 미치고(렘수면 증가 또는 감소), 수면 부족으로 더 우울해지는 현상이 하베눌라와 어느 정도 관련이 있다는 점만 말해두고자 한다.

한밤중에 동기를 훔치러 온 보석 도둑, 하베눌라

나는 수년 동안 동물의 흔적과 징후, 예를 들면 먹이 위에 내려앉는 수리부엉이의 섬세한 착지, 여기저기 찍힌 개 발자국과 정확히 일자로 찍힌 코요테 발자국의 차이 등을 연구했다. 나는 동물의 흔적을 찾는 데 초보자 이상으로 능숙해지지 않았지만 아파치족 정찰대나 칼라하리 사막의 부시맨처럼 전설적인 사냥꾼에 대해 들어본 적은 있다. 그들은 전력 질주를 하면서도 단조로운 평원 위 작은 얼룩 같은 사슴 발자국을 수십 미터 거리에서 명확히 '볼 수 있다'고 한다.

서양의 추적 전문가들은 동물이 남긴 발자국, 긁힌 자국, 씹은 자국, 배설물 등을 가리켜 동물의 '흔적과 징후'라고 부른다. 이는 하베눌라처럼 추적하기 어려운 것을 추적하는 기술과 그 대표 징후인 동기 상실, 무력감, 비행동을 비유적으로 나타낸다. 지금까지 최신 연구를 통해 하베눌라와 그 '흔적과 징후'에 대해 알아보았으니 큰뿔야생양부터 버스 정류장까지 앞서 살펴본 사례에서 하베눌라와 동기 상실이 어떻게 작용했는지 알아보자.

자연에서 수컷 큰뿔야생양은 짝짓기 철에 자신을 과시하며 우위를 차지하기 위해 산 중턱에서 치열한 싸움을 벌인다. 하베눌라에 대한 새로운 정보를 통해 우리는 패배한 도전자의 뇌에서 무슨 일이 일어나는지 알고 있다. 패배한 수컷의 하베눌라는 '나는 할 수 없어. 내려가야 해'라는 메시지를 내보낸다.

자연에서는 이것이 당연하고 바람직한 일이다. 만약 패배한 수컷

이 물러나지 않으면 자신의 목숨이 위험해지고 그 과정에서 같은 무리의 다른 양들까지 위험에 빠뜨려 자연의 질서를 어지럽히게 될 것이다. 이는 전체 관점에서 좋은 일이나 패배한 수컷에게는 큰 대가가 따른다. (가설적으로) 하베눌라가 활성화되면 패배한 수컷은 사회적 지위를 잃고, 무리에서 배척당하며, 슬픔의 징후를 보인다. 최근 한 동물 연구[40]에서 밝혀진 '지위 하락 시 상실감과 우울증 유사 행동을 강화하는 메커니즘'은 이를 뒷받침해준다.

이는 앞서 말한 마야의 경우에도 같은 패턴으로 일어난다. 마야가 체육관에서 실패한 것은 체조 대회를 마치고 부모님과 차에 탄 순간이었다. 부모님은 그녀의 연기가 충분하지 않았다고 직설적으로 말했고 이것은 "넌 실패자야"라고 말하는 것이나 다름없었다. 이 일은 그녀의 하베눌라를 작동시켰다. 마야는 고된 연습으로 지쳐 숙제를 제대로 마무리하지 못한 탓에 낙제했고, 너무 피곤한 나머지 집안일을 도와주지 못해 가족을 '실망'시켰다. 체중이 늘어 더 이상 다른 여자아이들처럼 날씬하지 않았고, 미적 기준에 부합하지 않았다. 불행하고, 우울하고, 불안해진 마야는 복합적인 성과 불안에 시달렸다. 그녀는 대학에 진학한 후 실패자가 된 것 같았다. 한때 자신의 정체성에서 가장 중요한 부분이었던 체조를 그만두었기 때문이다. 완전히 무력해지고 절망감에 빠진 마야는 극심한 우울증과 자살 충동을 경험했다. 그러나 이후 케타민 치료(아마도 하베눌라를 통해 작용했을 것이다)로 탈출구를 찾았고 평생의 실패에서 벗어나게 해주는 새로운 관점을 얻었다.

데빈 역시 회사를 옮기기 전 직장에서 최고의 성과를 내는 인재였다. 하지만 잘못된 판단으로 대기업에 입사한 뒤 해고되고 말았다. 자신의 잘못이 아닌데도 난감한 상황에 처해 쫓겨난 그는 새로운 직장을 구할 때 내세울 만한 최근 성과도 없었다. 그는 이러한 상황을 실패로 인식해 자신이 받아들일 수 없는 이야기를 만들어냈고 그것은 자기 충족적 예언이 되었다. 일자리를 구하지 못한 채 시간이 흐를수록 그는 더욱 실패자가 된 것 같았고 우울증이 찾아왔다.

마찬가지로 마커스는 새롭게 펼쳐질 흥미진진한 인생에 대해 자신감을 가득 안고 문을 나섰다. 하지만 그를 면접 장소로 데려다줄 버스 문이 열리자 그의 하베눌라는 '너는 할 수 없어'라는 반응으로 얼어붙게 만들어 불안감을 유발했고, 그는 결국 실패의 늪에 빠진 채 집으로 돌아와 소파에 누워버렸다.

이들 중 자신의 하베눌라가 문제라는 사실을 안 사람은 아무도 없었다. 아니, 그들은 자신에게 하베눌라가 있는지조차 모른다. 하베눌라는 활성화될 때 날카로운 통증이나 다른 감각을 유발하지 않는다. 그저 조용할 뿐이다. 이들은 모두 일명 실패병failure disease(이에 대해서는 4장에서 자세히 설명할 것이다)이라는 병을 앓고 있다.

하베눌라는 잠을 잘 때나 어려운 상황에 직면할 때 무의식적으로 활성화된다. 그러면 다음 날 아침 당신은 아무 의욕 없이 서성이면서 자신에게 가장 도움이 될 만한 일을 하고 싶지 않은 기분이 든다. 더 나쁜 것은 판단을 담당하는 뇌 영역이 침묵의 하베눌라를 알아차리지 못하고 '나는 의욕이 없어. 나는 끔찍한 사람이야'라며 이런 상황에 대해 변명하고 탓할 사람을 찾으려 한다는 점이다. 부정적인 자기 대화에 사로잡혀 스스로를 문제의 원인으로 지목하는 것이다.

또 다른 예를 살펴보자. 내가 아는 한 여성은 근무 조건이 열악한 직장을 그만두고 사업을 시작하려 했으나 스스로 의욕이 없다고 판단해 도중에 그만두고 말았다. 사실 그녀는 의욕이 넘치는 사람이었다. 하지만 자금 유치, 고객 이탈 등 몇 가지 문제로 하베눌라가 작동했을 것이고 이후 실패병이 나타나 문제를 해결하고 끈질기게 앞으로 나아가려는 그녀의 타고난 성향을 억눌렀을 것이다.

여기서 무슨 일이 벌어지고 있는지 알겠는가? 하베눌라는 밤에 몰래 동기를 훔치는 보석 도둑이나 마찬가지다. 따라서 이 범죄자에 대한 증거가 없으면 엉뚱하게 자신을 탓하게 된다. 이 때문에 점점 더 무력감을 느끼고 우울해지며, 눈덩이처럼 불어나는 자기 판단에서 빠져나올 수 없게 되어 절망과 고착 상태가 더욱 악화된다. 이 이야기가 지금은 우울하게 들리겠지만 다음 장에서는 그런 지옥 같은 상황에서 빠져나올 수 있는 확실한 비법을 살펴볼 것이다.

당신은 결코 나약하지 않다

아동기 부정적 경험, 건강 불평등, 동기 상실은 모두 부정적 시너지를 일으켜 개인의 삶에 매우 큰 영향을 미칠 수 있는 경험이다. 간단히 말해 하베눌라에 '충격'이나 '상처'가 많을수록(인지된 실패, 아동기 부정적 경험, 무력감 등) 살아남기 위해 행동할 수 있는 능력이 떨어진다. 이는 의지나 정신이 약해서가 아니라 하베눌라가 활성화되었다는 사실을 감지하지 못하기 때문이다. 특히 건강 불평등에 크게 기여하는 인종차별 같은 외부 요인이 부담으로 작용할 때도 아동기 부정적 경험의 영향을 받은 사람들은 다른 방식으로 치료를 받는다. 하지만 그들은 하베눌라가 과도하게 활성화되어 스스로를 방어할 수 없을 것이다. 그런 상황에서는 누구나 자신의 건강을 옹호한다고 해서 달라질 게 없다고 생각할 것이다.

사람들이 자신에게 신경 쓰지 않는 것은 아니다(실제로 자존감이 낮을 수는 있다). 하지만 더 중요한 것은 그들의 현실이 달라지지 않는다는 사실이 반복해서 증명되어왔다는 점이다. 그들은 자신이 충분하지 않다고 혹은 그만한 자격이 없다고 믿도록 조건화되었기 때문에 자신에게 필요한 것을 무시한다. 반면 자신이 원하는 것을 요구할 때마다 얻을 수 있다고 믿는 사람은 자연스럽고, 강력하고, 끈질기게 자신을 옹호한다. 자신이 그럴 자격이 있다고 생각하기 때문이다.

이는 도움이 되는 일이 주어져도 자신을 위해 아무것도 하지 않는 것처럼 보이는 사람들이 그렇게 행동하는 이유를 설명해준다. 그리고 많은 의료 전문가의 두드러진 맹점을 없애준다. 예를 들어 빈곤한 지역에서 공중 보건 박람회가 열려도 참석하는 사람은 극소수이며 금전적 보상이나 인센티브가 있어야 참석하는 경우가 많다. 보건 당국자들은 "이 사람들은 건강에 관심이 없어요", "그들을 참석시키려면 돈을 줘야 돼요"라고 불평한다.

이런 사람들이 동기 상실을 극복하기 위해 때때로 인센티브가 필요한 것은 당연한 일이다. 그들은 과거에 보살핌이나 보호를 받지 못했기에 하베눌라가 강력하게 작동해 건전한 일을 하려는 동기가 완전히 차단된 사람들이다. 어릴 때 아무도 자신을 위해 나서지 않았다면 나중에 스스로 자신을 위해 나서기란 매우 어려운 일이다.

하베눌라에 대해 알게 된 후 내가 아는 임상의는 모두 환자의 상황에 더욱 연민을 느꼈고 자연스럽게 실행 및 접근 가능성이 높은 지원 방안과 개입 방법을 생각해냈다. 결국 임상의, 치료사, 교사, 사회복지사 등 다른 사람을 돕는 직업인에게도 하베눌라가 존재한다. 또 다른 사람을 돕고 치유하려는 내재적 동인이 있다. 하지만 사람들을 돌보고 변화시키려는 노력에도 아무 진전이 보이지 않으면 쉽게 번아웃이 찾아올 수 있다.

이것은 영화 〈사랑의 블랙홀Groundhog Day〉과 마찬가지다. 주인공 필 코너는 반복되는 똑같은 하루를 헛되이 살아간다. 의사나 치료사는 환자와 고객이 약속한 일이나 자신에게 유익한 일을 반복적으로 하지 않는 모습을 지켜본다. 이 경우 환자는 종종 의사를 피하기도 하고 자신이 하겠다고 말한 일을 하지 못할 때 느끼는 수치심 때문에 프로그램을 그만두기도 한다(인식-행동 불일치). 환자의 '하베눌라 충격'은 치료사에게 전염될 수 있고 그러면 치료사들은 "어떻게 하겠어요? 나는 스스로 돕지 않는 사람을 도울 수 없어요!"라고 느낄 수 있다. 환자가 포기하면 임상의도 일종의 포기를 하는 것이다.

나도 이런 패턴을 잘 알고 있다. 언어폭력을 일삼는 아버지 밑에서 절대 성공하지 못할 것이며 패배자, 포기자라는 말을 듣고 자란 나는 정서적으로 힘든 중고등학교 시절을 보냈다. 돌이켜보면 나는 확실히 우울했고(우울증 진단을 받지는 않았지만) 어떤 이유에서인지 밤에 숙제를 할 수 없었다. 대신 감정을 누그러뜨리기 위해 시리얼이나 크래커 같은 탄수화물 식품을 상자째 들고 먹으면서 정신이 멍해지도록 TV를 보곤 했다.

그러다 아침이 되면 아버지가 나를 비난한 것처럼 실패자가 된 것 같았고 선생님과 마주하지 않으려고 아픈 척을 하곤 했다. 결국 밀린 과제와 시험이 점점 쌓여갔고 겨우 학교로 돌아가 시험을 봤을 때 놀랄 만큼 끔찍한 점수를 받았다. 사실 나는 학교를 너무 많이 결석해서 어머니가 고등학교를 졸업할 수 있게 해달라고 청원해야 했다. 그럼에도 우등반과 선행반에서 평균 B를 받았고 학급 임원으로 선출되었으며 다양한 동아리에서 활동하며 많은 친구를 사귀었다. 그래서 나는 선생님들에게 신경도 안 쓰고 게으르고 오만한 펑크족처럼 보였다. 하지만 그것은 내가 겪고 있던 극심한 실패와 하베눌라 활성화, 우울증을 숨기기 위한 가림막일 뿐이었다.

특히 미적분학 교사인 그레이엄 선생님과의 일이 기억에 남는데, 성적을 확인하러 가자 선생님은 내게 D 마이너스라고 쓰인 것을 보여주셨다. 그리고 경멸하는 눈빛으로 나를 보며 "이게 네 점수야!"라고 말씀하셨다. 나는 만약 선생님이 내가 얼마나 상처받고 학업에 대한 의욕을 잃었는지 알았다면 연민을 느꼈을 것이고 나를 더 이상 혼내지 않았을 것이라 믿기로 했다. 그런데 내 ACEs 점수는 몇 점이었을까? 10점 만점에 7점으로 우울증, 해로운 스트레스, 알코올 중독 등에 걸릴 위험이 높은 수준이었다.

이러한 하베눌라 활성화에는 인구 수준도 영향을 준다. 장기 체중 감량에 대해 한 논문에서는 '체중 감량을 시도하는 비만 인구 비율이 최근 감소한 것은 이전에 지속적인 체중 감량에 실패했던 경험 때문일 수 있다'[41]라고 언급했다.

이 설명에서 하베눌라는 어떻게 작용할까? 하베눌라는 문제가 점점 더 커짐에도 자신의 이익을 추구하는 행동을 점점 더 적게 하는 전형적인 인식-행동 불일치를 야기한다. 이는 그들이 나약하거나 무지해서가 아니다. 수많은 다이어트와 체중 감량 시도를 반복하고 실패하면서 그들의 하베눌라가 더 다루기 어려워지고 (비유적으로) 상처를 입었을 것이기 때문이다. 즉 그들은 이러지도 저러지도 못한 채 갇혀 있는 것이다.

결국 체중 감량에 대한 전례 없는 사회적 냉소주의가 우리에게 큰 문제를 안겨주었다. 예를 들어 웨이트 워처스 같은 프로그램은 사람들이 (성과 점수 기반의) 계획이나 노하우를 따르고 평소 방법을 몰랐거나 하려는 동기가 없었던 일을 성취함으로써 고통에서 벗어나도록 돕기 위한 방안이었다. 하지만 이러한 추세는 성과 기반 접근법을 과도하게 사용한 결과 시도를 포기해버리는 '황폐한 땅'을 만들었다.

성과 집착은 하베눌라 스위치를 어떻게 활성화할까

1장에서 성과주의 접근법의 남용과 그로 인한 부정적 결과 및 부적응 행동과의 연관성에 대해 알아보았다. 재발률이 97퍼센트에 이르는 것을 보면 그러한 접근법이 효과가 없는 것은 분명하다. 하지만 이제 하베눌라에 대해 알았으니 성과주의 접근법과 하베눌라 활성화, 동기 상실의 연관성을 살펴보자.

새해 계획은 대표적인 예다. 당신은 새해를 시작하면서 매일 달리기를 하기로 다짐하고 3주 동안 철저히 지키겠다고 마음먹는다. 하지만 아이가 아파서, 신발을 잘못 가져와서, 새벽 5시인데 너무 어두워서, 피곤해서, 밤새 눈이 와서, 날씨가 너무 추워서 등의 이유로 달리기를 하루 빼먹는다. 이런 논리적인 이유는 모두 하베눌라에 '실패'로 남는다. 다음 날 당신은 달리기를 하고 싶지 않아 알람 시계를 끌 것이다. 그러면 의욕이 떨어진 자신을 자책하게 되고 이것이 다음 날에도 이어져 '나는 (운동) 마차에서 떨어졌을 뿐만 아니라 마차를 숲속으로 끌고 가 불태우고 보험금으로 컵케이크를 샀다'라는 실패한 다이어트 격언을 따르게 된다. 결국 당신은 "젠장, 누가 신경이나 쓰겠어? 난 못하겠어"라고 포기하는 지경에 이르게 된다.

스포츠 경기 역시 엘리트 수준이든 아마추어 수준이든 실패의 순간을 불러오는 불씨가 될 수 있다. 경쟁에서 졌지만 마음이 편치 않거나 계속 지기만 한다면 그만두고 싶을 것이다. 그렇다면 유소년 스포츠의 역동성을 살펴보자. 미국에서는 매년 약 2,000만 명의 아이들이 경기 스포츠에 등록하지만 전미 스포츠 연맹National Alliance for Sports에서 실시한 여론조사에 따르면 이들 중 70퍼센트가 13세 이전에 운동을 그만둔다고 한다. 승리와 성과에 집중해 재미가 없어지기 때문이다. 벤치에 앉아 있는 것은 "여러분, 나는 이 스포츠에서 실패했어요"라고 소리 없이 외치는 것이나 마찬가지다.

한편 소셜 미디어는 오늘날 사회에서 온갖 명성을 얻었음에도 많은 함정이 도사리고 있다. 그중에서도 성과에 대한 '알고리즘 압력'에 따른 우울증과 사회적 불안이 가장 큰 문제로 나타난다.[42]

사실 당신이 인플루언서라면 끊임없이 콘텐츠를 게시하거나 적절한 낚시글을 사용하지 않으면 알고리즘은 등을 돌릴 것이고 당신을 능가할 누군가가 나타날 것이다. 초등학생조차 같은 반이나 다른 학교의 소셜 미디어 적수와 경쟁한다. 예전에 나는 내가 원하는 삶을 보여주는 피트니스 인플루언서나 건강한 다이어트 블로거, 인스타그램 계정을 팔로하기도 했다. 하지만 무의식적으로 그들의 완벽한 삶과 나를 비교할수록 하베눌라는 내 현실과 그들 사이의 간극으로 더욱 활성화되었다(그들이 신중하게 선별한 이미지를 보여준다는 사실을 알고 있는데도 말이다). 나는 그들처럼 하지 못하고 실패한 것 같다는 생각, 그들이 쉽게 하는 것처럼 보이는 일을 전혀 할 수 없다는 생각에 무력감을 느꼈고, 수치심과 위협이 뒤따랐다. 인플루언서가 우두머리 큰뿔야생양이라면 나는 싸움에서 진 보잘것없는 패배자인 셈이다. 이제 성과주의 도구가 어떻게 하베눌라를 작동시키는지 알아보자.

1. 뇌에 아무런 도움이 되지 않는 '피트니스 트렌드'

팬데믹으로 촉발된 펠로톤 붐은 200만 명 이상의 열정적인 구독자에게 영감을 주었다. 그러나 현재 이 유행은 온 힘을 다하는 전력

질주보다 설렁설렁 걷는 동네 산책에 가깝다. 그 이유는 무엇일까? 아마도 순위표에서 상위에 있는 사람을 제외한 모든 사람이 경쟁할 때마다 하베눌라에 미묘한 충격이 가해지기 때문일 것이다. 그리고 펠로톤이 일정 거리를 달리거나 가장 많은 수업에 참석한 것에 위로의 달성 배지를 주는 것은, 자전거를 타며 일면식도 없는 사람들과 매 순간 자신을 비교하고 그들에게 '패배'하면서 받는 영향에 비추어 볼 때 뇌에 아무런 도움이 되지 않는다.

참고로 운동선수로 우승한 경험이 있거나 펠로톤을 통해 원하는 신체 변화를 달성한 사람들은 이런 종류의 성과주의가 해롭지 않을 것이다. 같은 분야(이 경우 사이클링)에서 이루어지는 경쟁이라면 과거 혹은 다른 유형의 성공이 의욕을 높일 것이기 때문이다. 그들은 당분간 우두머리 큰뿔야생양이다. 하지만 그 외 사람들은 하베눌라에서 브레이크를 밟고 있다!

2. 실패와 수치심을 초래하는 '스마트 목표'

피트니스와 다이어트업계에는 사람들의 관심을 끌고자 만든 귀에 착 감기는 다양한 유행어가 있는데, 그중 가장 눈에 띄는 것은 앞서 언급한 '스마트 목표'다. 내 목표는 다음 한 주 동안 올바른 방법으로 500그램을 감량하는 것이다. 하지만 정확히 내가 하겠다고 말한 일을 하겠다고 말한 방식대로 하지 않으면 하베눌라에 충격이 가해지는 실패를 겪을 가능성이 높다. 스마트 목표는 예측이 100퍼센트 실현되기를 바라는 거대한 도박이 될 때가 많다. 그리고 논란의 여지없이 분명한 행동과학의 원리 중 하나는 인간의 뇌는 우리가 무엇을 할지[43], 무엇이 우리를 진정으로 행복하게 할지[44] 예측하는 데 매우 형편없다는 점이다.

결국 스마트 목표는 실패를 초래한다. 처음에는 그렇지 않다 해도 궁극적으로 실패할 수밖에 없는 방식이다. 시도하기도 전에 완벽하게 결과를 예측할 수 있는 것은 아니기 때문이다. 내가 10억 달러 규모의 사업부에서 의료 책임자로 있을 때 우리는 환자들이 건강을 지키도록 돕기 위해 5,000명이 넘는 간호사와 헬스 코치를 두었다. 그들은 건강을 증진하는 방법으로 스마트 목표와 동기부여 인터뷰를 사용했다. 하지만 환자들은 대부분 목표를 달성하지 못했고 예상대로 수치심 때문에 코치를 피하곤 했다. 그리고 그 흔적은 고스란히 하베눌라에 남았다.

3. 예상치 못한 상황과 경로 이탈

케토 다이어트와 칼로리 계산은 많은 사람이 활용하는 전통적인 다이어트 방법이다. 하지만 정해진 경로에서 한 발짝만 벗어나면 어떻게 될까? 결혼식에 참석해 케이크 한 조각을 먹는 순간 당신은 루비콘강을 건넌 것이나 마찬가지다. 실패, 실패, 실패다. 영양소(탄수화물, 단백질, 지방) 계산, 식사 계획, 간헐적 단식도 같은 위험을 초래한다. 계획에서 조금이라도 벗어나는 것, 계획보다 많은 칼로리나 탄수화물을 섭취하는 것, 금식 시간을 지키지 못하는 것 등은 실패를 의미한다. 상황을 컨트롤하는 것이 나쁘다는 것은 아니다. 오히려 통찰과 인식을 명확히 하기 위해 데이터가 필요한 행동 문제가 있다. 예를 들어 나는 오후에 건강한 간식을 먹지 않으면 폭식에 취약하다는 사실을 알게 되었다. 하지만 다이어트 프로그램 자체보다 과도하게 컨트롤한다면 뾰족한 칼날을 잡고 있는 것이나 다름없다.

4. '아주 작은 습관'의 함정

습관 만들기는 현재 큰 인기를 끌고 있다. 하지만 때로는 성과로 변질되어 하베눌라를 덮치기도 한다. 예를 들어 성공을 보장할 거라 생각하며 작은 습관을 만드는 사람이 많다. 물론 실천 가능한 습관을 설계하는 것은 너무 거창하고, 어렵고, 비현실적인 행동 변화를 추구하던 지난 수십 년보다 훨씬 낫다. 그리고 습관이 작거나, 쉽게 할 수 있거나, 기존의 다른 습관에 추가된 경우라면 하베눌라를 깨울 가능성은 절대적으로 줄어든다. 그러나 쉽고 명확한 습관을 설계하는 것도 반드시 필요한 일이지만 그것만으로는 충분하지 않다. 중요한 것이 빠졌기 때문이다.

예를 들어 당신은 팔굽혀펴기하는 습관을 들여 더 건강해지고 싶다. 그래서 아침 식사 전에 팔굽혀펴기를 딱 한 번 하는 습관을 설계한다. 작고 명확한 이 습관은 성공할 가능성이 높다. 그런데 당신은 무거운 상자를 옮기다가 어깨를 다쳐 며칠 동안 쉬어야 한다. 그러자 용서하지 않는 하베눌라가 등장해 "팔굽혀펴기 습관을 실천하는 데 실패했군"이라며 다시 시도하려는 의욕을 꺾어버린다. 그러면 하베눌라의 등장을 인지하지 못한 전전두엽 피질 Prefrontal Cortex[45]이 끼어들어 자기 판단을 내린다. "진심이야 친구? 팔굽혀펴기를 한 개도 못한다고? 어깨 좀 아픈 게 뭐 대수라고? 겨우 팔굽혀펴기 한 번이야." 작은 습관의 또 다른 잠재 위험은 뇌가 당신의 습관을 너무 지루하거나 어리석거나 부족하다고 판단해 당신을 존중하지 않을 수 있다는 점이다. 어떻게 보면 터무니없이 쉬운 습관을 만드는 것이야말로 (불가피하게) 습관을 지키지 못했을 때 역설적으로 당혹감과 패배감을 느끼게 만들 위험이 있다.

5. 주객전도가 되어버린 '할 일 목록'

할 일 목록도 전형적인 예다. 당신은 할 일 목록에 압도된 적이 있는가? 그것은 목록을 모두 지우지 못하면 실패했다고 생각하기 때문이다. 하베눌라가 작동하면 다음 날 나머지 목록을 마저 하려는 의욕이 줄어든다. 내 남편은 20쪽짜리 할 일 목록을 만들었는데, 실행은 고사하고 목록을 유지하는 데만 해도 많은 시간이 걸린다. 나 역시 어려움을 겪고 있다. 나는 할 일 목록을 클리어Clear라는 앱에 적어두는데 이 앱은 하베눌라에 너무 많은 충격을 준다. 그래서 내 뇌는 그것을 무시하는 방법을 알아냈고(하베눌라 활성화의 또 다른 증상), 나는 이를 반복할 방법을 찾고 있다(이 내용은 6장에서 자세히 살펴본다).

운동선수부터 임원까지 모든 사람은 실패라는 결과에 대한 해결책으로 거짓말을 하는 데 어려움을 겪을 수 있다. 랜스 암스트롱은 실패를 두려워했고 하베눌라가 작동하는 것을 막기 위해 도핑을 했다. 엘리자베스 홈스는 자신이 실패했다는 사실을 인정하기 두려워 제품에 대해 거짓말을 했다. 그리고 그 거짓말은 하베눌라의 시끄러운 소리를 덮어주었다. 샘 뱅크먼프리드를 비롯해 자신만의 거짓말에 사로잡힌 사람들 모두 마찬가지다. 그들은 실패를 피하기 위해, 하베눌라를 조용히 시키기 위해 거짓말을 했다. 대부분의 경우, 그들은 처참히 무너졌다.

뇌가 실패를 경험하는 방식을 관리하라

이본은 오마르를 보며 왜 매일 대단한 일을 한다는 설렘으로 가득 차지 않는지 궁금해한다. "뭐가 문제야? 그냥 속력을 내."

"내고 있어. 난 더 빨리 갈 수 없다고."

이본은 오마르가 게으름을 피운다고 여길 뿐 그의 과거 트라우마나 인생 경험을 이해하지 못한다. 그렇다면 오마르의 하베눌라가 실패한 것일까?

절대 그렇지 않다. 누구든 마찬가지다. 뇌의 지각을 통해 생성되는 '경험' 중 상당 부분이 부정확하고 환상에 불과하다는 증거가 늘어나고 있다. 따라서 우리는 실패에 대한 인식을 현실이 아닌 하나의 생각이나 판단으로 **가볍게 여겨도** 된다. '당신이 생각하는 모든 것을 믿지 마라'라는 광고 문구처럼 말이다.

이러한 신경과학에 대한 최신 이해에 따라 이제 당신은 실패 같은 것은 없다는 급진적인 생각을 즐길 수 있다. 실패는 뇌가 인식하는 개념일 뿐이다. 나는 그것을 '소위 말하는 실패so-called failure'라고 부르고 싶다. 프리 클라이밍의 전설 알렉스 호놀드Alex Honnold는 보통 사람들보다 두려움을 훨씬 덜 느끼는 뇌 덕분에 다른 사람들이 두려움 때문에 시도하지 못하는 일을 해낼 수 있다. 이와 마찬가지로 실패에 대한 믿음에 의문을 제기하거나 동기에 대한 통제를 느슨하게 하는 방법을 발전시킬 수 있다면 당신의 삶은 상상조차 할 수 없는 방식으로 확장될 것이다.

배움과 경험은 결코 끝이 없으며 어떤 실패도 없다는 것이 인생의 진리다. 당신은 엔지니어링 수업에서 실패한 것이 아니다. 그 수업은 엔지니어링이 현재로서는 당신에게 맞지 않다는 것을 가르쳐주었고 당신이 훨씬 더 좋아했던 그래픽디자인으로 들어가는 문을 열어주었을 것이다. 당신은 부모로서 실패한 것이 아니다. 어린 시절 트라우마를 극복하고 아이들에게 더 나은 부모가 되고자 노력하는 것이다. 당신은 직장에서 해고당해 실패한 것이 아니다(내가 직접 겪어봐서 안다!). 타협하거나 당신의 영혼을 팔지 말고 삶의 목적을 향해 나아가라고 우주가 당신에게 말하고 있다!

이것은 변명이 아니다. 실패의 틀을 다시 구성한 것이다(이 내용은 7장에서 논의할 것이다). 변명은 그만두는 것을 촉진하고 정당화한다. 변명 대신 실패의 환상을 꿰뚫어 보고 재구성하면 하베눌라의 스위치를 끄고 다시 시도하는 데 도움이 된다. 자신을 끝까지 나아가는 존재로 만드는 것이다.

하베눌라가 존재하고 그것이 얼마나 강력한지 알았으니 원하는 삶과 성취감을 얻기 위해 가장 중요한 일은 뇌가 실패를 경험하는 방식을 관리하고 무효화하는 것이다. 이제부터 당신은 불필요한 실패를 막는 데(성과주의 도구에 대한 생각을 바꾸거나 아예 사용하지 않는 것) 더 주의를 기울일 것이며, 하베눌라가 '작동'하는 것을 알아채면 재빨리 실패를 재구성하는 데 더욱 신경 쓸 것이다.

다음 장에서는 당신의 실패, 즉 내가 실패병이라고 부르는 것이 어떤 방식으로 다른 사람들에게 당신의 통제권을 내주고 당신을 매트릭스에 가두는지 솔직하게 살펴볼 것이다. 또 반복을 통해 매트릭스에서 벗어나는 가장 효과적이고 지속 가능한 방법을 알아볼 것이다.

나는 당신이 끝까지 해내는 존재가 되어 원하는 삶을 살 수 있도록 만들기 위해 이 책을 썼다. 그리고 당신에게 그렇게 할 수 있는 힘을 가져다줄 공식을 제시했다. 그 공식은 (당신의 뇌와 이른바 실패에 대한) 진실을 아는 것 ⟶ 끝까지 해내는 존재가 되는 것 ⟶ 자유롭고 목적 있고 건강한 삶을 사는 것이다. 부디 그렇게 되길 바란다.

3장

세상은 당신이 포기하기를 간절히 바라고 있다

사람은 돈을 벌기 위해 건강을 희생한다.

그리고 건강을 되찾기 위해 돈을 희생한다.

- 달라이 라마Dalai Lama

제니퍼는 의료 산업의 매트릭스에 갇혔다. 대형 의료 회사의 관리자인 그녀는 10대 시절부터 다이어트를 하며 요요 현상을 겪었고 좀처럼 빠지지 않는 살을 빼기 위해 항상 최신 트렌드를 좇았다. 그녀는 1980년대에 일찌감치 저지방 다이어트를 시도했고 다양한 부트 캠프와 그룹 피트니스 프로그램에 참가했지만 체중을 조절할 수 없었고, 끊임없는 자기혐오와 신체 이미지 문제를 겪었다. 그럼에도 그녀는 부서에서 누구보다 열심히 일했는데, 이는 매년 시행되는 정리 해고를 피하고 경쟁에서 살아남기 위해 반드시 필요한 노력이었다.

하지만 40대 초반에 당뇨병이 생기면서 그녀의 상황은 나아지지 않았다. 제니퍼는 10년 동안 역류성 식도염, 염증성 장 질환, 관절염, 지속적인 우울증과 싸우면서 여섯 가지 처방 약을 복용했다. 그녀는 문제를 해결하기 위해 비만 대사 수술(위의 크기를 제한하거나 위에서 소장으로 우회로를 만드는 각종 수술법—옮긴이)을 비롯해 온갖 방법을 시도했지만 이후 음주 때문에 문제가 생겨 감량한 체중의 절반 이상이 다시 늘어났다. 이처럼 심각한 위기에도 제니퍼는 연례 보너스로 아이들을 대학에 보내며 강한 동기를 얻었고 스트레스가 심한 업무 환경을 꿋꿋이 버텨냈다. 그러던 어느 날, 배에 통증을 느껴 병원을 찾은 제니퍼는 췌장암 진단을 받았다. 그리고 안타깝게도 몇 달 후 세상을 떠났다.

의료업계에는 좀처럼 해소되지 않는 두드러진 인식-행동 불일치가 있다. 최근 몇 년간 수십 차례의 의료 콘퍼런스에서 업계의 유명한 경영진이 '의료 산업이 망가졌다'고 선언했던 것을 생각해보라. 이렇게 잘 알려진 문제이고 모든 사람이 알고 있는데 왜 아무것도 바뀌지 않는 것일까? 고쳐야 한다는 것을 알지만 필요한 조치를 취하지 않기 때문이다. 그렇다면 인식-행동 불일치의 원인은 무엇일까?

그 답은 놀랍지 않은 곳에 있다. 바로 돈이다. 예를 들어 2021년 미국은 GDP의 17.8퍼센트를 의료 분야에 지출했다.[1] 2023년에는 이 금액이 국가 경제의 18퍼센트인 4.7조 달러로 증가할 전망이다.

캘리포니아대학교 샌프란시스코 캠퍼스의 방사선종양학 교수이자 내 멘토인 맥 로치Mack Roach는 흥미로운 관점을 제시했다. 그는 10년 동안 자신의 분야에서 최고 자리에 있으면서 위기의 청소년을 돕는 내 비영리단체에 도움을 주었고, 수천 달러의 민간자금을 모금해 그들이 사회로 돌아갈 수 있도록 지원했다. 한번은 우리 단체에서 아이 한 명을 감옥에 보내지 않는 데 드는 비용(연간 약 5,000달러)과 그 아이를 감옥에 보내 더 나쁜 결과를 초래하는 데 드는 비용(연간 6만 5,000달러)을 비교하며 토론한 적이 있었다.

그는 5,000달러라는 금액을 비웃었다. "그건 아무것도 아니에요. 내가 일하는 업계에서는 사람들이 몇 개월이라도 더 살기 위해 그보다 더 많은 돈을 씁니다."

죽음이 가까워질수록 의료비가 기하급수적으로 증가하는 현상은 전국적으로 널리 퍼져 있는 관행이다. 메디케어Medicare(65세 이상 노인과 장애인에게 연방 정부가 의료비를 지원하는 미국의 사회보장제도—옮긴이) 수치만 놓고 보면 1인당 월평균 지출은 사망하기 전 3개월 동안 훨씬 높다.[2] 건강이 나빠지면서 의료비가 점점 더 많이 든다는 것은 누구나 아는 사실이다. 솔직히 말하면 현대 의료 산업의 수익 모델은 죽음을 중심으로 구축되어 있다.

하지만 실패 매트릭스의 문제는 이것만이 아니다. 예를 들어 우리는 악질적인 대출 회사가 천문학적인 이자가 붙는 새로운 신용카드로 사람들을 유인해 자칫하면 엄청난 빚을 지고 통제할 수 없는 나락으로 떨어지게 만드는 세상에 살고 있다. 게임 산업의 수익 모델은 사람들이 시스템을 이길 수 있고(인간은 어떤 대상을 평가할 때 한두 가지 속성을 기준으로 전체를 판단한다는, 대표성이라는 휴리스틱) 대박을 터뜨릴 수 있다고 믿게 만드는 것이다. 당신이 게임을 더 많이 하고 더 많이 질수록(실패할수록) 게임 회사는 더 많은 돈을 번다.

담배, 술, 설탕, 일부 미디어까지 중독성 물질을 만드는 기업은 사람들을 자사 제품에 끌어들인다. 소비자는 중독성 물질에 빠져들수록 그들의 제품을 더 많이 소비하게 된다. 기업은 중독성 물질을 재미있고 해가 없는 것으로 묘사하기 위해 엄청난 돈을 쏟아붓고 있으며(예를 들어 대형 식품 산업은 중독성 있는 음식을 건강한 음식으로 보이게 하려고 종종 '과대광고'를 한다) 이는 우리가 무엇을 먹어도 되는지 확신할 수 없을 정도로 큰 혼란을 불러일으킨다.

현대 중독 의학은 도파민이 매개하는 보상 경로의 역할을 잘 설명한다. 중독에 빠지는 과정을 살펴보면 도파민 보상을 추구하면서 중독 물질의 사용 횟수가 늘어나는 것을 볼 수 있는데, 이는 도파민 증가에 대한 뇌의 민감도가 점점 낮아져 도파민 보상을 얻기가 점점 어려워지기 때문이다. 이 이야기의 또 다른 관점인 하베눌라를 떠올려보라.

이제 우리는 사람들이 하베눌라를 잠재우고 고통을 없애기 위해 중독성 물질을 찾는다는 것을 알게 되었다. 이것은 올바른 일을 하는 데 실패하면(건강한 음식을 먹지 않는 것 등) 하베눌라가 작동하는 절박한 꼬리 쫓기의 악순환을 만들어낸다. 이런 상황에서 동기를 억제하는 하베눌라의 작용을 차단하는 방법은 중독성 물질뿐이다! 쥐가 하베눌라 신호를 억제하기 위해, 즉 브레이크를 없애기 위해 점점 더 많은 코카인을 사용하면 결국 코카인에 대한 갈망이 더욱 커진다는 점을 기억하라.

결국 중독-도파민 '가속페달'은 아무 저항 없이 속도를 높여 당신을 절벽 아래로 떨어뜨릴 수 있다. 중독성 물질과 행동은 모두 하베눌라의 불편을 일시적으로 잠재우고 불안과 우울을 마비시켜 실패 신호에 따른 고통을 피하게 해준다는 공통점이 있다. 중독에 대한 전문가들의 견해에 따르면, 고통(하베눌라 활성화)을 관리하기 위한 노력으로 도파민 꼬리 쫓기가 시작되면 처음 담배를 피우거나 술을 마시거나 마약을 했을 때보다 체내에서 분비되는 도파민이 점차 줄어든다.

나는 이것을 하베눌라 샌드위치라고 부른다. 맨 아래에 있는 빵은 건강한 노력이고 그 위에 실패라는 '고기'가 겹겹이 쌓여 있다. 그다음에는 동기 억제 스위치인 활성화된 하베눌라를 (매콤한) 토핑과 양념으로 올리고, 마지막으로 맨 위에 있는 빵은 모든 실패와 하베눌라가 유발한 부정적인 자기 대화 및 고통을 덮으려고 하는 중독과 같다.

기하급수적으로 거대해진 다이어트 산업

사람들의 건강을 위해 일하는 내가 가장 걱정스러워하는 요소는 많은 다이어트 회사들이 특별한 관심을 받고 있다는 점이다. 다이어트 산업이 고객의 실패를 통해 어떻게 이익을 얻는지 자세히 살펴보자. '다이어트'의 기원은 확실하지 않지만, 최초의 대중적인 다이어트는 영국의 장의사 윌리엄 밴팅William Banting의 이름을 딴 '밴팅'이었다.

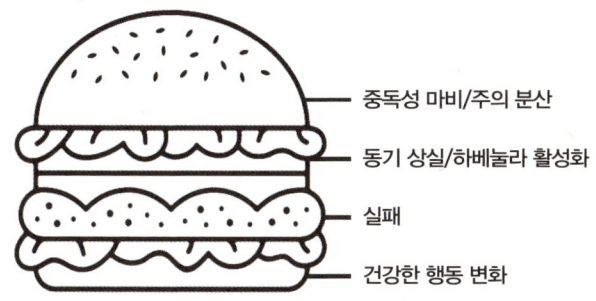

그림 1. 하베눌라 샌드위치는 중독의 지배 구조를 보여준다. 중독은 동기 상실과 하베눌라 활성화를 지배하며, 하베눌라는 실패를 지배한다. 또 실패는 건강한 행동을 지배해 중단하게 만든다.

1863년 밴팅은 『대중에게 보내는 비만에 대한 편지Letter on Corpulence, Addressed to the Public』라는 소책자를 통해 자신이 성공적으로 실천한 특별한 식단 계획을 내놓았다. 그가 제시한 식단은 설탕, 단 음식, 전분, 맥주, 우유, 버터를 피하고 고기, 채소, 과일, 드라이 와인으로 구성한 식사를 하루에 네 끼 먹는 것이었다. 밴팅의 소책자는 수년간 엄청난 인기를 끌었고 현대 다이어트의 모델이 되었다.[3] 그의 다이어트 방법을 지칭하는 밴트가 다이어트의 대명사가 되어 "밴트 하세요?Do you bant?"라는 질문이 유행할 정도로 대단한 인기를 누렸다.[4] 다이어트 산업을 형성한 밴팅의 소책자는 2007년 기준으로 여전히 출간되고 있다.[5,6] 영국의 심리 치료사 마리사 피어Marisa Peer는 "나는 다이어트와 건강 산업이 얼마나 폭력적이고 잔인한지, 어떻게 해서 사람들이 자신의 가치를 체중계나 줄자의 숫자만으로 판단하게 만드는지 깨달았다"고 말한 바 있다.

밴팅이 다이어트에 불을 붙인 지 몇십 년 후, 칼로리 계산을 홍보한 최초의 체중 감량 관련 도서가 출간되어 베스트셀러에 올랐다. 1918년 미국의 의사이자 칼럼니스트 룰루 헌트 피터스Lulu Hunt Peters가 내놓은 『다이어트와 건강: 칼로리의 핵심Diet and Health: With Key to the Calories』이다.[7]

오늘날 일부 다이어트 회사는 사람들의 기대치를 훨씬 높여 놓았고, 엉터리 물건 판매자가 자랑스러워할 만한 행동과학 기반의 마케팅 전술로 사람들을 끌어들이는 데 매우 능숙하다. 내 어머니는 지금도 TV 광고에 나오는 최신 다이어트 제품이나 프로그램에 대해 내게 묻곤 한다. 몇 주 혹은 몇 달 만에 사이즈가 얼마나 줄었는지 보여주는 전-후 비교 광고, 예를 들면 비키니 입은 사진이나 빅 사이즈 바지를 입고 남는 부분을 펼쳐 보여주는 사진 같은 것 말이다.

이 제품들은 예외 없이 빠르고 쉬운 결과를 약속하며, 이를 실현하기 위해 성과주의 방식에 전적으로 의존한다. 여기서 성과주의 방식이란 평생 지속할 수 없는 제품이나 프로그램을 이용하면서 당신이 해야 할 일(비싼 다이어트 식품, 까다로운 식단, 엄격한 운동 및 식이요법, 주 단위 체중 측정, 실시간 건강 코치 등)을 말한다. 이 프로그램이 끝나면 당신은 예전의 건강하지 않은 습관과 생활 방식으로 돌아가고 만다.

악질적인 다이어트 회사들을 통해 이루어지는 하베눌라 조작에 대해 이야기해보자. 이 회사들은 소비자가 스스로 할 수 없다고 느낄 만큼의 실패, (몸에 대한) 수치심, 자책감을 불러일으키며 하베눌라와 섬세한 균형을 유지한다. 이를 통해 소비자가 자신들의 프로그램이나 제품에 의존할 수밖에 없는 구조를 만든다. 하지만 균형의 반대쪽으로 치우쳐 지나치게 많은 실패나 수치심을 유발하면 소비자는 그 회사들의 프로그램이나 다이어트를 포기할 것이고 그들은 평생의 큰 수익을 잃을 것이다. 이 과정이 어떻게 작동하는지 살펴보자.

1. 당신은 다이어트 프로그램을 이용하며 실패를 경험하지만(너무 힘들어서 지속하지 못함) 처음에는 그것을 의식하지 못한다.
2. 패턴을 인식하는 뇌의 암묵적 기억 시스템은 당신이 프로그램에서 겪은 모든 실패를 집계해 시간이 지남에 따라 하베눌라를 작동시킨다.
3. 어느 날, 아마도 프로그램에 엄청난 돈을 투자한 뒤에 당신은 이 프로그램으로 효과를 보지 못하고 있다는 사실을 깨닫고 그만둔다. 그리고 앞에서 살펴보았듯이 오늘날 사람들은 여러 제품을 사용하는 동안 여러 번 실패하거나 어떤 제품도 효과가 없다고 여기며 점점 더 냉소적으로 변하고 있다. 나는 이것을 '노력 중단 전염병Quit Trying Epidemic'이라고 부르는데, 다음 장에서 살펴볼 실패병이 확산되어 나타나는 현상이다.

다이어트업계의 대규모 업체들이 어떻게 실패를 비즈니스로 이용했는지 좀 더 자세히 살펴보자. 현대 다이어트 산업은 1963년 다이어트가 절실했던 뉴욕의 한 가정주부가 살을 빼기로 결심하고 웨이트 워처스Weight Watchers를 창립하면서 시작되었다. 당시에는 남편이 생계를 담당하고 여성은 전업주부로 집에 있는 경우가 많았기 때문에 남편의 마음을 사로잡기 위해 날씬해 보이도록 관리하는 것이 일반적이었다. 따라서 체중 감량은 안전을 확보하는 수단이었다. 체중을 줄이기 위해 담배를 피우거나 암페타민을 복용하는 것에 비해 웨이트 워처스는 더 건강한 선택이었다.

웨이트 워처스는 폭발적인 인기를 얻었고, 그 결과 제니 크레이그Jenny Craig, 뉴트리시스템Nutrisystem, 앳킨스 다이어트Atkins Diet, 사우스 비치 다이어트South Beach Diet 등 비슷한 '마법의 해결책' 프로그램이 쏟아져 나왔다. 이 프로그램들은 매우 엄격하고 성과주의적인 프로그램(점수, 칼로리, 탄수화물 등)이나 비싸고 꾸준히 실천할 수 없는 식단 계획을 제시했다. 예를 들면 저녁 식사 때 가족이 명절 음식을 즐기는 동안 식단 계획에 따라 '처방 음식'을 먹어야 했다. 장기적으로 고가의 다이어트 식품을 감당할 수 있는지는 말할 것도 없다.

그러나 근본적인 문제는 이러한 '다이어트'가 정의상 일시적인 프로그램일 뿐 장기적으로 지속할 수 있도록 설계되지 않았다는 점이다. 대부분의 프로그램은 식이요법이나 계획을 따르도록 도움을 주어 당장의 좌절감을 완화하고 약간의 진전을 볼 수 있게 해주지만, 지속 가능한 라이프스타일을 구축하는 방법은 가르쳐주지 않는다. 지속 가능한 체중 감량을 내세우며 다이어트가 아니라 심리학을 이용해 체중 감량을 유도한다고 광고하는 눔Noom도 마찬가지로 저칼로리 식단을 처방하고 음식 섭취량을 모두 기록하는 등 성과주의 도구를 이용한다. 개인의 일상적 습관에서 벗어난 이러한 전략은 장기적으로 지속 가능하지도, 즐겁지도 않다. 주 단위 체중 측정이나 그룹 미팅, 의료진과의 면담 또한 마찬가지다.

어느 시점이 되면 자신의 삶을 살아야 한다! 개인적인 일상은 말할 것도 없고, 스포츠 활동을 하는 아이들을 따라다니려면 정신없이 움직이며 많은 주의를 기울여야 한다. 사람들이 건강하지 않고 스트레스가 많은 라이프스타일과의 싸움에서 패배하면서 다이어트업계는 한계에 이르렀다. 웨이트 워처스는 수차례 인수와 매각을 거쳤고, 자기 몸 긍정주의body positivity 시대에 맞춰 브랜드의 부활을 기대하며 '웨이트'라는 오명을 버리고 이름까지 바꾸었다. 제니 크레이그와 뉴트리시스템은 파산했다. 과거 높은 사용자들의 동의 없이 1년 동안 구독을 묶어두는 방식에 의존하기까지 했다.

이 회사들은 의도적으로 해를 끼치는 것이 아니다. 사실 좋은 사람이 가득하다. 나는 이러한 회사에서 일하며 사람들이 건강해지도록 돕기 위해 최선을 다하는 훌륭한 의료진과 동료들을 알고 있다. 하지만 분명히 기억하기 바란다. 어떤 회사가 당신의 (반복적인) 실패, 무력화, 제품에 대한 의존으로 이익을 얻는다면 그 사실만으로도 이해가 충돌하며, 그로 인해 신뢰가 무너지고 심할 경우 고객을 착취하거나 약탈하는 결과를 초래할 수 있다. 이것은 시스템이 그렇게 작동하는 것일 뿐 어느 한 사람의 잘못이 아니다.

인기 있는 코미디언 댄 도너휴Dan Donohue는 이런 다이어트 회사들의 허위 마케팅을 나보다 더 재미있게 묘사했다. 그는 "최근 노화 산업, 미용 산업, 뭐 이런 산업들이 몸에 대한 긍정성을 메시지에 담기 시작한 게 정말 웃긴 것 같아요. 그들은 아주 오랫동안 그렇게 하지 않았거든요. 40~50년 동안 사람들의 얼굴에서 단점을 찾아온 업계가 갑자기 '당신은 있는 그대로 아름다워요. 하지만 당신을 더 아름답게 만들어주는 이 제품을 사세요!'라고 말하는 것이 조금 걱정될 뿐이에요."라고 비꼬았다.[8]

> 사람이 익숙해질 수 없는 환경은 없다. 특히 주위 사람들이 모두 똑같이 살고 있는 것을 보면 더욱 그렇다.
>
> - 레프 톨스토이 Leo Tolstoy, 『안나 카레니나』

나는 지난 몇 년 동안 "저는 요즘 유행하는 ○○○ 프로그램이 너무 좋아요! 평생 할 거예요!"라고 말하다가 완벽한 한 해를 그만둔 에바처럼 알 수 없는 이유로 그만두는 사람들을 수없이 만나고 치료해왔다.

케임브리지대학교 분자신경내분비학 교수 자일스 요Giles Yeo는 이렇게 말한다. "우리 사회에는 음식을 두려워하는 분위기가 팽배합니다. '식단'이 해로운 단어가 될 정도죠. '올바른' 식단에는 **단 하나의** 정답이 있는 것이 아니기 때문에 상충되는 조언이 너무 많습니다. 설탕을 너무 많이 먹는다, 육류 섭취를 줄여야 한다, 채소를 더 많이 먹어야 한다 등 일반적으로 동의할 수 있는 몇 가지 원칙이 있지만, 사람들은 생물학적, 심리적으로뿐만 아니라 라이프스타일 면에서도 자신에게 맞는 올바른 식단을 찾아야 합니다. 그렇지 않으면 성공적으로 식단을 실천할 수 없기 때문입니다."[9]

이렇게 혼란스럽고 각기 다른 방향의 유인책이 난무하는 환경에서 다이어트에 성공하기란 쉽지 않다. 다이어트업계가 최근 대대적으로 내세우는 방법은 처방 약이다. 특히 체중 감량에 쓰이는 GLP-1은 역사상 가장 많이 팔린 약품으로 추정된다.[10] 유명인 홍보 대사와 무제한 마케팅 예산을 집행하는 제약 회사의 과대광고로 GLP-1의 가격은 현재 환자 한 명당 월 수천 달러에 이르며, 이는 일반 가정에서 감당하기 어려운 수준이다. 게다가 이 글을 쓰는 현재, 의사들 사이에서는 근육 손실과 급성 신장 손상 등 심각한 GLP-1 부작용에 대한 우려가 팽배하다.[11] 근육량은 노인의 장수에 중요한 영향을 미치는 요소 중 하나다. 따라서 근육량이 줄어들면 회복하기가 쉽지 않고 노년기에 접어들면서 더욱 쇠약해진다.

이런 위험에도 이 약은 어떻게 주류가 되었을까? GLP-1은 출시 당시 행동 변화 관리를 보조하는 약으로 광고하도록 규제받았지만,[11] 제약 회사들은 생존을 위해 GLP-1에 의존하는 희귀 질환 환자들의 이야기를 교묘하게 내세워 약을 소개했다. 잠재 고객의 마음을 사로잡고 관심을 이끌어낸 마케터들은 비만이 '피할 수 없는' 유전병임을 내세워 GLP-1을 안전한 체중 감량 수단으로 소개했다. 하베눌라의 작동과 더불어 사람들은 '비만이 유전이고 내가 할 수 있는 게 아무것도 없다면 행동을 바꾸려는 노력이 무슨 소용 있어?'라고 생각했고, 이는 GLP-1이 유일한 해결책이라는 운명론적 믿음으로 이어지며 행동을 바꾸려는 동기를 잃게 만들었다.

GLP-1은 몸에서 생성되는 식욕 조절 분자로, 연결 호르몬인 옥시토신의 일종이다(이 장 뒷부분에서 자세히 살펴볼 것이다). 오늘날의 단절된 사회는 이 호르몬의 자연스러운 생성과 전달을 가로막았다. 우리는 휴대폰을 비롯한 각종 기기를 들여다보고 소셜 미디어에 빠진 채 가족과 떨어져 하루하루를 살아간다. 대규모 인원을 대상으로 한 연구는 없지만 건강하게 연결된 사회(연인, 가족, 이웃, 종교, 시민 관계 등)에서 수동적으로 전달되던 옥시토신이 현대인에게 결핍되어가고 있다는 것이다. 그리고 이 '옥시토신 결핍 증후군'은 우리가 사회적으로 목격하는 부정적 현상을 증가시키는 힘으로 작용한다. 예를 들면 정치에서 발생하는 부족주의, 온갖 종류의 중독, 특히 포르노 중독, 절망에 따른 죽음, 옥시토신 수치를 높이기 위해 무의식적으로 할 수 있는 모든 일을 하면서 생겨나는 우울증, 불안, 외로움 등이다. 사람들은 이처럼 건강하지 않은 방식으로 옥시토신을 회복하려 한다. 천연 옥시토신 자극으로 분비되는 GLP-1을 값비싼 인공 주사제 GLP-1로 대체하기도 한다. 옥시토신 결핍의 원인을 찾고 해결하기보다 인위적 보상을 추구하고, 생명 활동을 강제하고, 고통을 잠재우는 방법을 쓰는 것이다.

당신의 실패가 돈이 될 때

오늘날 수많은 기업, 특히 일부 다이어트 회사에 당신의 실패는 제품이자 수익원이다. 사람들은 변화를 할 수 없거나 원하지 않는 것이 아니다. 약점을 이용해 사람들을 붙들어놓고 돈을 버는, 무한한 자원을 지닌 골리앗과 맞서고 있는 것뿐이다. 당신이 겪는 질병이나 실패에 따라 수십억 달러가 움직인다. 이것은 결코 착각이 아니다.

제니퍼의 이야기는 이를 잘 보여주는 사례다. 그녀는 자녀를 대학에 보내기 위해 자신의 꿈을 포기하고 좁은 칸막이에 앉아 회사의 꼭두각시가 될 수밖에 없었다. 하지만 결국 아이들이 졸업하는 것을 보지 못했다. 이것은 비극적인 일이며 어디서나 볼 수 있는 일이다.

우리는 안전을 얻기 위해 주권과 자유를 내주는 것에 대한 경고 신호를 잘 알고 있어야 하며, 이것은 어린 시절부터 시작된다. 캐나다 의사인 가보 마테Gabor Mate는 아이들에게 소속감belonging과 본래성authenticity이라는 두 가지 기본 욕구가 있다는 견해를 통해 이를 설명한다. 하지만 아이들은 사랑받고 수용받기 위해 자신이 진정으로 느끼는 것(슬픔, 울음 등)을 내놓아야 하는 상황에 놓이는 경우가 많다. 사랑받고 수용받지 못한 채 외면당하는 것은 진화적으로 죽음을 의미하기 때문이다. 다른 동물에 비해 인간의 아기는 야생에서 홀로 살아남을 수 없는 연약한 존재다. 그래서 우리는 무리를 지어 모인다. 하지만 그렇다고 해서 어떤 이유로든 집단에서 버림받지 않는다는 보장이 있는 것은 아니다. 외로움은 지구상에서 가장 치명적인 질병으로, 우리가 연결에 의존하고 있다는 사실을 증명한다.[13]

당신이 실패할수록 그들은 더 많은 돈을 벌고, 그들이 더 많은 돈을 벌수록 당신은 있는 그대로의 자신을 잃은 채 매트릭스의 부속

품으로 전락하기 쉬워진다.

마테에 따르면, 우리는 살아가는 내내 소속감을 얻기 위해 자신의 본래성을 포기하고 다른 모습을 연기하는 법을 배운다. 사람들을 기쁘게 하고, 시키는 대로 행동하고, 주어진 상황에 순응하고, 다른 사람에게 권한을 내주는 것이다. 아이들은 진정한 자아를 포기할 뿐만 아니라 시간이 지나면서 자신을 묘사한 캐리커처가 되어 더 이상 스스로의 감정에 접근할 수 없을 정도로 자신과 분리될 수 있다. 이 때문에 자기 감정을 제대로 느끼지 못하는 사람들이 생겨나고 그 억압은 우울증으로 발전한다. 우리는 안전을 얻기 위해 주권과 자유를 내주는 것에 대한 경고신호를 잘 알고 있어야 한다.

마테는 우울증을 질병이 아닌 증상이라고 부른다. 앞서 언급한 마야는 체조 대회에서 느낀 감정과 그에 대한 수치심으로 우울했다. "나는 친구들과 즐거운 시간을 보냈고 최선을 다했어. 내가 최선을 다하지 않았으면 어때? 난 아이잖아"라고 말할 수 있는 진정한 경험은 우울함으로 바뀌었다. 그 감정은 점점 커져 대학생이 되자 자살을 생각하는 지경에 이르렀다. 자신이 그 모든 것을 어떻게 경험했는지 진실을 알고 있는 진정한 자아와 너무 멀어졌기 때문이다. 이것은 성과와 사랑을 얻기 위해 표면적으로 하는 행동과 실제 내적 경험이 현저히 불균형을 이루는 고성과자에게 자주 일어나는 일이다.

결국 성과주의는 우리를 실패 매트릭스에 꽂아 넣어 벌거벗은 임금님을 기꺼이 믿으며 누군가의 이익을 위해 착취당하게 만든다. 그

뿐만 아니라 '이것이 효과 있는 척하자'라는 룰을 지키는 대규모 게임을 전파해 모든 사람이 무감각한 상태로 매트릭스에 머물게 만든다.

더 이상 도파민에 집착하지 마라

'목표$_{goal}$'라는 단어는 제2차 세계대전이 끝난 1945년에야 미국에 등장했다.[14] 언뜻 보기에 목표는 국가에 필요한 것처럼 보였다. '목표를 이뤄내자'라는 구호 아래 사람들을 독려하며 끊임없이 성취의 당근을 좇았던 것이다. 하지만 이후 무언가가 달라졌다. 1957년 아비드 칼슨Arvid Carlsson 박사는 뇌 신경전달물질인 도파민의 기능을 발견했다.[15] 이는 행동주의와 보상 경로에 대한 실험과 연구에 불을 지폈다. 가장 대표적인 사례로 B. F. 스키너B. F. Skinner의 긍정적 강화 실험이 있는데, 상자 속 쥐가 먹이 보상을 얻기 위해 레버를 누르는 것이 관찰되었다.

오늘날 비즈니스부터 의료, 군대, 삶의 모든 측면(특히 서구식 삶)에 이르기까지 모든 분야에서 성과주의가 보편화된 이유는 사회적으로 도파민과 목표에 집착하기 때문이다. 스키너 시대 이후의 연구는 도파민을 매개로 한 행동이 어디에나 존재한다는 것을 보여주었다. 도파민 매개 행동은 인간관계에서도 나타나고, 설탕 섭취를 통해 촉진되며, 중독 물질을 끊을 경우 급격한 도파민 하락을 경험하게 된다.

마케팅업계는 이러한 현상을 더욱 부추긴다. 1970년대에 나이키는 브랜드를 구축하고 도파민을 중심으로 피트니스 세계를 만들었다. 나이키Nike의 전설적인 스우시 로고와 'Just Do It'이라는 슬로건은 과

거의 실패에 대한 변명은 그만두고 그냥 하라는, 즉 가속페달을 세게 밟아 하베눌라를 뛰어넘으라는 의도가 담겨 있으며, 이는 수백만 명의 사람들에게 도전 정신을 불러일으켰다. 가라. 싸워라. 승리하라. 하지만 그런 모토의 문제점은 "그냥 해"라는 말에 의욕이 불타오르지만 막상 하지 않으면 안타깝게도 하베눌라에 '충격'이 가해진다는 점이다. "그냥 해봐… 잘 안 돼도 별일 아니니까 다른 걸 하면 돼"라고 했다면 나이키는 똑같은 마케팅 효과를 얻지 못했을 것이다.

나이키의 성공을 이끈 가장 큰 원동력은 미국 인구에서 가장 큰 비중을 차지하며 가장 큰 경쟁력을 지닌 베이비붐 세대였다. 거기에는 그럴 만한 이유가 있었다. 베이비붐 세대는 가족을 부양하기 위해 산업을 일구었고 한발 앞서 나가기 위해 뒷골목의 투사처럼 싸웠다. 이것은 매우 경쟁적인 미국 문화, 즉 치열한 생존경쟁을 불러왔다. 도파민과 아드레날린은 음주, 흡연, 코카인을 하게 만드는 보이지 않는 원인이 되었다. 음주, 흡연, 코카인은 가족의 안전과 많은 경우 생존을 확보하기 위해 공장에서 주 6일씩 일해야 하는 초인적 노력을 자극하는 원동력이었다. 당시 즐거움과 오락은 열심히 일하고 열심히 노는 사고방식의 시작이었고, 경쟁과 성과는 안전함을 느끼고 앞서 나가기 위한 일반적인 방법이었다.

그 사이 과학계는 보상 경로를 이해하기 위해 바쁘게 움직였고 앞서 언급한 뇌 시상하부에서 생겨나는 호르몬이자 신경전달물질인 옥시토신에 주목했다. 약 30년 동안 과학자들은 옥시토신을 모유 수유 중 엄마와 아기의 유대감 형성에 주로 작용하는 '여성호르몬'으로 일

축해왔지만, 최근에야 옥시토신이 우리가 보람을 느끼고 사회적으로 연결되는 방식에 지배적으로 작용하는 물질임을 깨달았다. 흔히 '사랑 호르몬'이라고 불리는 옥시토신은 도움이 되고 좋아하는 것, 심지어는 상처가 되고 해로운 것과 우리를 연결하는 사실상 연결 호르몬이다. 또 신진대사 등 모든 신체 시스템에 작용하는 것으로 보이며, 생각보다 훨씬 더 광범위한 수용체와 결합하는 것으로 밝혀졌다.

옥시토신이 인간의 행동과 생리에 얼마나 광범위하고 핵심적인 역할을 하는지에 대한 최근 연구 결과를 몇 가지 소개한다.

- 옥시토신이 분비되면 다양한 포만감(즉 배부르다는 느낌) 메커니즘을 통해 음식 섭취를 줄여 신진대사를 조절한다.[16]
- 통제되지 않는 음식 섭취로 인한 비만을 유발하는 유전 질환의 경우 옥시토신을 만드는 뇌 영역이 손상된다.[17]
- 옥시토신 수치의 감소는 과식으로 인한 질환(예를 들어 프래더-윌리 증후군Prader-Willi syndrome)과 관련이 있다.[18]
- 옥시토신 뉴런은 보상 경로(복측피개영역ventral tegmental area을 비롯한 도파민 분비 중추)를 활성화한다.[19]
- 옥시토신 뉴런은 측면 하베눌라의 주요 활성화 표적으로 행동 변화, 연결, 동기 상실을 일으키는 강력한 동인 간의 상호 연결성에 대해 흥미로운 단서를 제공한다. 이는 앞으로 연구를 통해 밝혀질 것이다.
- 옥시토신이 보상 경로의 다른 부분(복측피개영역)에 주입되면 도

파민 분비(보상 경로의 측좌핵에서 분비됨)가 증가하며, 이는 옥시토신의 보상 능력을 보여준다.[20]
- 페리스Peris 등[21]의 연구에 따르면 보상 경로(복측피개영역)에 있는 옥시토신 수용체는 도파민, 글루타메이트glutamate, 가바GABA 뉴런이 다양한 감정 조절 영역에 미치는 영향을 직접 통제하는 것으로 나타났다. 이것은 옥시토신이 감정에 미치는 영향이 더 광범위하다는 것을 의미한다.
- 옥시토신을 활성화하면 메스암페타민[22]과 코카인[23] 등의 중독 약물을 자가 투여하려는 동기가 감소한다는 연구 결과도 있다.
- 마지막으로 어린 시절의 스트레스(아동기 부정적 경험), 특히 사회적 고립과 관련된 스트레스는 옥시토신 체계를 약화하는 것으로 보인다.[24]

옥시토신(그리고 도파민)이 우리 행동에 미치는 광범위한 영향에 대한 이야기는 아직 밝혀지지 않은 부분이 많다. 하지만 옥시토신이 건강에 폭넓게 작용한다는 점은 분명하다(예를 들어 옥시토신의 '딸 분자daughter molecule'인 GLP-1이 당뇨, 체중 감소, 심장 질환, 중독, 치매 등의 많은 질병을 개선하는 것으로 보인다는 증거가 있다).[25,26] 더욱 흥미로운 점은 도파민 보상이 우리를 움직이고 행동하게 만드는 유일한 해답이 아니라는 점이다. 옥시토신과 하베눌라 역시 상당한 역할을 하고 있다. 앞으로 더 많은 연구가 이루어지면 언젠가는 옥시토신의 광범위한 역할과 함께 가속페달과 브레이크 페달 시스템이 어떻게 작용하는지, 끌림(보상 경로)과 회피(반보상 경로) 경험이 행동 변화의 전체적인 그림을 어떻게 완성하는지 더 잘 이해하게 될 것이다.

언제까지 효과 없는 시스템에 머무를 것인가

실패 매트릭스가 실패를 이용해 돈을 버는 데 특화되어 있다면, 그들이 이용할 수 있는 실패의 양은 성장률이 점점 증가하고 있다. 모든 산업에서 증가하는 실패의 한 형태인 직장 내 번아웃은 스트레스와 구별되는 매우 독특한 증후군이다. 예일대학교 심리학자 로리 산토스Laurie Santos에 따르면, 임상적으로 관찰되는 번아웃 증상에는 세 가지가 있다.

1. 휴식을 취해도 나아지지 않는 감정적 피로
2. 걸핏하면 화를 내고 주변 사람에 대해 냉소적 태도를 보이는 비인격화
3. 일을 완벽하게 수행해도 소용없을 것 같다고 느끼는 개인적 비효율성

이러한 복합적 증상은 다른 사람들이 기대하고 요구하는 것을 충실히 수행하지만 그것이 변화를 가져온다고 느끼지 못할 때 나타난다. 이는 다시 말하면 실패이며, 번아웃은 동기 상실의 결과다.

오늘날 왜 그렇게 많은 사람이 번아웃을 겪고 있을까? 우리는 전

례 없는 수준의 '조용한 사직quiet quitting(직장을 그만두지는 않지만 주어진 일만 수행하고 그 이상의 노력이나 열정을 보이지 않는 태도—옮긴이)'과 정신 건강 문제를 목격하고 있다. 사람들은 번아웃에서 회복하는 데 도움이 될 것이라고 들은 모든 방법을 사용하고 있다. 문제는 똑같은 성과주의 접근법을 반복하며 결과에 아무런 차이도 없다는 점이다. 그 과정에서 자신의 본래성을 포기하고 대부분의 경우 다른 사람들의 기대를 채우기 위해 자신이 아닌 다른 사람인 척하는 법을 배운다. 예를 들어 비즈니스 세계에서는 '~인 척하자', '~라고 여기자'라는 성과주의 게임이 다음과 같이 나타난다.

- 프로젝트를 완수하기 위해 이 직원들이 모두 필요한 척하자.
- 직원이 책상에 앉아 있거나 우리가 확인할 수 있는 온라인에 접속해 있다면 재택근무를 하며 게으름 피우지 않고 일하고 있다고 여기자.
- 성과 목표는 임의적으로 세운 것이 아닌 척하자. 즉 직원들이 관리자와 함께 올해 어떤 일이 일어날지 예측할 수 있고 달성하기 쉬운 목표를 설정한 것이 아니라고 여기자(그런 후 기적적으로 모든 일이 생각한 대로 이루어져서 유리하게 평가할 수 있게 된다).
- 회사가 주가를 끌어올리기 위해 매년 대규모 정리 해고를 시행하지 않는다고 여기자. 우리는 팀처럼 행동해야 하지만, 살아남는 사람과 쫓겨나는 사람을 구분하는 절대적 기준이 있기 때문에 정말로 조용히 서로 싸우고 있다.

- 내가 이 회의에도 귀를 기울이고, 참석하고 있는 척하자.
- 직장 밖에서의 삶은 없으며, 결혼 생활은 무너지지 않았고, 아이들은 아프지 않다고 여기자. 하지만 나는 휴가를 낼 수 없어서 아이들이 아프면 열이 나지 않도록 아침에 타이레놀을 먹인다.
- 내가 당신을 좋아하는 것은 당신이 크고 힘 있는 회사에서 막강한 지위에 있기 때문이 아니라 당신 자체가 좋아서인 척하자.
- 나는 이 회사의 미션을 정말 중요하게 생각하며, 단지 월급을 받기 위해 이곳에 있는 것이 아닌 척하자.
- (병원에서) "저는 지난번에 처방해주신 약을 먹고 있습니다." (환자 중 50퍼센트는 처방된 대로 약을 복용하지 않는다.)[27] 의사는 이렇게 대답한다. "그러면 제가 처방전을 써서 당신의 행동을 변화시키고 있다고 여깁시다."

이러한 성과주의적 연기를 하기 위해서는 많은 신체적·정서적 에너지가 필요하다. 실제로 조직의 42퍼센트에서 고성과자가 저성과자보다 낮은 몰입도를 보이는 것으로 나타났다.[28] 그렇다면 왜 이런 일을 그만두지 않는 것일까? 그리 쉽게 설명할 수는 없다. 우리는 안전하다고 느끼기 위해 성과를 추구한다. 문제는 우리가 성과를 추구하기로 동의할 때 이미 '실패'했다는 점이다. 물론 우리는 좋은 삶을 살기 위해 다른 사람을 배려하고 그들과 잘 지내야 할 책임이 있다. 하지만 당신은 인정받기 위해 혹은 '다른 누군가로' 살기 위해 이 자리에 있는 것이 아니다. 몸은 내면의 본래성을 유지하고 있다. 나는 자기답게 행동하는 대신 자신을 버린 사람들에게 어떤 일이 일어나는지 수없이 보아왔다.

예를 들어 만 보 기준을 생각해보자. 이것은 1960년대 일본에서 '우연히' 시작된 건강 목표로 '만보기'라는 이름의 시초가 되었다. 수십 년이 지난 지금, 만 보(약 8킬로미터)는 전 세계 운동 추적기fitness tracker의 표준 지표가 되었다. 하지만 일부 연구 결과에 따르면 만 보가 적정 걸음 수를 50퍼센트가량 초과하는 경우도 있는 것으로 나타났다. 예를 들어 70세 이상 여성을 대상으로 한 연구[29]에서 전반적인 건강을 유지하고 조기 사망 위험을 줄이는 데 이상적인 걸음 수는 약 4,400보였다.

하루 운동량을 채우기 위해 특정 걸음 수를 달성해야 할까, 아니면 그저 건강한 생활 방식을 유지해야 할까? 동네를 한 바퀴 더 걷거나 자신에게 가장 적합한 방식으로 하루 30분씩 운동하는 것만으로도 놀라운 효과를 얻을 수 있다. 특정한 날의 에너지 수준, 낼 수 있는 시간, 자신의 관심 등에 맞게 반복하고 조정하라. 똑같은 일상이 지루하게 느껴지는가? 새로운 길을 걸어보라. 습관적으로 반복했던 일을 거꾸로 해보라. 중요한 것은 당신에게 최선이 무엇인지 외부에서 판단할 때마다 스스로 결정하는 것이 가장 좋다는 점이다. 다른 사람들이 원하는 것은 당신의 의욕을 꺾지 않는다 해도 그들의 자의적인 생각일 수 있기 때문이다.

다시 말하지만 내부에서든 외부에서든 판단이 이루어졌을 때만 실패라는 이름이 붙는다. 이 책은 실패 산업에 속한 여러 기업이 당신에게 퍼붓는 맹공격에 대한 해독제를 제공하며, 이를 통해 당신은 더 건강하게 삶을 영위하고 그들이 제공하는 것을 당신에게 도움이 되도록 받아들이거나 버릴 수 있다.

다음 장에서는 우리가 느끼거나 볼 수 없는 조용한 살인자(동기를 꺾는)인 실패병에 대해 알아보고, 회복과 치유를 위한 여정을 시작할 것이다. 실패의 모든 형태와 내면화된 목소리에 대해 배우면 우리 스스로가 자유로워지며, 상대방이 제시하는 보상과 자극에 관계없이 모든 산업이나 기회를 최대한 활용할 수 있게 된다. 이는 부정적인 측면에 휘둘리지 않고 성과주의 도구와 방법의 긍정적 측면을 활용할 수 있는 가장 현명하고 안전한 자세다.

Unstoppable Brain

2부

'동기부여 차단기'
하베눌라의 스위치를 꺼라

4장

"어차피 나는 안 된다"는 생각 멈추기

뜨악!

― 호머 심프슨Homer Simpson

미국에서 가장 크고 유명한 조직 중 한 곳에서 두 번째로 높은 자리에 있는 로버트(가명)라는 내 친구는 일에만 몰두했다. 그는 수백만 달러 규모의 계약을 자주 성사시켰고 여러 이사회에서도 중요한 자리를 맡았다. 하지만 거기에는 대가가 따랐다. 스트레스성 질환으로 건강이 점점 나빠졌고, 음주 문제가 생겼으며, 이혼까지 하게 된 것이다.

로버트는 정신적으로 안정을 유지하기 위해 해로운 영향을 미친 직장을 그만두고 기업가 집단에 합류해 좀 더 보람 있는 일을 시작하겠다는 꿈을 좇았다. 하지만 수년 동안 품었던 창업 아이디어는 지금

조달이나 성공으로 이어지지 않았고, 그는 나이 든 기업가로서 자신의 아이디어가 현재 시장 상황에 뒤떨어진 것은 아닌지 곰곰이 생각해보았다. 너무 늦었다고 생각한 그는 새로운 회사에서 일할 의욕뿐만 아니라 다른 많은 일에도 의욕을 잃었다.

그는 내게 자신의 상황을 이야기하며 모든 일을 자신의 탓으로 돌렸다. "나는 의욕이 없어요. 지인 중 누구도 내가 추진하는 새로운 사업을 돕고 싶어 하지 않아요. 전에는 꽤 성공했고 나를 찾는 사람도 많았어요. 하지만 지금은 실패자예요. 준비되기도 전에 은퇴를 강요받는 늙은 권투 선수가 된 것 같은 기분이에요."

나는 그의 말을 끊으며 이렇게 말했다. "그건 사실이 아니에요. 당신은 내가 실패병이라고 부르는 병을 앓고 있을 뿐이에요."

"뭐라고요? 실패병이 뭐죠?"

"당신에게는 실패병의 징후가 모두 나타나고 있어요. 당신의 유일한 실수는 실패했다고 **생각**하는 거예요. 무언가에 실패했다는 생각이 들 때마다 뇌의 하베눌라가 활성화됩니다. 그러면 새로운 사업을 시작하는 등 당신이 하고 싶었던 일을 시도하려는 동기를 죽이게 돼요. 이런 일은 너무 조용히 일어나기 때문에 뇌는 알아차리지 못하죠. 그러면 당신은 의욕이 없다, 게으르다, 뛰어나지 않다며 스스로를 비난하게 됩니다."

로버트는 잠시 말을 멈추고 부드럽게 고개를 끄덕이며 시력검사표의 맨 아랫줄을 읽으려는 것처럼 눈을 가늘게 떴다. "계속 설명해주세요."

나는 로버트와 같은 이야기를 수천 건까지는 아니라도 수백 건 들으면서 뚜렷한 실패 패턴을 인식하게 되었다. 그중에는 주요 실패 유형 가운데 예측 가능하고 독특한 양상으로 나타나는 하위 유형도 포함되어 있다. 어떤 유형은 불안을, 어떤 유형은 우울증을, 어떤 유형은 미루는 습관을, 어떤 유형은 강박 장애를 유발한다. 더 중요한 것은 이러한 실패의 대부분이 자신의 생각이나 혼잣말, 감정으로 여겨져 알아차리기 어렵다는 점이다.

이제 하베눌라에 대해 알았으니 당신은 실패에 대한 인식을 무효화하는 것이 불안, 우울, 동기 상실을 예방하고 삶을 바꿀 가장 큰 기회라는 사실을 깨달은 소수 특권층에 속한다. 실패를 무효화하는 기술을 배우면 꽉 막힌 상황에서 벗어나 미루는 습관을 멈추고 흐름을 찾을 수 있는 **초능력**을 갖게 된다. 이것은 더 이상 보이지 않는 실패와 그로 인한 약화에 발목 잡히지 않고 가장 원하는 습관과 라이프스타일을 구축할 수 있는 열쇠다. 따라서 우리는 실패를 똑바로 쳐다보며 "나를 보호하려고 한 건 고맙지만 더 이상 나를 지배할 수 없어"라고 (다정하게) 말해야 한다.

이번 장에서는 주요 실패 유형과 그 하위 유형을 자세히 살펴보고 뇌가 일반적으로 어떤 유형을 사용해 노력을 가로막고 동기를 죽이는지 알아볼 것이다. 이런 식으로 뇌가 보내는 신호를 '들을' 수 있는 것은 자신을 자유롭게 하는 첫걸음이며, 이것이 가능해지면 5장에서 제시하는 지침을 이용해 실제로 무언가를 할 수 있을 것이다.

실패병의 세 가지 원칙

1. 실패는 '언제'의 문제다.

결국 모든 것은 실패한다. 나는 피할 수 없는 '실패'가 우정에 대한 다음의 오래된 격언과 비슷하다고 생각한다. '우리가 삶에서 만나는 사람들은 찰나의 인연일 수도, 잠시의 인연일 수도, 평생의 인연일 수도 있다.' 성공했다가 실패하는 일도 마찬가지다. 이 격언은 축복이든 시련이든 모든 일의 일시적인 속성을 말해준다. 핵심은 실패의 징후와 증상, 그것이 삶에 미칠 잠재적 영향을 이해해 진정하고 지속적인 변화를 위해 자신을 어떻게 포지셔닝할지 파악하는 것이다.

『성경』의 고린도전서 13장 11절을 생각해보자. "내가 어렸을 때는 말하는 것이 어린아이와 같고 깨닫는 것이 어린아이와 같고 생각하는 것이 어린아이와 같다가 장성한 사람이 되어서는 어린아이의 일을 버렸노라."

이 구절은 가장 큰 실수, 즉 지금 효과가 있는 것이 영원히 효과가 있을 것이라고 여기는 잘못된 믿음을 바로잡는다. 예를 들어 대부분은 현재 옷장에 있는 옷이 10년 후에도 마음에 들 것이라 생각하지 않는다. 유행이 바뀌거나 싫증이 나기 때문이다(물론 진정한 빈티지 스타일을 이기기는 힘들지만 말이다!).

영원한 것은 영원한 것이 없다는 사실뿐이다. 삶은 영원히 변하고 영원히 진화한다. 우리는 몸의 노화를 늦출 수 있을 뿐 막을 수 없다. 파도가 해안을 침식하는 것을 막을 수 없듯이 몸의 변화를 막을 수 없다. 이것은 자연의 힘이다. 자연의 힘을 거스르는 것에서 실패병이 시작되며 결국 승리하는 것은 자연이다. 당신은 불안감을 완화해주는 명상이나 키토 다이어트에 대한 애정이 영원히 지속될 것이라고 기대했지만 그런 일은 일어나지 않았고 이제 실패했다는 생각만 남았다. 하지만 당신은 실패하지 않았다. 당신이 시도했던 것은 특정 이유나 시기에 적합했을 뿐이다.

2. 실패는 생각보다 더 다양한 방식으로 찾아온다

기존의 행동 변화 프로그램에서는 변화를 추구하는 과정에서 자연스럽게 발생하는 실패를 포괄적, 직접적으로 다루는 것을 명시적으로 언급하지 않았다. 예를 들어 앞서 언급한 당뇨병 예방 프로그램은 체중 감량 프로그램에 심리적 측면을 추가해 부정적 사고와 비교 사고의 문제를 해결한 최초의 프로그램 중 하나였다. 『벡 다이어트 솔루션Beck Diet Solution』(인지행동치료 전문가인 주디스 벡Judith S. Beck 교수가 인지치료 기법을 기반으로 다이어트 방법을 설명한 책. 문제가 되는 자신의 생각과 행동을 알아차리고 해결하여 체중감량을 유도한다.—옮긴이) 또한 흑백 사고에 대처하는 방법을 포함해 혁신적인 방안을 제시했다. 이것은 일정 부분 도움이 되었으나 흑백 사고는 실패의 유형 중 하나일 뿐이므로 벡 다이어트를 따르는 사람들은 숨겨진 다른 유형의 실패에 취약할 수밖에 없다.

당뇨병 예방 프로그램과 벡 다이어트는 이전보다 더 진화했고, 실제로 당시 이 분야를 변화시키고 발전시켰다. 하지만 이러한 심리적 통찰과 체중 감량 프로그램의 추가 사항은 체중 감량 환자의 심리적 패턴과 장애물을 예리하게 인식한 개별 의료진들에게서 비롯되었다. 그들은 하베눌라에 대해 알지 못했기 때문에 모든 실패 유형을 다루는 것이 얼마나 중요한지 몰랐다. 우리는 여기에서 모든 실패 유형을 살펴볼 것이다.

3. 변화를 막는 가장 큰 요인, '인지된 실패'

내가 수백만 명을 위해 체중 감량 프로그램을 만들었을 때, 체중을 감량하지 못하거나 감량한 체중이 다시 증가하는 가장 큰 원인은 인지된 실패라는 것을 알게 되었다. 체중 감량 사용 사례는 정신 건강, 직업, 인간관계, 중독 회복, 건강관리 등 행동 변화 노력의 모든 영역에 적용된다. 행동 변화의 요소 중 실패만큼 해롭고 고착을 초래하는 것은 없다. 나는 말 그대로 어떤 사람과 2분 정도 대화를 나누면 그 사람이 고통과 고착을 유발하는 실패 신념을 품고 있는지 파악할 수 있다. 수십 년 동안 사람들이 건강해지도록 돕기 위해 노력하면서 실패를 무효화하는 것이 고통을 줄일 수 있는 가장 큰 기회라고 확신했다.

이제 다양한 실패 유형을 살펴보면서 각각의 실패를 무효화하는 방안에 대해 내 관찰과 생각을 공유할 것이다. 당신에게 더 좋은 아이디어가 있다면 무엇이든 제시해주기 바란다. 이것은 하베눌라에 대한 최신 신경과학에 비추어 볼 때, 매우 중요한 주제이므로 실패의 지배에서 벗어나는 방법에 대해 당신이 창의성과 탁월함을 발휘한다면 적극 환영한다. 대략적으로 실패를 무효화하는 것은 과거를 재구성하고, 현재에 미치는 피해를 줄이고, 미래의 실패를 예방하는 것과 관련이 있다. 어떤 유형의 실패가 당신의 과거, 현재, 미래에 더 영향을 주는지 알 수 있다면 실패를 효과적으로 무효화하는 데 도움이 될 것이다. 일반적으로 과거에 초점을 맞춘 실패 유형은 우울한 감정을 유발하고, 미래에 초점을 맞춘 실패 유형은 불안과 미루는 습관을 유발하며, 현재에 초점을 맞춘 실패 유형은 분노와 좌절을 유발한다.

이 장에서는 하베눌라의 힘을 극복할 준비를 갖출 수 있도록 확장된 실패 분류 체계, 즉 마음이 실패에 대한 인식을 형성하는 방법을 제시하고자 한다. 흑연 가루를 묻혀 지문을 드러내듯 다음의 하위 유형으로 실패를 분류할 것이다. 그러면 당신은 이 목록을 이용해 실패에 대한 인식이 당신의 마음속 어디에 숨어 있는지 생각해볼 수 있다. 실패를 무효화하는 데 가장 효과적인 도구가 무엇인지 파악할 수 있게 각 유형을 과거, 현재, 미래(또는 이들의 조합)로 분류할 것이다.

실패병을 부르는 여덟 가지 유형

1. '모 아니면 도'

내 딸은 어릴 때 완벽주의자였는데 그런 성향은 타고난 것이었다. 생후 18개월 때 딸아이는 말을 할 수 없었지만 내가 서랍에서 꺼낸 옷을 살며시 내려놓고 자기가 그날 입고 싶은 옷을 꺼냈다. 이처럼 자신이 원하는 것을 잘 아는 특성은 나중에 경직된 사고방식으로 바뀌었고 자신의 한계를 뛰어넘거나 새로운 것을 배울 수 있는 많은 기회를 놓치는 결과로 이어졌다.

아이는 최선을 다해도 충분하지 않을 거라는 두려움 때문에 학교에서 열심히 공부하지 않았다. 또 완벽한 옷을 입지 않으면 집 밖으로 나가지 않았다. 딸은 모 아니면 도라는 생각 때문에 스키, 서핑, 토론 클럽, 데이트 등 인생의 많은 즐거움과 모험을 놓쳤다. 완벽함을 추구하는 성향이 수많은 인지된 실패를 불러일으킨 것이다.

완벽한 것은 없었다. 옳은 것도 없었다. 딸은 원하는 것을 얻을 수 없었다. 대학에 진학한 딸은 마침내 치료사에게 상담을 받기로 했고 자신의 극단적인 인식 사이에서 더 많은 중간 지점을 찾을 수 있었다. 실패병에서 벗어나는 길을 찾은 딸은 현재 최고의 로스쿨에 다니면서 다양한 취업 제의를 받는 등 자신의 능력을 인정받고 있다.

가장 중요하고 잘 알려진 실패 사고 유형인 모 아니면 도 사고는 경직성과 절대주의를 바탕으로 형성된다. 예를 들어 다이어트를 하던 중 파티에서 케이크를 한 조각 먹는다. 그리고 이렇게 생각한다. '이런, 망했어. 케이크를 통째로 먹는 게 낫겠어.' 오늘 4.8킬로미터를 달리려고 했지만 1.6킬로미터를 달릴 시간밖에 없다. 그러면 이렇게 생각한다. '나는 실패자야. 달리는 게 더 이상 무슨 의미가 있겠어.'

마야의 경우 '경쟁력 있는 체조 선수가 될 수 없다면 나는 아무것도 아니야'라는 생각으로 나타났다. 많은 사람이 이처럼 왜곡된 생각을 갖고 있다. '나는 고등학교 때처럼 빨리 달릴 수 없으니 달리기를 전혀 할 수 없어.' 프로 운동선수 중에도 이렇게 생각하는 경우가 있다. '예전처럼 최고가 될 수 없다면 더 이상 경기를 하고 싶지 않아.' 모 아니면 도! 이런 사고방식은 타협의 여지가 없다.

모 아니면 도 사고는 세상을 이분법적으로 바라보는, 흔히 나타나는 인지 왜곡이다. 이 사고방식은 경험을 '옳고 그름'의 범주로 나누며 불안[1], 우울증[2], 약물 사용 장애[3], 섭식 장애[4], 외상 후 스트레스 장애[5], 성격장애[6,7] 증상과 관련이 있다.

실제로 모 아니면 도 사고는 어떤 식으로든 완벽하지 않다는 이유로 선택지를 점점 좁히고 새로운 시도를 점점 회피하면서(점점 더 많은 하베눌라 충격!) 문을 닫아버린다. 이런 유형의 실패병을 앓는 사람은 모든 것을 가질 수 없다는 사실을 알게 되면 전혀 시도하지 않거나 쉽게 포기해버린다. 이는 완고한 하베눌라가 활발히 작용해 나타나는 반응이다!

이와 비슷하게 완고한 행동이 있다. 어떤 대상을 흑백으로만 보는 사람이 많은데, 이는 모 아니면 도 사고의 하위 유형이다. 이분법적 사고방식 중 한 형태인 흑백 사고는 중간 지점 없이 이쪽 아니면 저쪽(좋음 또는 나쁨, 성공 또는 실패)으로 빠르게 판단하도록 유도한다. 당신의 새로운 남자 친구 혹은 여자 친구는 모든 면에서 완벽하다. 아니, 잠깐, 방금 창피한 일을 저질렀으니 그들은 이제 완전한 패배자다. 당신의 부모는 어릴 때 당신의 욕구를 충족시켜주지 않은 나쁜 부모다. 수업에서 A 학점을 받지 못하면 실패한 것이다. 명상을 지속할 수 없다면 명상에 실패한 것이며 다시는 시도하지 않을 것이다.

그러나 이러한 사고의 여파로 불안, 우울증, 인간관계의 어려움,

집중력 저하, 양극단을 오가는 자아상 등 여러 가지 해로운 결과를 맞게 된다.

처방 결과보다 '진전'에 초점 맞추기

이 실패 유형은 미래의 삶과 관련해 사람들을 자주 괴롭히는 경향이 있다. 이로 인한 피해를 해결하려면 고정된 목표를 추구하거나 특정한 결과를 기대하는 대신 어떤 행동 변화가 자신에게 효과적인지 실험하는 것처럼 또는 '알아내는 것'처럼 접근하는 것이 좋다. 어떤 식으로든 당신을 앞으로 나아가게 만드는 것을 찾고 그것을 성공으로 여겨라. 이렇게 성공에 대한 정의를 넓히면 성공과 실패라는 고정된 양극단 사이 회색 영역을 채우는 데 도움이 될 것이다. 마음은 모든 형태의 움직임과 실험을 진전으로 받아들일 수 있다. 결과보다 진전에 초점을 맞추는 것은 이런 유형의 실패 사고에서 비롯되는 막다른 골목을 벗어나는 데 매우 중요하다.

2. "이것도 하고 저것도 해야 해"

나는 해야 한다. 당신은 해야 한다. 그들은 해야 한다. 우리의 생각과 말 중 얼마나 많은 부분이 '해야 한다'라는 개념으로 채워져 있을까? 우리는 실제 일어난 일이 아닌 다른 일이 일어났어야 한다고 생각한다. 혹은 내가 했거나 앞으로 할 일이 아닌 해야 했거나 해야 하는 일에 대해 이상적인 그림을 그린다. 생각해보면 이것은 이상한 개념이다.

'해야 한다'는 개념은 모든 행동을 존재하지 않는 완벽한 세상과 연결해 자연스러운 배움, 노력, 삶에 대한 적응을 실패 그 자체만큼 방해할 수 있다. 이는 결코 성공하지 못하고 실패하거나 부족할 수밖에 없는 불가능 시스템을 만든다. '해야 한다'는 생각은 무력감을 느끼고 의욕을 잃게 만든다. '해야 하는' 일을 완벽하게 해내는 상상 속 완벽한 세상에 지고 있기 때문이다. 그런 세상은 존재하지 않는다. 게다가 더 재미있는 것은 이런 실패 유형에 몇 가지 하위 유형이 있다는 점이다. 하나씩 살펴보자.

첫 번째로 '끝내야 한다'는 유형이 있다. 이 유형의 '해야 한다'는 성급함과 조급한 판단을 불러일으킨다는 점에서 독이 될 수 있다. 이 사고방식은 현재 일어나고 있는 일이 무엇이든(체중 감량, 분노 극복, 낮은 자존감 회복 등) 그것이 끝나거나 치유되거나 완료되지 않았기 때문에 이중으로 잘못되었다고 판단한다. '끝내야 한다'라는 하위 유형에는 항상 암묵적인 마감 기한이 있다.

예를 들어 내가 체중 감량을 도와준 몇몇 사람은 큰 성과를 거두며 착실히 프로그램을 진행했다. 그러던 어느 날 갑자기 그들은 실패했다는 결론을 내린다(지금쯤이면 이상적인 체중에 도달했어야 해. 나는 아직 충분히 살을 빼지 못했어. 충분히 빨리 빼지도 못했어). 또는 모든 것이 끝났다고 생각하며 다시 정크 푸드를 먹는 경우도 있다.

우리는 예측된 시간이나 기한이 아닌 각자에게 맞는 때에 교훈을 얻는다. 자기 판단은 이러한 삶의 진리에 위배된다.

두 번째는 '일어나지 말았어야 한다'는 생각이다. 이 유형의 '해야 한다'는 일어난 일을 완전히 거부함으로써 배움을 방해한다. 그 사람은 우리를 떠나거나 우리에게 상처를 주거나 우리를 오해하지 말았어야 한다. 그 기회는 성공했어야 한다. 그런 비극은 일어나지 말았어야 한다. 예를 들어 알코올 중독 재발을 막는 데 가장 큰 장애물 중 하나는 '했어야 한다'는 생각이다. '나는 그 술을 마시지 말았어야 해. 나는 그보다 더 나은 사람이야.'

특정한 장소에 도달해야 한다는 압박감은 실패로 이어질 수밖에 없는 상황을 만든다. 이러한 생각은 무슨 일이 일어나고 있는지, 우리가 무엇을 했거나 하지 않았는지에 대한 진실을 부정한다.

스탠퍼드대학교 펠로십 기간 내 멘토였던 정신과 의사 한스 슈타이너Hans Steiner는 '부정은 가장 원시적 형태의 자기방어'라고 가르쳐 주었다. 따라서 일어나고 있는 일을 부정하는 것, 즉 일어나지 말았어야 한다고 생각하는 것은 현실을 부정하는 한 형태이며, 원시적인 자기방어를 사용하는 것이다. 사실 우리(또는 다른 사람들)에게 일어나는 모든 일은 치유하거나 용서하거나 놓아줄 수 있는 배움이자 기회다. 이 진리를 받아들이면 수용과 이해가 얼마나 큰 힘을 발휘하는지 알 수 있다. 자신이나 타인이 겪은 엄청난 고통을 생각하면 그런 수용 상태에 도달하는 것이 뜬구름 잡는 이상처럼 보일 수 있을 것이다.

우리는 인류에게 얼마나 많은 비극이 닥쳤는지 잘 알고 있다. 우리에게 상처를 주거나 우리에게서 무언가를 빼앗아 간 이들을 보복적으로 응징하고 싶다는 마음 또한 어쩔 수 없이 갖게 된다. '용서하지 않는 것은 독약을 마시고 상대방이 죽기를 바라는 것과 같다'라는 격언을 생각해야 한다. 결국 우리는 모든 방법을 시도한 뒤 상처와 고통에서 빠져나가는 방법은 수용밖에 없다는 사실을 마음 깊이 깨닫게 된다.

세 번째는 '했어야 한다' 유형이다. 이 유형의 '해야 한다'는 후회의 전형으로, 특히 완고하고 다루기 어려운 형태의 실패다. 과거를 바로잡을 수 있는 타임머신 같은 것은 없다. '했어야 한다'는 시한폭탄이나 마찬가지다. 누군가가 이런 식의 한탄이나 후회로 이야기를 시작하는 것을 몇 번이나 들어보았는가? "나는 더 나은 아빠, 더 열심히 일하는 직원, 더 좋은 파트너가 되었어야 해. TV를 보는 것보다 밖에서 더 많은 시간을 보냈어야 해. 취미를 가졌어야 해." 이런 식의 한탄에 '할 수 있었을 것이다, 했을 것이다' 같은 가정의 요소를 넣으면 누구나 계속할 수 있을 것이다.

사실 우리는 당시에 할 수 있었던 일이나 알고 있던 일을 한 것이다. 명상 지도자인 실비아는 내게 이렇게 가르쳤다. "진정으로, 진정으로 더 잘 알아야, 그래야만 더 잘할 수 있어요."

이 말은 알기 전까지는 알 수 없다는 뜻이다. 그리고 뼛속 깊이 알면 무언가 다른 것을 시도하게 된다. 그때까지 우리가 한 모든 일은 회개하고 용서받을 수 있다. 우리는 배우기 위해 존재하기 때문이다. 어떤 교훈은 특히 중요하고 고통스러울 수 있다. 하지만 스스로에게 은혜를 베풀고 할 수 있는 한 겸허하게 용서를 구하면 후회 때문에 느끼는 고통을 완화할 수 있다.

나는 이 유형의 '해야 한다'를 잘 알고 있다. 의도치 않은 실수로 사랑하는 반려동물이 고통을 겪게 만든 적이 있기 때문이다. 고양이 중 한 마리가 신장 질환에 걸린 것을 몰랐는데, 한동안 나는 그 녀석이 다른 고양이가 집에 있는 데 화가 나서 버릇없이 구는 것이라고 생각했다. 좋은 의도를 갖고 있었음에도 나의 무지를 받아들이는 것은 매우 어려운 일이었다. 하지만 알았어야 했다거나 더 잘했어야 했다는 후회를 내려놓고 큰 실수가 미치는 영향을 무력화하는 것은 이 고통에서 점차 자유로워지는 것을 의미했다.

마지막은 '이미 도달했어야 한다'는 생각이다. 이 유형의 '해야 한다'에는 자기혐오가 섞인 조급함이 가득하다. 이것은 우리가 놓친 상상 속 일정이나 결승선을 적용해 우리가 무능하거나 어리석거나 부족하다는 의미를 담고 있다. 이보다 더 진실과 거리가 먼 것은 없다.

우리는 무언가를 배우는 데 걸리는 시간이 각자 다르다. 이것은 9개월 동안 특정 수준의 읽기를 배워야 또래들과 다음 학년으로 올라가는 학교 수업이 아니다. 인생은 그런 규칙을 따르는 것이 아니라 어느 시점에서든 우리가 감당할 수 있는 상황을 내놓는다.

더 멀리 나아가야 한다는 생각은 우리가 무언가를 완전히 받아들이고 변화하는 데 효과적인 시기가 있다는 점을 무시하는 것이다. 나는 개인적으로 특정 교훈(예를 들어 하기 싫은 일을 미뤘던 수많은 시간)을 모두 실천하고 내가 같은 행동을 어떻게 반복하는지 더 깊고 미묘한 층을 찾는 것이 매우 겸손한 태도라고 생각한다. 내게 결코 자연스럽지 않았던 인내심은 내가 습관적으로 했던 '해야 한다'는 생각을 가볍게 만들고 없애주는 스승이었다.

처방 내면의 심판자

이 실패 유형은 내면의 심판자에게 질문하는 것이 가장 효과적이다. 나는 바이런 케이티Byron Katie의 '네 가지 질문The Work'을 매우 좋아한다. 간단한 4단계 질문으로 '해야 한다'의 힘을 무효화할 수 있기 때문이다.

1. 그것은 사실인가?
2. 그것이 사실인지 확실히 알 수 있는가?
3. 그 생각이 들 때 당신은 어떻게 반응하고 어떤 일이 일어나는가?
4. 그 생각이 없다면 당신은 어떤 사람인가?

당신이 지금 있는 곳이 아닌 다른 곳에 '있어야 한다'고 말하는 심판자에게 이런 유형의 질문을 던지는 것은, 심판자의 지배에서 벗어나 실패가 단지 착각일 수 있다는 가능성의 문을 여는 데 도움이 된다. 중요한 것은 스스로에게 '해야 한다'는 강요를 멈추는 것이다(다른 사람에게도 마찬가지다)!

3. "저 사람에 비하면…"

과거 아동기와 청소년기에만 국한되었던 비교 사고는 오늘날 소셜 미디어의 유혹과 함께 그 어느 때보다 높은 수준으로 증가했고, 그 결과 '남들 따라 하기' 또한 100배로 늘어났다. 인플루언서는 어디에나 존재하며 수많은 팔로어를 거느리고 있다. 성인이 되면서 발전을 멈춘 경우 다른 사람과 자신을 계속 비교하게 된다. "나는 인플루언서처럼 혹은 누구처럼 예쁘지도, 젊지도, 건강하지도, 똑똑하지도, 재능이 있지도 않아."

아동정신연구소Child Mind Institute에 따르면, 소셜 미디어에서 과도한 비교 사고가 이루어진 결과 '인스타그램, 페이스북 등의 플랫폼에서 가장 많은 시간을 보내는 10대 및 젊은 성인 사용자의 우울증 보고 비율이 가장 적은 시간을 보내는 사용자에 비해 상당히 높은 것으로(13퍼센트에서 66퍼센트까지) 나타났다.'[8]

비교 사고에서 파생된 하위 유형(이 또한 소셜 미디어의 영향을 많이 받는다)으로 충분하지 않다는 생각이 있다. "나는 충분하지 않아. 고강도 인터벌 트레이닝으로 유명한 니콜Nicole이나 울트라 마라톤 선수인 라이언Ryan을 봐. 나는 절대 그렇게 잘할 수 없어."

우리는 GOAT('Greatest of All Time'의 머릿글자로 역대 최고를 가리키는 말—옮긴이), 세계기록 보유자, 비현실적 재능 보유자의 시대에 살고 있다. 이런 초인적인 사람들의 존재를 모르던 시절에는 작은 마을의 철자 맞히기 대회 우승자가 축하받을 수 있었다. 세계 대회에 나가 철자 신동에게 패배하고 성취감을 잃지 않아도 되었던 것이다. 세상이 서로 연결되면서 승자는 더욱 줄었고 더 많은 경쟁자들이 더 많은 실패를 겪게 되었다.

여기에는 결과가 따른다. 이러한 비교는 점점 더 많은 아이들에게 '너는 충분하지 않아'라는 메시지를 전달한다. 그리고 이것은 학교에서는 등수와 대입 합격 및 불합격으로, 회사에서는 정리 해고 형태로 이어진다. '실패'할 기회가 너무 많으며 이것은 기이한 행동을 낳는다.

예를 들어 고등학생 자녀가 대입 지원서에서 돋보일 수 있도록 교외 지역의 다른 아이들처럼 축구를 시키지 않고 펜싱이나 컬링 같은 난해한 스포츠를 시키는 부모들이 있다. 우리는 스스로에게 물어야 한다. 각각의 아이들은 소중한 존재이며 각자 경험해야 할 삶을 살아갈 준비가 되어 있는가? 아니면 최고가 되기 위한 경쟁으로 가득한 단 하나의 이상적인 삶밖에 없는가? 오스카 와일드Oscar Wilde는 이렇게 말했다. "자기 자신이 되어라. 다른 사람의 삶은 그 사람 것이다."

처방 과거의 나를 떠올리기

비교 사고와 그 하위 유형인 '충분하지 않다'는 깨기 어려운 정신적 습관이자 벗어나기 어려운 실패 유형이다. 뇌에는 다른 사람을 모방하거나 다른 사람과 잘 어울리기 위해 그들의 행동을 관찰하는 거울 뉴런이 있다.

침묵 명상을 해본 사람이라면 누구나 경험했듯이 뇌의 기본 모드 네트워크는 자기 판단과 비교에 대한 주제에 대해서도 수동적으로 반추한다. 경쟁과 비교, 명성 추구 문화에 대한 지금의 사회적 집착은 일반적으로 유용하고 도움이 되는 뇌의 이러한 부분을 악용했다. 하지만 이것을 해결할 수 있는 몇 가지 방법이 있다.

당신은 당신만의 능력을 발휘할 수 있다. 나는 남과 비교하는 것이 불가능하다는 것을 알기 때문에 아이들에게 늘 더 건강하고, 더 똑똑하고, 더 빠르고, 더 부유한 사람이 있을 거라고 여러 번 말해왔다.

특정 주제나 기술, 스포츠 분야에서 당신보다 '뛰어난' 사람은 항상 있기 마련이다. 따라서 자신을 다른 누군가와 비교하는 것은 쓸데없는 일이다. 나는 아이들에게 각자가 서로 다른 기술, 강점, 약점이 조합된 고유한 존재라는 것을 가르친다. 또 패배를 유발하는 비교 사고에서 벗어나는 방법은 자신의 성장을 축하하는 것이라고 가르친다.

중요한 것은 당신이 배우고 성장하고 있는지, 당신이 예전보다 더 나은 사람이 되어가고 있는지다. 궁극적으로 우리가 합리적이고 건강하게 비교할 수 있는 대상은 과거 자신뿐이다. 그 외의 모든 비교는 각자의 고유한 삶의 목적과 길을 존중하지 않는 것이다.

4. "예전에는 했었는데"

이 실패 유형은 모 아니면 도와 비슷하게 과거에 붙잡아둔다. '나는 1.6킬로미터를 6분 내에 뛸 수 있었다, 나는 파티의 주인공이었다, 나는 몸무게가 56킬로그램이었다, 나는 모든 것을 완벽하게 기억할 수 있었다, 나는 잘나가는 사람이었다…' 하지만 어떤 사람들은 이러한 경험과 자아상을 잃은 채 갇혀 있기도 한다. 그들은 예전의 자신이 아니라는 이유로 또는 예전처럼 할 수 없다는 이유로 더 이상 시도하려 하지 않으며 현재에 대해 감사하지 않고 실패했다고 느낀다.

처방 지금의 나로 업데이트

이러한 실패 유형을 해결하려면 자아상과 현실의 업데이트가 필요하다. 잃은 것만 생각하기보다 얻은 것에 감사하며 지금 자신의 모습을 받아들이면 이러한 고통에서 벗어나 새로운 것을 시도할 수 있는 문이 열린다. 재구성은 이러한 실패 유형이 고착되는 것을 막을 수 있는 도구이기도 하다. '그래, 나는 파티의 주인공이었어. 하지만 그러느라 많은 약물을 사용하고 극심한 사회적 불안을 겪었지. 사실 파티의 주인공이 되려는 욕구의 근본 원인인 공허함과 낮은 자존감을 치유하기 위해 수년 동안 치료를 받아야 했어.' 이처럼 과거에 대한 진실을 스스로에게 말하는 통찰력 있는 재구성을 통해 억압이고 자기 제한적 형태의 실패에서 자유로워질 수 있다.

5. "어차피 안 될거야"

이 실패 유형은 게임이 시작되기도 전에 포기한다. 당신은 모든 일이 어떻게 (실패하게) 될지 머릿속으로 그리며 하베눌라를 작동시켰고, 실패할 것을 '알고' 있기 때문에 시도하려는 의욕조차 잃게 된다. 이것은 부정성 편향negativity bias이라는 개념이다. 부정성 효과negativity effect로도 알려진 이러한 인지 편향이 작용하면 긍정적 사건이나 중립적 사건보다 부정적 사건이 심리 상태에 더 큰 영향을 미치게 된다. 부정적 상황이나 손실에 대해 더 강렬한 감정을 느끼는 것이다.[9]

내 딸은 이를 잘 보여주는 사례다. 딸아이는 직장에서 성공을 거두고 있었지만, 자신보다 경력이 적은 사람들이 자신만큼 또는 자신보다 많은 월급을 받고 있다는 사실을 알게 되었다. 딸은 상사에게 연봉 인상을 요구하는 것을 크게 두려워했고 장황한 평계를 대며 인상 요구를 미뤘다.

내가 이유를 묻자 딸은 이렇게 대답했다. "음, 회사가 어떻게 대답할지 알고 있어요. 그들은 돈이 없다고 말할 거예요." 딸은 연봉 인상을 요구하지 않았고 미리 포기한 채 낮은 연봉에 머물렀다. 체스터 케라스Chester Karass는 이런 상황을 아주 잘 설명했다. "우리는 마땅히 받아야 할 것을 얻는 것이 아니라 협상한 것을 얻는다."

처방 '나는 알고 있다'는 벽 깨기

이 실패 유형은 두려움이 설득력 있는 이야기나 착각으로 위장할 때 발생한다. 여기서 깨야 할 벽은 '나는 알고 있다'는 생각이다. 당신은 모른다. 시도하기 전까지는 확실히 알 수 없다. 당신은 단지 시도하기를 두려워할 뿐이다. 해결책은 당신의 마음을 지배하는 두려움의 손아귀에서 벗어나려고 노력하는 것이다. 두려움은 본질 그 자체로 우리를 마비시킬 수 있다. 용기의 방향으로 당신을 한 걸음 내딛게 만드는 작은 행동이 있는가? 무언가를 시도할 경우 죽거나 해고당하거나 모든 것을 잃지 않을 것이라고 당신을 안심시켜줄 수 있는 지지자가 있는가? 두려움 속에서 무언가 시도하고 행동할 의지를 스스로에게서 찾을 수 있는가?

더 많은 용기를 낼수록 더 큰 자신감이 쌓인다. 이는 지난번에 끔찍한 운명을 만나지 않았음을 스스로 증명할수록 점점 더 강해지는 근육과 같다. 따라서 우리는 이번에는 잘될 것이라며 위험을 감수하는 자신감을 갖게 된다.

결국 내 딸은 과감한 행동을 취했다. 무력감에서 벗어나기 위해 심리 치료를 받았고, 직장을 그만두었으며, 몇 달 동안 퍼시픽 크레스트 트레일Pacific Crest Trail(미국 서부 산맥을 따라 최남단 멕시코 국경부터 최북단 캐나다 국경까지 이어지는 하이킹 코스—옮긴이)을 걸었다. 이를 통해 두려움을 극복하고 힘과 용기를 키워 가장 높은 수준의 역량을 발휘할 수 있었다. 연봉 인상을 요구하는 것처럼 때때로 두려움에 직면할 수 없다면 황야에서 수백 킬로미터를 걷는 것과 같은 방법으로 동일한 근육을 키울 수 있다. 세상에는 무한한 경로와 해결책이 있으며 각자에게 맞는 고유한 방법이 존재한다.

6. "내게는 어떤 것도 효과가 없었어"

이 실패 유형은 막다른 길을 만들기에 좋다. 모든 것에 실패라는 딱지가 붙기 때문에 시도할 수 있는 문이 모두 닫히게 된다. 현재 유행하는 방법인 하려는 일을 줄이는 전략, 즉 작은 단계나 간단한 습관으로 무언가를 시도하는 전략을 사용할 때 특히 위험하다. 왜 그럴까?

거창한 목표에서 벗어나 매일 여덟 잔의 물을 마시는 것처럼 좀 더 관리하기 쉬운 목표를 세웠다고 생각해보자. 하지만 여기에서 실패 시나리오가 시작된다. 작은 목표를 실천하지 못하면 망치가 세게 떨어지기 때문이다. "물 여덟 잔 마시는 것도 못하는데 내가 뭘 하겠어? 이거 봐, 내게는 아무것도 효과가 없어. 가장 간단하고 쉬운 습관조차 말이야!"

이 실패 유형은 자기 비난과 실패 횟수를 쌓아가며 성공하지 못한 습관이나 의도를 바탕으로 점점 확장해간다. 이것은 사전 실패와 모 아니면 도 사고의 사생아라고 할 수 있다.

처방 배터리 게임

나는 이런 종류의 실패에 갇혀 있는 사람의 마음과 씨름하며 수많은 시간을 보냈다. 마치 레슬링 경기나 체스 게임에서 내 작전이 그들의 영리한 대응에 부딪혀 희망이나 믿음이 모두 무너지는 것 같았다. 스스로에게 아무것도 효과가 없다는 생각은 가장 물리치기 어려운 실패 사고의 유형 중 하나다. 하지만 아무리 어렵고 버거워도 빠져나갈 방법은 항상 있다! 나는 수감된 청소년들을 상담하면서 '내게는 아무것도 효과가 없다'는 매우 설득력 있는 이야기를 온갖 버전으로 들었다.

나는 그들이 아무리 실패하고 억압받고 버림받거나 무시당한다고 느꼈다 해도, 내 앞에 앉아 있다는 사실만으로 무언가를 해냈다는 의미임을 상기시키는 것이 효과적인 치료법임을 알게 되었다. 그들은 살아 있었다! 그들은 실패를 너무 많이 겪었기 때문에 또래 아이들보다 훨씬 더 많은 인생 경험을 갖고 있었다. 역경을 견디는 힘과 인내심을 키웠던 것이다. 나는 그들의 경험을 인정하며 좌절하고 상처받고 패배감을 느껴도 괜찮다는 것을 알려주었다. 듣기 좋게 꾸미거나 거짓으로 부풀려 말하지 않았고, 시도를 통해 무엇을 배웠는지 말해달라고 요청했다.

그런 다음 배터리 게임을 시작했다. 그들이 과거의 실패에서 무엇을 배웠는지 이야기할 때마다 배터리(힘을 잃었던 상황에서 되찾은 힘을 상징한다)를 주는 게임이었다. 각 배터리는 그들이 더 현명한 결정을 내리거나 약간 다른 방식으로 시도하기 위해 미래로 가져간 과거의 큰 교훈이었다. 이것은 반복이라는 개념으로 6장에서 자세히 다룰 것이다. 교훈이라는 관점에서 과거를 다시 이야기하는 것이 실패의 강도를 중화하는 데 도움이 되긴 하지만, 이 실패 유형의 가장 확실한 치료법은 반복이다.

7. "이미 다 해봤어"

전문가의 관점에서 볼 때 '이미 해봤어'는 환자나 고객이 문제에서 벗어나도록 도움을 주기에 매우 어려운 실패 유형이다. 그것은 과거 하베눌라에 난 깊은 상처의 결과다. 어쩌면 그들은 유행하는 다양한 방식을 모두 시도했을 것이다. 하지만 사람들은 새로운 시각으로 보는 대신 과도하게 반응하거나 지난 시도에서 겪은 결함을 잘못 이해해 다른 선택지를 단호히 배제하고 만다.

예를 들어 암 치료에는 '치료 옵션 소진'이라는 개념이 있다. 특정 신체 부위에 전달할 수 있는 방사선 양이 정해져 있기 때문에 의료진은 치료 옵션이 소진되기 전에 가장 좋은 치료 시기를 선택해야 한다. 이것은 '일상적인' 삶의 시나리오에도 똑같이 적용된다. 같은 일을 반복해서 시도하는 데 쓰이는 에너지에는 한계가 있기 때문이다.

처방 노력의 재구성

개인의 선택지가 줄어들고 그 사람의 세상이 점점 더 작아지면 전면적인 거부가 일어난다. "탄수화물은 못 먹어", "지방은 안 돼", "저지방은 나한테 안 맞아", "물집이 생겨서 운동을 할 수 없었어", "메타돈은 내게 안 맞아", "재활은 효과가 없었어", "내게는 아무것도 효과가 없어"라는 식으로 말이다.

결국 사람들은 자기 상황에 갇혀 시도조차 하지 못하는 지경에 이른다. 여기서 벗어나는 유일한 방법은 다시 시도할 수 있도록 노력을 재구성하는 것이다. 상황을 다르게 볼 수 있도록 꽉 막힌 시야를 열려면 재구성이 필요하다. 당신은 채소를 더 많이 먹으려고 노력했을 것이다. 하지만 어릴 때 억지로 먹어야 했던 푹 익힌 물컹한 채소보다 소스를 곁들인 생채소를 더 좋아할 수도 있다. 생채소를 먹어보는 이러한 변화는 과거의 시도를 반복하는 것이지만, 이는 그저 되풀이하는 것이 아니라 새로운 방식을 적용해 다시 시도하는 것이다.

8. "나는 그렇게 잘하는 사람이 아니야"

내가 아는 '최고 성과자들'에게는 적어도 한 가지 공통점이 있다. 바로 가면 증후군이다. 가면 증후군은 자신의 성공을 입증할 수 있는 객관적인 증거가 있음에도 성공을 내면화하지 못하고 그 결과 자기 의심, 불안, 우울, 직장에서 사기꾼으로 몰릴지도 모른다는 걱정 등에 사로잡히는 특징을 보인다.[10]

일이 정말 잘 풀릴 수 있는 상황에서도 그 목소리가 슬그머니 파고들어 '너는 그렇게 잘하는 사람이 아니야'라는 씨앗을 심어 결국 포기하게 만들 수 있다. 즉 가면 증후군이 있는 사람은 자신이 전반적으로 받는 높은 평가나 업적이 과분하다고 여긴다. 또 다른 사람들이 생각하는 것만큼 자신이 유능하거나 똑똑하지 않다고 믿는다. 그리고 머지않아 사람들이 자신의 실체에 대해 알게 될 것이라고 생각한다.[11] 이런 생각은 자기 파괴와 실패로 이어질 수 있다. 자신이 성공하지 못했다는 사실을 증명하려는 내면의 자기 대화를 부추기기 때문이다.

일반적으로 가면 증후군이 생기면 두려움을 이용해 점점 더 많은 일을 하도록 자신의 생각을 왜곡하게 된다. 들킬지도 모른다는 두려움, 성공하지 못할 것이라는 두려움은 동기를 부여하는 강력한 원동력이 될 수 있다. 원동력으로 작용하지 않을 때까지는 말이다. 내 대학교 동기 중 상당수는 최고 자리에 있으면서도 초인적인 일을 해내기 위해 스스로를 채찍질했다.

열아홉 살에 스탠퍼드대학교를 졸업하고 당시 세 손가락 안에 꼽히는 의과대학에 진학한 동기가 있었다. 그녀는 집에 빨리 가기 위해 병원에서 밤을 새우고 아침 6시 회진 시간까지 팀원들에게 줄 바나나 빵을 만들었다. 당시 나는 막 아이를 출산하고 샤워도 하지 못한 채 지저분한 상태로 벽장(수유실이 없던 시절)에서 필사적으로 모유를 짜고 있었다. 그때 회진에 늦게 도착해서 얼굴을 찌푸리고 있던 레지던트들을 보았고 갓 구운 바나나 빵 냄새를 맡았다. 하지만 완벽한 겉모습과 달리 그녀는 나중에 (내가 모유를 짜던 그 벽장에서) 펑펑 울었다. 회진 중에 환자 한 명을 실망시킨 것 같았기 때문이다. 그녀는 자신이 의사라는 가면을 쓰고 있다고 느꼈다. 하지만 그것은 사실에서 한참 벗어난 생각이었다.

처방 자아와 함께 춤을

극단적인 성과를 내기 위해 스스로를 채찍질하는 가면 증후군 환자에게서 채찍을 빼앗으려면 어떻게 해야 할까? 간단히 말하면 자아와 춤을 추어야 한다. 그들은 자신이 학습하고 성장하는 사람이며, 아직 어느 쪽으로 갈지 선택할 필요가 없다는 생각을 받아들일 수 있을까? 그들은 자신이 현재 위치에 대해 지나치게 비판적일 수 있으며 실제로 훌륭한 일을 한다는 사실을 받아들일 수 있을까? 그들은 다른 사람들도 자신과 같은 감정을 느끼며 그들이 혼자가 아니라는 이야기에 귀를 기울일 수 있을까?

가면 증후군은 자아의 어떤 형태, 즉 특정한 사람을 실패에 가둬 두는 자아의 믿음에서 비롯된다. 하지만 그 실패는 스스로 불가능한 일을 하게 만드는 귀중한 전략이다. 따라서 스스로 동기를 부여하는 방식에 영향을 주지 않는 매우 민감한 중화 방법이다.

자기비판이나 불안으로 높은 성과를 내는 사람은 사랑(그렇다, 사랑은 동기를 부여할 수 있다)이나 감사 같은 건강한 에너지를 성공의 동력으로 삼는 방법을 아직 배우지 못한 경우가 많다. 그런 사람은 두려움이라는 연료 탱크에서 서서히 벗어나 내면의 선함을 인식하고, 다른 사람을 자연스럽게 보살피는 것에서 힘을 얻어야 한다. 이것이 가면을 쓰고 있다는 생각에서 벗어나 있는 그대로의 자신과 그에 수반되는 것들을 받아들이는 방법이다.

'실패했다는 생각'이 실패를 부른다

지금까지 살펴본 실패 유형의 공통점은 무엇일까? 바로 그 실패가 이야기, 인식, 환상일 뿐이라는 점이다. 이처럼 이야기를 사용하는 것은 뇌가 세상을 이해하는 방식일 뿐 현실의 진실이 아니다. 이것은 실패의 환상에서 벗어날 수 있게 해주는 매우 희망적이고 사실적인 새로운 과학이다. 따라서 실패병을 치료하는 법은 당신의 이야기를 다시 쓰는 것이다! 먼저 실패를 무효화하는 일기를 써보자. 처음에는 어디서부터 시작해야 할지 모를 수 있으므로 다음의 몇 가지 안내를 참고하면 좋을 것이다. 나는 어떤 유형의 실패를 경험하고 있는가?

나는 각각의 실패를 어떻게 무효화할 수 있는가? 과거를 좀 더 건강한 이야기로 바꾸는 다양한 재구성 방법(6장 참고)을 브레인스토밍 해보고, 자신을 좀 더 명확하고 강하게 만드는 교훈에 초점을 맞추자.

명상가나 의식 연구자, 심리학자 또는 자기 인식이 매우 높은 사람이라면 마음이 다채롭고 설득력 있는 여러 개념과 이야기를 끊임없이 만들어내는 공장과 같다는 사실을 잘 알 것이다. 신경과학의 최신 견해에 따르면 우리 뇌는 끔찍하게 부정확한 현실 인식 기계다. 우리가 기억에 접근할수록 왜곡되고 변형되는 방식[12]부터 뇌가 기존 지식을 바탕으로 현실을 예측하기 위해 사용하는 모든 휴리스틱과 편향[13,14]까지, 이 모든 것은 이전에 도달하지 못했던 과학적 냉철함 수준에 비추어 볼 때 우리의 인식이 많은 오류를 저지를 수 있음을 보여준다.

요컨대 우리는 실패했다고 생각하기 때문에 실패한다. 따라서 당신이 실패를 극복하고 무효화할 수 있는 힘을 지니고 있다고 믿기 바란다. 아마 당신은 자신이 나쁘지 않다고, 실패하지 않았다고, 그리고 나만 그런 것이 아니라고 확신할 수 있을 것이다. 이것은 매트릭스에 있는 다른 모든 사람에게도 일어나고 있기 때문이다.

깨어나라. 실패는 환상에 불과하다.

5장

작심삼일 습관을 뿌리 뽑는 기술

> 날 수 없다면 달려라. 달릴 수 없다면 걸어라. 걸을 수 없다면 기어가라. 무엇을 하든 계속 앞으로 나아가라.
>
> — 마틴 루서 킹 주니어 Martin Luther King Jr.

'습관'과 '라이프스타일'이라는 용어는 너무 오랫동안 남용된 나머지 에너지 파우더, 햄버거, 각종 미용 제품, 다이어트 셰이크, 헬스장, 앱, 심지어 자기 계발서까지 모든 것을 홍보하는 기업들의 거짓된 마케팅 용어와 공허한 약속으로 변질되었다.

실패 산업과 관련된 기업은 사람들이 벌거벗은 임금님의 실체를 깨닫기 전에 최대한 많은 매출을 올리기 위해 뇌의 작동 방식에 대한 대중의 혼란과 무지를 이용한다. 하지만 뇌는 속지 않는다. 문제 습관이 실제로 존재해서 대부분의 경우 그 사람의 행동을 통제하기 때문에 또는 새로운 습관이 아직 형성되지 않아 오래된 습관이 아무 저항 없이 지배하기 때문이다.

마찬가지로 개인의 건강한 라이프스타일은 그들의 일상적인 현실일 수도 있고 그렇지 않을 수도 있다. 건강은 장기적으로 속이거나 가장할 수 있는 것이 아니다. 광고는 마케팅 문헌에서 '이상적 자아'라고 부르는 것을 통해 일시적으로 자아를 속일 수 있으며[1] 이를 통해 이상주의자들의 구매를 이끌어낸다. 하지만 그런 제품은 실내 자전거처럼 실제로 사용되지 않고 차고에 방치된다. 건강, 뷰티 습관, 라이프스타일 등에 대한 이상주의적 환상에도 이러한 행동 영역에서 뇌가 무의식적이고, 자동적으로 하는 일이 습관이나 라이프스타일의 진정하며 유일한 정의다.

과학적 관점에 따르면, 습관과 라이프스타일이라는 용어는 실제 과학적으로 의미 있는 정의를 지니며 절대적인 신경생물학적 규칙에 따라 작동한다. 이 장에서는 이러한 내용을 바탕으로 우리 모두에게 익숙한 습관, 라이프스타일에 대한 과장 광고와 뇌 과학이 제시하는 객관적 정의를 구분하는 방법에 대해 살펴볼 것이다. 당신은 거꾸로 뒤집혀 퇴보하는 (광고) 거울의 집에서 탈출해 원하는 삶을 행복하게 영위할 수 있게 해주는 실질적이고 지속적인 행동 변화의 법칙을 배우게 될 것이다.

먼저 이해를 돕기 위해 진정한, 그리고 안정적인 행동 변화란 무엇인지 살펴보자. 아주 간단하게 설명하면, 뇌에는 행동을 '영구적으로로, 변화시키는 두 가지 주요 메커니즘이 있다. 바로 **습관**과 **중요한 감정적 사건**Significant Emotional Events이다.

습관은 반복을 통해 천천히, 점진적으로 발달해 뇌에서 받아들이는 행동 변화를 말한다. 여기에는 일상(예를 들어 아침), 성격 특성, 표정, 방어기제, 사회적 규범, 반복적인 생각이나 판단 등이 포함된다.

반면 중요한 감정적 사건은 빠르고 강렬하며 지워지지 않는 행동 변화다. 이 개념의 창시자인 모리스 매시Morris Massey는 중요한 감정적 사건을 '기존의 가치 체계를 고려하고, 검토하고, 변화시키는 기폭제가 될 만큼 정신적으로 매우 강렬한 경험'이라고 설명한다. 중요한 감정적 사건은 경외감, 열정, 분노, 폭소, 투쟁-도피 반응, 트라우마 등을 경험하는 순간이다. 이러한 순간은 뇌에 강력한 신호와 지속적인 영향을 미친다.

습관과 중요한 감정적 사건은 건강할 수도 있고 건강하지 않을 수도 있으며, 유익할 수도 있고 해로울 수도 있다. 뇌는 긍정적 혹은 부정적 경험에서 영구적으로 행동을 변화시켜야 하는지 아닌지에 대해 도덕적 판단을 하지 않는다. 뇌는 단지 실용적으로 기능할 뿐이며, 각각의 경우 행동 변화는 문제(대부분 고통스러운 문제)를 해결한다.

에너지를 절약하려는 인색한 뇌가 어떤 행동을 영구화하기 위해 에너지를 투자한다면 그것은 매우 중요한 일이다. 영구적 행동은 일반적으로 시간이나 노력을 절약하거나(지름길을 택하는 것), 체면을 지키거나(감정이나 자아상을 보호하는 것), 목숨을 구하는(목숨을 구할 수 있지만 장기적인 PTSD 증상을 남기는 트라우마 반응) 해결책이다.

뇌가 작동시키는 습관 알고리즘

열일곱 살에 대학에 들어가기 위해 오클라호마를 떠났을 때 나는 패스트푸드에 중독되어 있었고 그 때문에 자존감이 낮았다. 하루 종일 패스트푸드를 멀리하려고 했지만 스스로를 통제할 수 없었던 나는 자제력을 잃고 목표를 달성하지 못한 것에 극도의 수치심을 느꼈다.

패스트푸드는 대학에 진학하기 1년 전, 첫 직장인 여성 의류 매장에서 최저임금을 받고 판매원으로 일하던 시절 일상으로 굳은 식습관이었다. 아이러니하게도 나는 언제, 무엇을 먹을지 통제하고 싶어서 월급의 대부분을 패스트푸드에 썼다. 집에서 먹는 음식은 대부분 부족하거나 질이 좋지 않았고 만드는 시간이 너무 오래 걸려서 음식을 먹을 때쯤에는 '배고픔에 화가 날 지경'이었다.

우리는 아무것도 없는 외진 시골 마을에 살았다. 집에서 교회까지는 차로 30분 거리였는데 매주 일요일 예배가 끝나면 어머니는 한참 동안 사람들과 어울리느라 집에 가려 하지 않았다. 결국 부모님은 크록폿Crock-Pot이라는 슬로 쿠커를 사용했는데, 크록폿이 몇 시간 동안 천천히 요리하는 것을 본 적 있는가? 음식이 완성되려면 아주 오래 걸렸고 그 기다림은 어린 내게 고통 그 자체였다. 그렇게 메뉴나 식사 시간을 마음대로 정할 수 없었기 때문에 해결책으로 패스트푸드를 선택한 것이다. 10대 시절의 독립심, 조급함, 충동성이 모두 합쳐진 결과 과체중이 되었고 내 자신이 부끄러웠다.

건강에 좋지 않은 식습관 때문에 원하는 체중을 달성하기 어려웠던 나는 이를 보완하고자 다양한 운동을 했다. 헬스, 달리기, 에어로빅, 자전거 타기 등을 거의 매일 했는데, 활발한 신진대사와 에너지 넘치는 생활 방식 덕분에 살이 더 찌는 것을 막을 수 있었다. 하지만 일주일에 몇 번씩 극심한 통증, 가스, 복부팽만을 겪었고 끊임없이 올라오는 여드름과 집중력 부족으로 고생했다. 그 불쾌한 일들의 원인임을 알면서도 나는 정크 푸드를 끊을 수 없었고 계속되는 갈망에 시달렸다.

성인이 되어서도 끔찍한 음식을 계속 먹었고 그 피해를 줄이기 위해 운동을 했다. 이렇게 몇 년 동안 나쁜 습관의 감옥에 갇혀 지낸 후 나는 필사적으로 벗어나고 싶었다. 하지만 아이를 낳고 이혼한 뒤 아이들이 유치원에 다닐 수 있는 나이가 되자 상황은 더욱 악화되었다. 몇 시간씩 회사에서 과중한 업무를 소화하고 어린아이들을 여기저기 데려다주며 싱글맘으로 종일 바쁘게 지내다 보면 패스트푸드가 유일한 해결책이었다. 이동하면서 먹을 수 있는 건강한 음식이 없었기 때문에 결국 웬디스, 타코벨, 판다 익스프레스를 이용할 수밖에 없었고, 아이들이 고등학생이 될 때까지 여전히 쓰레기 음식을 먹여야 했다.

나는 이 대본을 어떻게 다시 썼을까? 먼저 패스트푸드를 먹는 간격을 가능한 한 늘려나갔다. 처음에는 몇 분에서 몇 시간이었지만 점차 견딜 수 있는 만큼 늘렸고 드라이브스루 이용 간격 또한 훨씬 길게 늘렸다. 그렇게 해서 며칠씩 패스트푸드를 먹지 않고 보낼 수 있었다.

'오늘만 버티고 내일 가자.'

이렇게 패스트푸드를 멀리하는 데 익숙해지면서 드라이브스루를 다시 이용하기 전에 얼마나 오래 버틸 수 있는지 확인하는 습관이 생겼고, 얼마 지나지 않아 그 기간은 몇 주, 몇 달, 마침내 몇 년이 되었다. 마지막으로 패스트푸드 드라이브스루를 이용한 지 10년이 넘었다. 스타벅스는 내가 두유 차이티 라테에 푹 빠졌을 때 잠시 내 발목을 잡았다. 그들은 매출을 늘리기 위해 드라이브스루를 추가했고(나는 영리한 스타벅스의 거미줄에 걸려들었다) 이것은 내게 익숙한 드라이브스루 휴리스틱을 다시 작동시켰다. 하지만 나는 예전의 나쁜 습관으로 돌아왔다는 것을 깨달은 뒤 전처럼 이용 간격을 늘리는 방법을 사용했다. 그리고 1년 만에 그 습관을 버리면서 생활 방식과 식습관을 완전히 바꾸게 되었다.

사람들에게는 보통 바꾸고 싶은 나쁜 습관이 있다. 하지만 자신의 뇌가 뒤에서 작동시키는 습관 '알고리즘'을 정확히 파악하는 방법을 아는 사람은 거의 없다. 내가 알고리즘이라고 말하는 이유는 컴퓨터 알고리즘과 마찬가지로 뇌도 특정 습관을 사용할 때 일종의 규칙 기반 접근법에 의존하기 때문이다. 예를 들어 나는 항상 왼쪽 다리를 오른쪽 다리 위로 꼰다. 그것은 자동적으로 이루어지는 습관이다. 아마 나는 그 사실을 알아차리지도 못할 것이다.

습관이란 이런 것이다. 마찰이 없고, 조용하고, 신경 쓸 필요가 없다고 '느껴진다.' 습관은 매일 그 일을 하는 방식이나 삶의 그 부분을 살아가는 방식에 대한 뇌의 기본 설정이다. 당신이 어리석은 일을 반복할 때 혹은 고통을 피하거나 원하는 것을 얻을 수 있는 믿을 만한 오랜 습관이 있을 때 뇌는 '생각하게 하지 마라'라고 말한다. 믿을 만한 오랜 습관은 효과적이다. 시간을 아껴주고 번거로운 일이나 고통을 줄여준다. 어쩌면 그 덕분에 (또는 그 대신) 즐거움을 얻을 수도 있을 것이다. 우리는 뇌의 자동적이고 기본적인 특성을 주의 깊게 살펴보아야 한다. 뇌가 알고리즘으로 작동하며 나타나는 진정한 습관의 전형적 신호이기 때문이다.

다음으로 진정한 습관의 반대를 살펴보자. 오른쪽 다리를 왼쪽 다리 위로 꼬면 나는 뭔가 어색하고 어긋난 느낌이 든다. 또 다른 예로, 손뼉을 친 다음 깍지를 끼면 자연스럽게 한쪽 엄지손가락이 다른 쪽 엄지손가락 위에 올라올 것이다. 특정한 엄지손가락이 위에 올라오는 것은 당신의 습관이다. 이는 그 위치가 뇌에 자동적인 기본 값으로 고정되어 있기 때문에 자연스럽게 일어나는 현상이다. 만약 다른 쪽 엄지손가락을 위에 두면 점점 불편해지고 근질근질해져서 아주 잠깐밖에 유지할 수 없을 것이다(전에 해본 적이 있더라도 습관적이지 않은 행동 변화가 본능적으로 얼마나 불편한지 떠올리기 위해 지금 다시 해보기 바란다).

신호-루틴-보상이 만드는 '습관 고리'

습관을 만들려면 반복이 필요하다. 이러한 반복은 신호, 루틴, 보상을 연결하는 일종의 '습관 고리'를 통해 끊임없이 지속된다(그림 3 참고). (하베눌라를 비롯한 새로운 과학이 등장함에 따라 이 모형에 더 많은 차원이 추가될 것으로 예상하지만 지금은 이 모형을 사용할 것이다). 예를 들어 당신은 인생의 어느 시점에서 엄지손가락으로 스마트폰에 타이핑하는 법을 배웠고 이를 통해 사회적 연결성, 제품 검색, 문제 해결 등의 보상을 얻었다. 이제 그것은 타이핑하는 내용을 볼 필요도 없을 만큼 매우 확실한 자동 습관이 되었다. 이런 습관이 생긴 것은 운전할 때 앞을 봐야 하기 때문이 아닌가(농담이다. 운전할 때 문자를 보내지 마라!).

좋든 나쁘든 습관은 습관 고리 프로세스를 따른다. 당신이 새로운 행동을 시도하고 싶어서 그렇게 했다고 하자. 그 첫 번째 관심이 보상과 연결되고 나면 당신은 뇌에 새로운 신경망이 형성되는 신경 가소성에 도달할 때까지 그 행동을 최대한 반복하게 된다. 이러한 반복은 결국 뇌의 알람 시계 역할을 해서 그것이 공상이 아니라 당신이 원하는 새로운 삶의 방식임을 깨닫게 한다. 뇌가 습관을 형성하는 단계를 간단히 요약하면 다음과 같다.

- 습관은 매끄럽고 빠르게 반응하도록 뇌가 수초myelin로 포장한 고속도로와 같다.[2] 따라서 신경 자극이 에너지 손실 없이 빠르게 이동할 수 있다(수초는 신경세포를 둘러싼 단백질과 지질의 혼합물로, 절연 작용을 통해 신경세포를 보호하고 효율성을 높이는 역할을 한다).
- 새로운 행동을 연습하고 반복하면 뇌는 그것을 수초화하며, 수초가 형성되고 나면 시간이 지나 도파민이 떨어지고 보상이 없어도 그 행동을 하게 된다.[3] 예를 들어 매일 밤 와인을 두 잔씩 마시면 뇌가 그 행동에 대한 길을 만들어 생각할 필요가 없게 된다. 얼마 지나지 않아 당신은 자동으로 와인 코너에 가서 와인을 몇 병 집어 든다. 그리고 저녁 식사 때 두 잔을 마신다. 이렇게 해

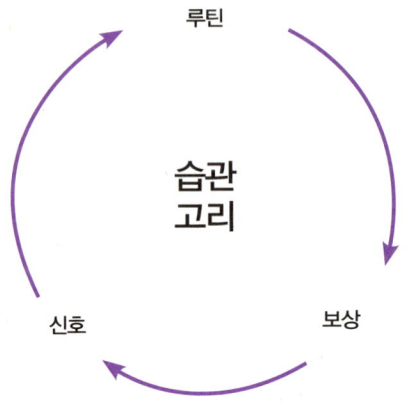

그림 3. 전통적인 습관 고리 모형

서 저녁 일과의 새로운 기본 값은 와인 두 잔이 된다.

결국 이 습관은 반복을 통해 라이프스타일로 발전하고, 매일 이루어지는 의사 결정을 구성하는 핵심 습관으로 자리 잡아 자동으로 작동하게 된다. 어떤 행동이 자연스러워지고 완전히 자동으로 이루어지면 공식적으로 습관이라고 할 수 있다. 연구 결과, 이렇게 습관이 형성되려면 그 행동을 매일 또는 일주일에 여러 번 1년 이상 반복해야 하는 것으로 나타났다. 여기에 미치지 못할 경우 그것은 습관이 아니라 행동이며, 습관 연습일 뿐이다.

따라서 라이프스타일은 기본 습관의 전체집합, 즉 당신이 현재 가장 자주 하는 특정 행동 방식의 집합이다. 이를 통해 우리는 진정한 뇌 기반 습관의 자연스러운 지속성과 그런 견고한 뇌 습관으로 가득한 라이프스타일이 어째서 영구적 변화의 타당한 형태인지 알 수 있다. 뇌에서 실제로 무슨 일이 일어나는지 알면 습관과 라이프스타일이라는 단어가 힘들게 얻은 뇌의 장기적 변화(그리고 그에 따른 행동 변화)와 어떤 관련이 있는지 이해할 수 있다. 따라서 광고에서 습관을 경솔하게 활용하는 것은 진정한 도움을 구하는 사람들에게 오해를 불러일으키지 않았다 해도 우습고 터무니없는 일이다.

오래된 습관을 바꾸는 최고의 해결책

나쁜 습관을 없애는 유일하고 올바른 방법은 그것을 좋은 습관으로 대체하는 것이다. 오늘날 대부분의 사람들은 '더 나은' 습관을 자발적으로 추가해 열정적으로 실천할 수 있다는 것을 쉽게 받아들인다. 하지만 많은 사람들을 매번 당황하게 만드는 한 가지가 있다. 바로 오래된 습관이 여전히 남아 있다는 것이다! 지속적인 행동 변화를 둘러싼 가장 큰 혼란은 뇌가 30일 다이어트 프로그램을 21일 동안 성공했으니 영원히 그렇게 먹을 수 있을 거라고 믿는 데서 비롯된다. 유감스럽게도 금요일 밤에 피자를 먹는 오래된 습관이 처음에는 조금씩 반복되다가 결국에는 완전히 돌아오고 만다. 우리는 나쁜 습관을 고쳤다고 생각했으나 되돌아온 것을 보며 낙담한다.

단순히 새로운 습관을 더해서 오래된 습관의 뿌리를 뽑을 수는 없다. 그러려면 지금 당장 운전하고 싶은 새로운 고속도로를 만들어야 한다. 핵심은 새로운 습관의 고속도로가 어디에 있는지, 어떻게 찾을

지 아는 것이다. 어떤 이유로든 떠나고 싶어 했던 낡은 고속도로에서 자신을 발견했다고 하자. 이것은 불가피한 일이다. 오래된 길은 익숙하고 무의식적인 일을 처리하는 기본 방식이기 때문이다. 물론 시간이 지나면 오래된 길은 여기저기 움푹 패어 파손될 수 있지만 여전히 그곳에서 항상 하나의 선택지로 존재할 것이다(이를 재발이라고 한다). 특히 피곤하거나 스트레스를 받거나 산만하거나 화가 나거나 낙담한 경우, 오래된 길 위에 있는 자신을 발견하는 것은 일반적인 일이다. 우리는 이것을 실패로 여긴다!

하지만 그렇기 때문에 어떤 상황에서든 오래된 습관을 반복하는 것을 실패라고 생각하지 않는 것이 중요하다. 오히려 이는 정상적이고 자연스러운 과정의 일부이며 필요한 부분이다. 핵심은 당황하지 않는 것이다. 당신을 꼼짝 못하게 가두는 것은 잘못된 믿음이다. 습관을 형성하는 데 21일이 걸린다는 믿음을 버려라. 연구에 따르면 뇌에서 가장 빨리 일어나는 습관 자동화도 습관을 반복한 지 8~10주 후에 시작된다고 한다.[4]

하지만 오래된 습관은 항상 다시 나타난다는 사실을 깨닫는다면 어떻게 해야 할지 알 수 있다. 최대한 빨리 새로운 고속도로로 돌아가면 된다. 자책에 빠져 허우적댈 필요가 없다. 자신이 나쁜 사람이라는 혹은 자신만 오래된 습관을 되풀이하는 사람이라는 굴레를 버리려고 노력하라. 실패에 대한 생각을 버릴 수 있다면 빠르게 동기를 회복하고 계속 나아갈 수 있을 것이다. 이것이 왜 중요한지는 6장에서 자세히 살펴볼 것이다.

이제 뇌에서 습관이 어떻게 형성되는지 알았으니 습관의 최종 단계로 한 걸음 더 나아가보자. 습관이 오랫동안 반복되면 결국 자기 서사를 담고 있는 뇌 영역, 즉 뇌가 '나'로 여기는 영역에 이르게 된다.

사실 오래된 습관을 끊기 어려운 이유는 그것이 '나'와 동의어가 되거나 '나'로 오인되기 때문이다(예를 들어 나는 흡연자라는 생각은 흡연을 좋은 습관으로 대체하기 어렵게 만든다. 다음 장에서는 이를 해결하는 효과적인 방안을 살펴볼 것이다). 따라서 어떤 행동이나 습관이 자아상(훌륭한 나)으로 자리 잡을 수 있다면 그것은 당신이 할 일과 하지 않을 일을 결정하는 가장 영향력 있는 요인이다. 스스로 생각하는 자신의 모습은 의지에 따라 만들어진 것이 아니라 뇌의 에너지를 절약하기 위해 기본 값으로 형성된 것이다. 새로운 일을 자발적으로 한두 번 혹은 몇 번 정도 더 할 수 있을 것이다. 하지만 이와 마찬가지로 자동적이고 무의식적인 새로운 습관이 업데이트되지 않으면 결국 '나'라는 습관 에너지가 또다시 돌아와 지배할 것이다.

모든 포유류, 특히 인간의 전전두엽 피질에서 가장 두드러지게 나타나는 것은 자기 서사, 즉 '나'의 이야기다.[5,6] 이 해부학적 요소는 우리가 주의해야 할 대상과 안전하게 무시해도 되는 대상을 구분하는 필터링 과정으로 작용한다(이를 현저성이라 한다). 각종 기회, 광고, 로맨틱한 관심, 일자리 제안 등 모든 것은 곧바로 '나$_{me}$'와 '아닌 나$_{not\ me}$'의 필터를 통과해 관심과 노력을 기울일 가치가 있는지 판단하는 과정을 거친다. 예를 들어 NBA 팀에서 수백만 달러의 제안을 받는다 해도 '아닌 나'는 내가 코트에서 5초도 버티지 못할 것을 알기 때문에 이

제안을 거절할 것이다(그리고 나는 농구를 정말 못한다).

기회는 자기 서사, 즉 '나'라는 저장소에 의해 평가된다. 나는 농구 선수는 아니지만 오지브웨족, 여성, 아내, 서번트 리더, 치유자, 엄마, 딸, 과학자, 작가, 승마인, 동물과 자연을 사랑하는 사람이다. 따라서 이러한 정체성에 공명하고 부합하는 것은 내 관심을 사로잡고 생활 습관을 뒷받침하는 안정감을 준다. 예를 들어 내 유튜브 피드에는 아메리카 원주민의 역사, 내가 존경하고 영감을 얻는 리더, 과학 팟캐스트, 자연 및 동물 구조 영상이 정기적으로 올라간다. 마찬가지로 내가 건강한 음식을 먹는 사람이라면 내 습관과 행동은 그와 동일선상에 있을 것이다. 나는 단백질을 보충하기 위해 낚시로 잡은 생선과 들소 고기를 먹고 튀긴 음식은 먹지 않는 채식주의자다. 그래서 레스토랑에 가면 보이지 않는 '아닌 나'의 선택으로 내가 먹을 수 있는 메뉴를 빠르게 가려낸다.

'나라는 사람'은 우리가 말할 수 있는 가장 확실한 단어다. 우리가 스스로에게 진짜이고, 영원하고, 진실하다고 말하는 것이기 때문이다. 하지만 이것이 부정적인 의미에도 영향을 미칠 수 있다는 점을 기억해야 한다. 어렸을 때 환경이나 다른 사람에 의해 자신이 실패자이거나 사랑스럽지 않은 사람이라고 확신했다면 그것은 저장소에 보관된다. 자신이 모든 사람에게 너무 지나치거나 의욕이 없거나 가족에게 상처를 주는 중독자라고 느낀다면 그것 또한 저장소에 보관된다.

자신에 대해 무언가를 바꾸고 싶다면 당신이 바라는 새로운 행동이나 습관이 결국 '나' 저장소에 들어가야 한다. 그렇지 않으면 변화를 위해 노력하는 과정에서 천천히 사라지게 된다. 저장소에 들어가지 않은 것은 모두 일시적이거나 원래대로 돌아갈 수 있다. 따라서 지속적인 변화는 그 변화가 '나' 안에 있는지 아닌지에 따라 전적으로 정의된다. 그리고 이를 위해서는 뇌의 변화를 이끌어내는 습관이나 중요한 감정적 사건을 활용해야 한다.

뇌에 가해지는 충격파, '중요한 감정적 사건'

나는 의대 1학년 때 오지브웨족의 뿌리와 다시 연결되는 영적 깨달음을 얻었고, 원주민의 전통을 기리기 위해 1995년부터 매년 가을 혼자 비전 퀘스트vision quest(북아메리카 원주민이 성인이 되기 위해 수행하는 통과의례—옮긴이)를 수행해왔다. 비전 퀘스트를 수행하면 5일 동안 외딴 황무지 어딘가에 홀로 앉아 침묵하며 단식, 일기 쓰기, 기도, 명상 등을 수행한다. 이는 몹시 고된 과정이며 때로는 외롭고 두려운 일이었다. 하지만 그것은 나를 정화해주었고 항상 다가올 한 해 동안 나아가야 할 방향을 제시해주었다.

 나는 기도하고 명상하며 정신없이 돌아가는 세속에서 벗어나 깊고 자연스러운 침묵으로 빠져든다. 이러한 비전 퀘스트는 다른 사람들에 대한 봉사, 목적, 겸손의 의미를 되새기고 삶의 근간을 이루는 모든 요소 안에서 연결을 찾는 나만의 방법이었다. 기독교 환경에서 자란 나는 공휴일이나 교회 캠프 등에서 의미 있고 감동적인 의식을 경험했지만 비전 퀘스트는 내 조상과 영성을 되살리는 데 도움이 되었다.

1999년, 나는 한 번도 경험해보지 못한 깊은 우울증을 겪은 후 삶의 루틴에 명상을 추가했다. 그리고 티베트의 상황과 마찬가지로 대량 학살을 겪은 문화적 배경에서 동기를 얻어 티베트 문화를 보존하려는 명상 단체를 지원했다. 이 단체는 매년 샌프란시스코에서 멋진 자선 만찬을 주최했다.

2017년, 나는 멋진 파트너와 재혼했고 남편과 호화로운 식사를 즐기며 라이브 경매에 참여했다. 남편은 49세 때 생명공학 회사를 그만두고 내가 운영하는 회사에서 함께 일하기로 했다. 하지만 수년간의 변호사 생활에 지쳐 있던 그는 새로운 일을 시작하기 전 장기 휴가를 꿈꿨다. 그가 원하는 휴가지는 페루, 발리, 코스타리카 같은 곳이었다. "3개월 동안 그냥 여행을 하고 싶어요."

나는 속으로 이렇게 생각했다. '우리가 3개월 동안 손을 떼면, 다시 돌아왔을 때 스타트업은 없을 거예요.' 하지만 그의 영혼에 상처를 줄 수 없었기 때문에 나는 대안을 찾으려 했다.

그러던 중 라이브 경매에 일주일짜리 코스타리카 2인 여행 상품이 올라왔다. 완벽해! 나는 조시의 생일 선물로 이 여행 상품을 사서 이국적인 여행에 대한 그의 바람을 채워주기로 했다. 당시 나는 저녁 식사를 하며 와인을 세 잔째 마시고 있었다. 식당에서 코스마다 어울리는 와인을 새로 내주었기 때문이다. 나는 항상 가벼운 사람이었는데(그곳에 간 것도 그래서였다) 어느 정도 술에 취한 상태에서 입찰이 시작되었다. 나는 속사포 같은 경매사의 설명을 따라갈 수 없었지만 술이 취했음에도 이 여행 상품을 절대 놓치지 않겠다고 결심했다. 나는 숫자판을 너무 급히 올렸고 가격도 그만큼 빠르게 올랐다.

어느 순간 경매사가 경매 구호를 중단하고 이렇게 말했다. "부인, 이미 최고가를 부르셨어요. 스스로 가격을 높이고 있는 겁니다."

포커광이었던 조시는 나를 쿡 찌르며 말했다. "여보, 그렇게 공격적으로 입찰하면 안 돼요. 차분하게 다른 입찰자들을 기다리는 게 좋아요."

"걱정 마세요. 내가 알아서 할게요."

동물 행동과 사회적 위계를 평생 연구해온 나는 그 방에 있는 사람들에게 '물러서. 나는 물러서지 않을 거야'라는 명확한 신호를 보냈고, 그것은 효과가 있었다. 좋은 가격으로 여행 상품을 낙찰받았고 집에 돌아가서 여행 상품권을 서랍에 던져두었다.

몇 달 후, 나는 인기 있는 웰니스 팟캐스트에 게스트로 출연했다. 인터뷰 후 진행자는 녹음을 멈추고 자신이 코스타리카의 한 리트리트 센터(재활·치유 프로그램을 운영하는 리조트—옮긴이)로 휴가를 떠나기 때문에 이 에피소드가 몇 주 뒤에 올라갈 것이라고 말했다.

"저는 남편 생일을 맞아 11월에 함께 코스타리카에 갈 예정이에요. 어디로 가세요?"

"아, 저는 니코야반도로 가요."

"우아, 저희도 니코야반도에 갈 거예요! 어느 리트리트 센터로 가세요?"

그는 멈칫했다. "선생님은 제가 가는 곳에 가지 않으실 것 같아요."

"왜죠?" 내가 물었다.

"저는 리스미아Rythmia라는 리트리트 센터에서 식물 치료를 해볼 거거든요. 선생님도 식물 치료 리트리트를 하실 건가요?"

"아니요." 나는 '식물 치료'라는 용어가 무슨 뜻인지 몰랐다. "하지만 센터 이름이 귀에 익네요. 어쩌면 제가 착각하는 걸 수도 있고요."

대화는 그렇게 마무리되었다. 경매에서 낙찰받은 여행 상품권을 얼핏 본 지 대여섯 달이 지났고 나는 우리가 어디로 가는지도 반쯤 잊고 있었다. 나는 남편에게 큰 소리로 물었다.

"여보, 우리 코스타리카의 리트리트 센터에 가요?"

"그런 것 같아요." 그렇게 우리는 자연스럽게 하루를 보냈다.

몇 달 동안 우리는 스타트업의 성장과 생존 사이를 오가며 치열한 나날을 보냈다. 우리는 그 어느 때보다 바빠 업무 외의 이야기는 거의 나누지 못했다(배우자와 함께 일해본 사람들은 알 것이다!). 조시는 이메일로 리스미아 여행을 예약했다. 하지만 여전히 바쁜 우리는 리트리트 센터의 웹사이트를 보거나 그곳에 대해 무언가 찾아보는 데 신경을 쓰지 않았다. 나는 그런 곳에 많이 가보았기 때문에 여행 상품권에 적힌 문구만 중요하게 생각했다. '2명, 일주일, 요가, 마사지, 수영장, 유기농, 채식 위주 식사, 바다 근처….' 식물 치료에 관련된 사항은 전혀 없었다.

우리는 코스타리카로 향하는 비행기 좌석에 앉는 순간까지 미친 듯이 일했고 마침내 여행에서 각자 무엇을 하고 싶은지 이야기를 나눴다. 조시는 예약하며 알게 된 식물 치료 의식에 대해 물었다.

"식물 치료 받을 거예요?"

나는 평생 불법 약물을 해본 적도, 담배나 대마초를 피워본 적도 없었다(콜로라도주립대학교 볼더 캠퍼스CU-Boulder에서 학부를 졸업했는데도 말이다!). (콜로라도주립대학교에서는 수십 년 전 히피 문화가 성행했다. 콜로라도주에서 오락용 마리화나가 합법화되기 훨씬 이전부터 콜로라도주립대학에서는 매년 4월 20일 캠퍼스에서 마리화나 축제가 열렸다.—옮긴이) 술을 좋아하지도 않았고 가끔 사회생활에 필요한 경우에만 마셨다. 하지만 나는 의대 시절부터 외상 후 스트레스 장애가 있는 베트남 참전 용사들과 함께 일하며 수십 년 동안 신경과학 관점에서 외상 후 스트레스 장애 치료법을 탐구해왔다. 어머니가 외상 후 스트레스 장애로 어려움을 겪고 있었기 때문이다.

샌프란시스코의 재향군인회에서 정신과 실습을 하던 당시, 연구원들은 프로프라놀롤 같은 베타 차단제가 외상 후 스트레스 장애와 관련된 신경망을 교란해 고정 환각이나 트라우마 기억의 비자발적 회상 증상을 완화할 수 있는지 실험하고 있었다. 이 실험의 개념은 베타 차단제가 외상 후 스트레스 장애와 관련된 신경망을 뇌 안에서 분리해 새롭고 건강한 신경망이 형성될 수 있는 공간과 기회를 제공한다는 것이었다.

그러나 안타깝게도 프로프라놀롤의 부작용(발기부전과 장기 기억 상실)으로 연구는 거기서 끝이 났다. 하지만 나는 최근 들어 환각제가 기존의 베타 차단제 실험과 같은 신경학적 가설을 따르고 있으며 결과와 부작용 면에서 훨씬 더 낫다는 이야기를 들었다. 그래서 조시가 물었을 때, 과학적 관점에서 환각 치료가 외상 후 스트레스 장애 같은 까다로운 질환을 고칠 수 있는 유망한 치료법이 될 것이라 생각했다.

하지만 그것은 다른 사람들에게 적용되는 치료법이었다. 나는 매년 해오던 비전 퀘스트를 막 끝내고 개인적인 치유와 방향 정립을 모두 마친 상태였다. 내가 40대까지 단 한 번도 불법 약물을 하지 않은 이유는 몸은 물론 마음의 통제력을 잃을까 봐 두려웠기 때문이었다. 게다가 나는 그런 약물을 멀리해야 한다고 배웠던 어린 시절의 종교적 가르침을 여전히 품고 있었다. 귀신에 들리거나 지옥에 갈지 모른다는 두려움이 있었기 때문이다.

"글쎄, 난 안 가도 될 것 같아요." 나는 조시에게 말했다. "신경과학이 타당하다고 생각하지만 지금은 더 이상 치료할 필요가 없는 것 같아요. 게다가 자제력을 잃게 만들고 구토를 유발하는 무언가를 자발적으로 먹는 것은 상상할 수 없어요. 당신은 어때요?"

조시는 뉴욕의 유대인 가정에서 나고 자랐으며 그의 할머니는 제2차 세계대전 중 나치 강제수용소에서 살해되었다. 고질적인 우울증과 불안에 시달리던 그는 한 가지 의식을 시도해보고 어떤 느낌이 드는지 알아보고 싶다고 말했다. 우리는 휴가를 축하하며 비행기에서 칵테일을 주문했다. 그리고 다음 날 아침에 리스미아행 셔틀버스가 데리러 올 예정이었기 때문에 라이베리아에 도착해 호텔에서 밤늦게까지 파티를 즐겼다.

우리가 예약했던 당시 내 정신 모형은 다음과 같았다. 나는 캘리포니아 빅서 해안의 아름다운 리트리트 센터 에살렌에 여러 번 다녀

왔다. 사람들은 그곳에서 진행하는 다양한 프로그램에 자유롭게 참여했다. 한 그룹은 예술 치료를, 다른 그룹은 요가를, 또 다른 그룹은 내면의 아이를 위한 활동을 하기도 했다. 하지만 모두가 식당에서 함께 식사하는 것 외에는 다른 참가자들과 교류하지 않았고, 그들이 어떤 일을 겪는지 알지 못했다.

리스미아의 식물 치료 의식에 대해 나는 저녁 식사 후 지프차가 오면 원하는 사람은 누구나 차를 타고 정글로 뛰어나가 환각 사파리처럼 마약을 하는 모습을 상상했다. 그러는 동안 나머지 참가자들은 수영장에서 일광욕을 즐기며 마사지를 받고, 우산 장식을 꽂은 음료를 마시고, 갓 준비한 유기농 음식을 먹고 있을 거라고 생각했다.

다음 날 아침, 우리는 약간의 숙취를 안고 다른 여섯 명과 함께 작은 버스에 올라 한 시간가량 달렸다. 운전기사는 리스미아에 머무는 동안 어떻게 지내게 될지 소개하는 영상을 틀어주었다. 영상을 본 지 5분 만에 나는 '오… 이런, 식물 치료가 이거였구나!'라고 생각했다(전 세계에서 온 80명의 사람들이 이 특권을 누리기 위해 한 명당 최대 1만 달러를 내고 있었다). 술은 허용되지 않았는데, 사실 조시와 나는 이곳에 오기 몇 주 전부터 깨끗한 음식을 먹고 금주를 해야 했다.

그때 나는 피할 수 없는 상황에 놓였음을 깨달았다. 그것은 수십 년 동안 내 길을 걸어오며 겪었던, 무섭지만 영광스러운 수많은 성장 기회와 마찬가지로 자비로운 제안이었다. 그것은 물론 내 선택이었으나 나는 의식적으로 이것을 찾아내지도, 초대에 응하지도 않았을 것이다. 하지만 나는 집에서 수천 킬로미터 떨어진 아야와스카(남아메리카의 식물성 환각제를 음료로 만들어 마시는 약) 리트리트 센터 문 앞에 있었다.

모든 것이 나를 그곳으로 데려가기 위해 공모한 것 같았고 나는 변명의 여지가 없었다. 이 시설은 지구상에서 유일하게 의학적 인증을 받은 곳이었기 때문에 그곳이 어설프거나 위험할지도 모른다고 주장할 수조차 없었다. 나는 항상 영적 성장을 위한 한 가지 규칙을 세워두고 있었다. 두려움의 길을 택하지 말고 마음에서 우러나오는 선택을 하라는 것이다. 내 선택은 분명했다. 나는 그 의식을 치르기로 했다.

하지만 그 상황을 명확히 이해하는 것은 중요하지 않았다. 마침내 도착했을 때 나는 여전히 언짢았다. 더운 날씨에 땀에 젖어 축축한 데다 피곤했고 1년 동안 기다려온 즐거운 휴가를 망쳤다는 사실에 화가 치밀었다. 고대하던 휴가 대신 식물 치료를 받는 히피들과 함께 있어야 했던 것이다. 나는 내 선택의 희생자가 되는 것을 어떻게든 좋은 쪽으로 받아들이려 했다.

이후 점심시간에 예상치 못한 일이 일어나면서 가까스로 슬픔을 달랠 수 있었다. 지난주에 온 사람들이 반짝이는 눈과 빛나는 얼굴 등 내가 처음 보는 표정으로 줄지어 야외 식사 장소를 지나갔던 것이다. 밝고 행복하고 자유로워 보이는 그들을 보며 나는 그들이 누리고 있는 것을 갖고 싶다는 생각이 들었다. 그리고 초보자가 적응하도록 돕기 위해 처음 이틀 동안 진행된 가벼운 요가와 호흡 훈련, 명상 프로그램에 관심이 생겼다. 이런, 식물을 의인화한 뉴에이지 히피가 이렇게 많다니!

나는 그 어떤 헛소리도 믿지 않았고 첫 번째 의식이 시작될 때까지 완고하게 냉소적인 태도를 유지했다. "좋아, 네 가지 의식 중 하나를 하겠어." 나는 아주 불쾌한 맛이 나는 차를 마시는 것으로 시작했다. 그런 다음 사람들이 조용히 다양한 일을 처리하는 큰방에서 간이침대에 누웠다. 간이침대 옆에는 구토할 경우를 대비해 양동이를 놓아두고 다른 긴급 상황을 대비해 화장지도 구비되어 있었다.

얼마 후 약효가 나타나기 시작했다. 나는 어떤 반짝임 같은 것을 기대하면서도 여전히 약간 저항하는 마음으로 누워 있었다. 그렇게 지금껏 경험해보지 못한 완전한 평화와 신뢰가 담긴 순수한 사랑의 거대한 힘에 사로잡혔다. 그것은 말로 표현할 수 없는 경험이었다. 약은 내가 얼마나 내 몸을 학대했는지 보여주었다. 나는 나쁜 음식과 자기혐오적인 생각으로 몸을 학대하는 동안 내 안의 세포들이 슬픔에 잠긴 작은 얼굴을 하고 있을 거라고 생각했다. 이어서 가계도의 양쪽을 거슬러 올라갔다. 어머니 측에서 나는 오지브웨족의 집단 학살과 학대, 그리고 그들의 트라우마에 대응해 친척들이 보인 선하지만 결함 있는 의도 등 충격적인 역사를 보았다.

나무 꼭대기에 다다르자 고조할머니가 내 위를 맴도는 것이 보였다. 나는 몇 년 전 어머니에게 그분에 대해 들은 적이 있었다. 어머니는 고조할머니가 우리 집안에서 매우 영향력 있는 의술가였다는 말을 들은 적이 있다고 하셨다. 할머니는 자신의 의학 지식을 나눌 친척을 찾고 있었다며 "내 약을 받아주겠니?"라고 물었다.

나는 믿을 수 없이 큰 영광으로 생각하며 겸손하게 대답했다. "네, 물론이에요!" 그 순간 그녀의 영혼이 내 몸에 녹아들었고, 나는 마치 다운로드가 이루어지듯 머릿속에서 수천 개의 식물이 색인 카드처럼 넘어가는 것을 볼 수 있었다. 그 의식은 내게 양자 치유의 전환점이었다. 인도 기숙학교에 다니면서 문화, 조상과 단절된 혼혈인이자 폭식과 소비 행동의 포로였던 나는 뇌의 신경과학적 변화를 통해 이룰 수 있는 영구적 변화의 살아 있는 예가 되었다. 중요한 사건이 나를 영구적으로 변화시킨 것이다.

오늘날 서양 과학은 환각 치료와 화합물에 대해 관심을 보이고 있다. 수천 년 동안 이어져온 토착 의학과 신비주의 과학을 벤처캐피털이 지원하는 스타트업, 환각 관광, 온갖 종류의 소비재로 바꾸는 일은 서구에 맡겨두자. 하지만 나는 더 깊고 중요한 일이 일어나고 있다고 믿는다. 엔테오제닉 계열의 약물은 안전하고 건강한 방식으로 접근할 경우 트라우마를 치유하고, 건강한 행동을 하도록 뇌를 변화시키고, 소중한 개개인의 기여를 극대화하는 기술, 지식, 재능을 일깨워줄 전례 없는 잠재력을 제공한다. 게다가 '한 번 사용으로 10년간 치료 효과를 볼 수 있다'고 홍보할 만큼 효과가 좋다.

우울증의 주요 특징인 비정상적으로 경직된 자기 관계적 사고 self-referential thinking(예를 들면 반추)는 기본 모드 네트워크의 활성 증가와 상관관계가 있다. 2022년의 한 연구[7]에서 도스Daws와 동료들은 선택적 세로토닌 재흡수 억제제(에스시탈로프람)와 달리 실로시빈 psilocybin(환각 버섯에서 얻어지는 천연 화합물—옮긴이) 치료가 고차 네트워크(예를 들면 기본 모드 네트워크) 연결의 유연성을 증가시켜 주요 우울 장애 환자들의 증상을 개선하는 것으로 보인다는 사실을 확인했다. 또 더 많은 연구에서 실로시빈이 생성하는 신경 가소성이 입증되고 있다.[8] 이러한 유연성 향상은 시냅스와 수상돌기의 증식을 비롯한 신경 가소성 변화의 결과다.[9]

하지만 나는 이러한 치료법을 무턱대고 찾도록 홍보하거나 권하지 않는다. 특정 건강 상태나 약물 관련 금기 사항이 있는 사람은 더욱 주의해야 한다. 또 이러한 치료법을 처음 접하는 사람은 페요테, 아야와스카, 이보가 등 생태학 기반 약물을 복용하지 않는 것이 좋다. 부유하고 절망에 빠진 수많은 서양인이 고통을 치유할 수 있을 거라 생각하며 환각제를 찾아 헤맨 탓에 이런 식물은 현재 멸종 압력을 받고 있다. 그러나 집에 돌아온 뒤 그들은 변화를 유지하려면 새로운 습관을 형성해야 한다는 사실을 깨닫게 될 뿐이다.

대신 나는 우리 의료 시스템이 케타민이나 실로시빈처럼 보다 쉽게 확장할 수 있는 지속 가능한 의약품에 집중할 것을 권한다. 똑같이 강력한 이들 치료법은 거의 모든 주요 과학 기관의 임상 연구를 통해 혜성처럼 나타났다. 우울증, 불안, 중독, 외상 후 스트레스 장애에서 보인 효과에 대한 데이터는 우리가 봐온 어떤 치료법과도 비교할 수 없으며, 선택적 세로토닌 재흡수 억제제와 같은 기존 치료법보다 월등한 것으로 나타났다. 하지만 이와 동시에 나는 이 장 앞부분에서 언급했던 신경 가소성 개념을 통해 뇌에서 무슨 일이 일어나는지 생각해볼 필요가 있다고 믿는다.

- 뇌가 환각 보조 치료를 받을 때(치료 의식을 통해서든 의료 시스템을 통해서든) 나는 '아기 뇌'가 된다고 생각한다. 즉 트라우마, 신경증, 중독, 우울증, 불안 등 문제가 있는 신경망을 중단시키고 새로운 작업을 할 수 있는 깨끗한 상태가 된다.
- 하지만 가장 흔한 실수는 치료가 끝났다고 생각하는 것이다. '아기 뇌'가 되었다고 문제가 해결된 것은 아니다.
- 습관 형성의 원리로 돌아가서, 문제가 있는 신경망을 해체하는 데 드는 모든 비용과 불편함을 감수하고 '아기 뇌'를 갖게 되었지만 이전 삶으로 돌아가 기존 습관, 신호, 보상을 반복한다면 기회를 낭비하는 것이다!
- 오히려 '아기 뇌'를 갖게 되면 신경 가소성이 준비된 상태이므로 뇌가 새로운 습관을 형성할 준비를 하는 동안 자신이 원하는 삶을 설계해야 한다.
- 많은 사람이 '아기 뇌'의 신경 가소성이 가장 활발한 기회의 창을 90일 정도로 생각하지만 나는 이를 정량화하지 못했다. 솔직히 말해서 이러한 약물의 작동 방식은 파악하기 어렵다.
- '아기 뇌'의 기회의 창이 얼마나 길든, 중요한 점은 대부분의 행동 변화가 환각 치료를 한 후에도 오래 지속된다는 점이다. 제대로 알고 있는 사람들은 치료 여행을 통해 일상적인 생활 습관을 바꾸는 데 훨씬 중점을 두는 반면, 미성숙한 견해를 지닌 사람들은 신비한 경험을 추구하는 데만 집중한다.

트라우마는 뇌를 어떻게 바꿀까

트라우마는 신체에 충격이 가해지고 아드레날린이 빠르게 분비되면서 시작된다. 아드레날린은 슈퍼 접착제처럼 작용해 활성화된 뉴런을 즉시 하나의 그룹으로 결합하고 함께 발화하는 강력한 네트워크를 만들어 우리를 보호한다. 그 결과 PTSD는 여러 방식으로 뇌를 변화시키는 것으로 알려져 있다.

또 트라우마로 뇌하수체-부신 축이 파괴되면 코르티솔 같은 스트레스 호르몬이 늘어날 수 있다. 코르티솔과 아드레날린(에피네프린)은 기억 중추에 공포 반응을 강화한다. 마찬가지로 트라우마로 유발된 교감신경계(신경전달물질인 노르아드레날린을 사용함)는 정상적인 감정 기능을 방해하고 뇌의 편도체 반응성을 높인다. 편도체가 과도하게 활성화되면 세로토닌 수치가 떨어지면서 충동성, 경계심, 침습적 기억 같은 PTSD 증상이 일어난다. 더 나아가 PTSD와 관련된 장기 기억 중추(해마)의 위축은 기억을 손상시키고 트라우마와 관련된 행동을 유발하는 신호에 더 민감하게 반응하도록 만든다.[10]

종합해보면 PTSD는 자기 보호 기반의 신경망을 형성함으로써 중요한 감정적 사건이 얼마나 즉각적이고 영구적으로 삶을 변화시키는지 보여준다. 이러한 신경망은 빠르게 형성되지만 혼란스럽고, 체계적이지 않으며, 뇌의 나머지 기능과 균형을 이루지 못할 수도 있기 때문에 PTSD 증상이 갑자기 나타나 통제력을 상실하는 것처럼 느껴질 수 있다.

트라우마가 뇌를 영구적으로 변화시키는 방식에 대한 사례 연구는 명확하지만 최근 뇌에 긍정적 영향을 미치는 것으로 밝혀진 다른 중요한 감정적 사건도 있다. 당신의 삶에서 일어난 긍정적인 경험이 무엇인지 생각해보라. 숨이 멎을 만큼 놀라운 일이 있었는가? 초월적인 음악 콘서트? 웅장한 산 정상에서 바라본 멋진 풍경? 울퉁불퉁한 해안선에 부딪히는 거대한 파도? 위험한 조류를 어떻게든 헤쳐나가는 귀여운 바다사자? 첫 걸음마를 떼는 당신의 아기? 구조 동물을 입양하고 그들의 깊은 감사를 느끼는 것?

> 경외심은 삶의 광대한 신비와 우리의 관계에 대한 것이다.
>
> — 대커 켈트너Dacher Keltner

캘리포니아대학교 버클리캠퍼스의 대의과학센터Greater Good Science Center 설립자인 대커 켈트너는 수십 년 동안 인간 경험의 불가해한 측면을 연구하고 정량화해왔다. 특히 그는 경외감, 감사, 연민, 기타 긍정적이고 심오한 경험을 중심으로 중요한 감정적 사건에 대해 광범위한 저술을 발표했다. 트라우마로 인한 뇌의 변화만큼이나 강력한 긍정적 중요한 감정적 사건은 우리를 즉각적으로 영원히 변화시킬 수 있다. 예를 들어 첫 모유 수유로 옥시토신 분비량이 급증하면 엄마와 아기의 유대감이 즉각적으로 형성되고 엄마에게 보호와 사랑의 감정을 불러일으켜 아기의 생존 가능성이 높아질 수 있다.

켈트너가 지적했듯이 '경외심은 자기중심적인 관점에서 정보를 처리할 때 활성화되는 뇌 영역인 기본 모드 네트워크의 활성화를 억제해 사고를 확장한다.'[11]

신경과학 분야의 뛰어난 연구자인 리처드 데이비드슨Richard Davidson은 뇌가 긍정적인 중요한 감정적 사건을 어떻게 장기 행동 변화로 처리하는지에 대한 통찰을 제공한다. 데이비드슨과 다른 연구자들은 뇌 영상 연구를 통해 긍정적인 감정이 복측 선조체를 포함한 뇌의 보상 경로를 촉발할 수 있으며, 특히 긍정적 경험을 즐길 수 있는 사람들에게 이런 작용이 더 잘 일어난다는 사실을 발견했다.[12] 부정적인 SEEs의 신경학적 상관관계가 밝혀졌지만[13] 긍정적인 감정과 행복에 대한 신경과학 문헌은 아직 초기 단계이며 더 많은 연구가 필요하다.

의학과 건강 행동 변화에서 긍정적인 중요한 감정적 사건은 다소 예측하기 어렵다. 예를 들어 심장마비를 겪은 환자가 이를 계기로 새로운 삶을 시작할 수도 있지만 실제로 심장마비나 뇌졸중을 겪은 후 식습관, 운동, 흡연 습관을 바꾸는 환자는 4.3퍼센트에 불과하다.[14] 임상 교육에서 내가 (비공식적으로) 받은 행동 변화 교육은 환자들에게 '건강하게 먹어라', '소금을 먹지 마라' 등의 강의를 하거나 '담배를 끊지 않으면 일찍 죽는다!' 같이 죽음으로 겁을 주는 것이 전부였다.

마찬가지로 2012년, 나와 팀원들은 한 대형 의료 기관의 의뢰를 받아 심장마비에서 살아남은 사람들이 얼마나 오래 생존하는지 알아보기 위해 의료적으로 '경각심을 일깨운 사건' 수백 건에 대해 연구했다. 결론은 무엇일까? 심장마비 환자 중 대부분이 경각심을 일깨운 사건에 무감각해졌고, 더 이상 두려워하지 않았으며, 건강 행동과 관련해 달라진 것이 거의 없었다. 불과 한 달 만에 말이다! 이는 너무 많은 에너지를 소모해 뇌가 오랫동안 두려워할 수 없고 얼마 지나지 않아 놀라운 정보에 둔감해지기 때문이다.

뇌에 충격을 주어 영구적 변화를 일으키려면 강력한 중요한 감정적 사건이 필요하다. 그리고 하룻밤 사이에 당신을 영원히 변화시킬 만큼 심오한 깨달음을 얻기 위해 계획을 세우는 것은 정말 어려운 일이다. 내가 비전 퀘스트, 긴 명상, 환각 보조 치료법 등 획기적인 방안을 찾은 것은 이 때문이다. 이러한 방안들과 이와 비슷한 작용을 하는 중요한 감정적 사건은 신경 가소성과 감정 조절을 통해 뇌를 변화시킬 수 있을 뿐만 아니라, 선호도나 애착에 따른 삶이 아닌 있는 그대로의 삶을 받아들이고 적응하는 능력을 키우는 데도 매우 큰 도움이 된다.

하지만 절정 경험(깊은 몰입과 황홀감을 수반하는 경이롭고 만족스러운 체험―옮긴이) 추구, 현실도피, 자기기만, 과대망상 등 어두운 면이 있을 수 있으며, 좋은 이야깃거리를 남기긴 하지만 여행에서 돌아온 후 환경, 사회적 지원, 습관을 바꾸지 않으면 지속적인 변화로 이어지기 어렵다(참고로 이런 약들은 기존 질환이나 처방과 함께 사용할 수 없고 안전하지 않은 경우가 많다). 이런 경험이 중요한 감정적 사건을 일으키는 데 도움이 되는데도 중요한 감정적 사건은 본질적으로 통제할 수 없다는 점을 기억해야 한다. 우리는 안정적이고 지속 가능한 라이프스타일을 구축하기 위해 습관 형성이라는 버팀목 없이 이런 방안에 의존하지 않도록 주의해야 한다.

지속되는 변화를 다시 생각하다

지금까지 뇌에서 행동 변화를 유지하는 두 가지 주요 방식을 살펴보았다. 이는 어떤 일을 하는 예전 방식(신호를 전달하고 오래된 고속도로를 구성하는 오래된 신경망을 통해)에서 새로운 기본 방식으로 전환하는 것을 뒷받침하는 신경 가소성 변화가 일어났기 때문이다. 이제 이 사실을 알았으니 우리는 헛소리 탐지기로 모든 마케팅과 광고를 판단할 수 있을 것이다. 예를 들어 지배적인 기본 습관이자 삶의 방식으로 새로운 습관 '고속도로'를 만드는 데 1년 이상 걸린다는 사실을 알면 '지속 가능한 습관을 만드는 21일' 같은 속임수에 절대 넘어가지 않을 것이다. 이런 회사들은 신경 가소성의 법칙을 바꾸지 않았다. 따라서 당신은 그들이 무지하거나 거짓말을 하거나 둘 다임을 알 수 있다.

마찬가지로 이제 당신은 중요한 감정적 사건에 대해 올바른 시각을 갖게 되었다. 당신은 중요한 감정적 사건이 대부분의 경우 무작위로 일어나며, 긍정적일 수도 부정적일 수도 있다는 것을 알고 있다. 또 경험의 강도에 따라 즉각적인 행동 변화가 얼마나 오래 지속되는지 결정된다는 것도 알고 있다.

안타깝게도 PTSD는 중요한 감정적 사건의 가장 극단적이고 장기적이며 부정적 영향을 나타내는 질병이다. 그리고 현재로서는 환각치료와 같은 임상적으로 유도된 중요한 감정적 사건이 뇌의 신경 가소성 과정을 활용하고 하베눌라를 비활성화해 극적인 결과를 가져오는 것으로 보인다. 하지만 의학적 중요한 감정적 사건은 변화가 영구적이든 아니든 조금 더 까다롭고 예측하기 어렵다.

예를 들어 삼촌이 심장마비를 일으킨 후 "세상에, 이건 내게 경각심을 일깨워준 신호야! 더 이상 맥주나 담배, 버펄로 와일드 윙(치킨윙을 판매하는 미국의 캐주얼 레스토랑―옮긴이)은 안 돼!"라고 말한다면 당신은 무슨 일이 일어나고 있는지 이해할 것이다. 삼촌은 티핑 포인트(tipping point, 극적인 변화가 일어나는 순간―옮긴이)였던 중요한 감정적 사건을 경험한 뒤 나쁜 습관을 끊고 남은 인생을 극적으로 변화시킬지도 모른다.

이처럼 강렬한 감정적 충격은 우리를 변화로 이끄는 듯 보인다. 하지만 대부분의 경우, 그러한 동기는 시간이 지나며 희미해진다. 초기의 두려움과 결심은 일상 속에서 점차 흐릿해지고, 익숙한 쾌락과 습관이 다시 조용히 스며든다. 변화는 순간의 감정이 아니라 구조적 시스템에 의해 유지되어야 한다. 단 한 번의 각성으로 오랜 습관을 무너뜨리기는 매우 어렵다. 왜냐하면 뇌는 고통보다 익숙함을 선호하고, 불편한 긴장 상태를 회피하려는 방향으로 점점 자신을 합리화하기 때문이다.

우리의 뇌는 위험 신호를 포착하는 데 탁월하지만, 그 긴장 상태를 오래 유지하는 데는 서툴다. 시간이 지나면 경고등은 희미해지고, 과거의 두려움은 '이제 괜찮다'는 착각으로 대체된다. 그래서 대부분의 사람들은 위기 직후 잠시 행동을 바꾸지만, 결국 예전의 삶으로 서서히 되돌아간다. 반복되는 실패의 이유는 의지의 약함이 아니라 뇌의 이러한 보호 메커니즘 때문이다. 따라서 진정한 변화는 결심 그 자체가 아니라, 반복적이고 의도적인 행동 설계에서 비롯되어야 한다.

하지만 당신은 '아무것도 변하지 않으면 아무것도 변할 수 없다'는 것도 알고 있다. 따라서 삼촌의 중요한 감정적 사건이 충분히 강하지 않다면 뇌는 모든 두려움을 사라지게 만들 것이고 버펄로 와일드 윙으로 돌아가는 것을 점차 정당화하게 된다.

이제 당신은 지나친 성과주의, 하베눌라, 실패병, 지속적인 변화에 대해 모두 알게 되었다. 3부에서는 내가 30년 넘게 인간의 행동 변화를 추적하면서 알아낸 가장 중요한 발견을 공유할 것이다.

Unstoppable Brain

3부

끝까지 해내는
뇌 시스템 설계하기

6장

인생의 주도권을 쥔 사람은 무엇이 다른가

> 덕트 테이프가 있으면 고칠 수 있을 겁니다.
>
> — 앵거스 맥가이버Angus Macgyver

리처드 딘 앤더슨Richard Dean Anderson이 연기한 유명한 만능 비밀 요원 캐릭터는 언제 어디서나 볼 수 있는 재방송과 새로운 세대의 팬을 겨냥한 2016년 리메이크작 덕분에 인기 있는 스트레스 해소 수단으로 여전히 사랑받고 있다. 그는 스위스 아미 나이프를 자유자재로 이용하며 순발력을 발휘해 악당을 막고 제때 상황을 해결한다. 풍선껌과 이쑤시개로 폭탄을 해체할 수 있는 사람을 누가 인정하지 않을 수 있겠는가? 나는 뜻밖의 기회에 원조 맥가이버를 자랑스럽게 여기는 평범한 사람들과 일할 기회가 생겼다.

첫 번째 책 『잘 설계된 삶』을 출간한 후 관련된 내용으로 강연을 하고 있었는데, 이후 《포천》 선정 5대 유통업체의 한 임원이 연락을 해왔다. 그는 내게 일선 직원들과 함께 만성질환 예방 및 관리, 건강 행동 변화 등 행동 설계 연구를 해달라고 요청했다. 나는 팀원들과 함께 남부 3개 주에 있는 이 업체의 매장으로 찾아가 연구를 시작했다. 이후 전국의 직원들을 인터뷰하며 체중 감량의 유기적 성공 요인을 이해하기 위해 수백 명을 대상으로 연구를 실시했다.

우리는 두 가지 지표에 관심이 있었다. 체중이 줄었는가? 더 중요한 것은 그들이 감량 체중을 장기적으로(2년 이상) 유지했는가였다. 다양한 이야기에서 우리는 온갖 어려움을 극복하고 두 가지를 모두 이루어낸 소수의 특별한 사람들을 발견했다. 공중 보건과 임상 경험이 있는 나는 건강의 사회적 결정 요인, 건강 격차, 식품 사막(신선한 음식을 구하기 어렵거나 그런 음식이 매우 비싼 지역—옮긴이), 한 부모 가정, 노인 돌봄, 사회경제적 문제 등 공중 보건이 파악한 모든 장벽을 뛰어넘은 사람들이 매우 궁금했다. 그들을 남들과 다르게 만든 요인은 무엇이었는가? 그들은 다른 사람들과 무엇을 다르게 했는가?

내가 스탠퍼드대학교 의과대학에서 학생들을 가르치던 시기에 동료 래리 추Larry Chu 박사는 암, 중증 관절염, 염증성 장 질환IBD, 심장 질환 등 자신의 질병을 관리하는 데 놀라운 능력을 보여준 전문가 환자를 모아 패널을 구성했다. 나는 유통업체 직원들에게서 비슷한 이력을 발견하고 그들의 공통점을 백지 상태에서 연구했다.

생체 인식, 웨어러블 기기, 활동 추적, 체중 감량 프로그램, 사회적 지원, 인구통계, 지리학, 그리고 모든 성과주의 접근법 등 그들이 사용한 방식을 분석하며 전통적인 방법을 시도했지만 일관된 공통분모는 없었다. 그들은 각자 다른 방법을 사용하고 있었기 때문이다. 어떤 사람들은 걷거나 수영을 하면서 자신의 활동을 추적했다. 어떤 사람들은 헬스장에 가기 부끄러워 집에서 커다란 수프 캔을 덤벨로 사용하기도 했다. 탄산음료를 끊을 때까지 하루에 한 잔씩 줄이거나, 단 음식을 다른 것으로 대체하거나, 케토 다이어트를 시도하거나, 음식의 무게를 재거나, 형편이 될 때까지 웨이트 워처스 같은 유명 프로그램을 이용하는 사람도 있었다. 그들은 다양한 방법을 혼자서 시도하기도 했고 엄마, 배우자, 종교 단체, 동료 등 주변 사람들과 함께 시도하기도 했다.

수십 시간에 걸친 심층 인터뷰와 그들의 유사점을 분석한 후 나는 이중적 사고방식이 그들의 유일한 공통점이라는 사실을 깨달았다. 첫째, 영리한 이 사람들은 구체적인 목표나 다른 엄격한 지표를 설정하는 대신 '이것이 효과가 있는지 보자. 내가 이것을 할 수 있는지 알아보자'라며 실험을 했다. 그들은 스포츠나 다른 기술을 연습하는 것처럼 새로운 행동을 연습했고 통과 아니면 탈락, 죽기 아니면 살기, 모 아니면 도 같은 맥락으로 접근하기보다 어떤 일이 일어났는지 혹은 일어나지 않았는지를 통해 배움을 얻었다.

그것은 성과주의 사고방식과 관련된 접근과 매우 다른 태도였고 놀라울 정도로 효과적이었다. 둘째, 그들은 실패하는 대신 반복했다 (크고 작은 방식으로 실행 방안을 수정하고 바꾸면서 한 번, 또 한 번 끊임없이 반복해나갔다). 그들은 직장에서 패스트푸드, 탄산음료, 에너지 드링크 등 수많은 유혹에 둘러싸여 있었지만 끝없이 인내하며 스위스 아미 나이프를 다루는 맥가이버 기술을 발휘했다. 게다가 그들 중 상당수는 혼자 아이를 키우거나 노인을 돌보거나 적어도 두 가지 이상의 일을 하며 어떻게든 생활을 꾸렸고, 여전히 상당한 장애물에 맞닥뜨려 있었다.

이 창의적인 '맥가이버'들은 "오늘은 아픈 아이를 돌봐야 해요" 같은 난관에 부딪히거나 "다음 달까지 3킬로그램을 더 빼고 싶어요" 같이 더 많은 도전을 원할 때마다 다양한 방법으로 반복했다.

- 심리적으로 : '내일은 새로운 날이다.'
- 사회적으로 : '방금 이사 왔기 때문에 새로운 운동 파트너를 찾아야 한다.'
- 영적으로 : '하나님은 아직 나와 함께하신다.'
- 재정적으로 : '할인 판매하는 냉동 완두콩을 사놓고 식사에 추가해서 영양을 보충할 것이다.'

다른 사람들은 모두 기존 방식을 그만둘 것 같은 상황에서도 그들은 하베눌라의 작동을 피하는 안전하고 확실한 방법을 찾아내 계속 시도했다.

'반복적 사고'와 자기 효능감

나는 수십 년 동안 지속적인 행동 변화, 건강한 행동 및 결과에 대한 답을 찾고 있었다! 이것은 내가 이 분야에서 본 가장 크고 독특하며 예상치 못한 발견이었다. 나는 흥미를 느꼈고 더 많은 것을 알고 싶었다. 그러다가 궁금해졌다. 그들이 하는 방식을 다른 사람들에게도 알려줄 수 있을까?

이후 나는 반복을 통해 복잡한 개인 문제나 의료 문제를 관리하는 사람을 점점 더 많이 보았다. 여기서 잠시 '반복'이라는 단어를 생각해보자. 비슷한 개념으로 테스트와 학습, 시행착오, 조정 등이 있다. 하지만 이 중 어떤 것도 반복이라는 단어에 내재된 교훈을 완벽하게 표현하지 못한다. 일상 세계에서 엔지니어들은 작동하지 않는 것을 더 잘 작동하는 것으로 개선할 때 '반복'을 통해 새로운 버전의 제품을 내놓는다. 최신 소프트웨어 5.0 버전처럼 말이다. 내 아이폰은 현재 iOS 버전 16을 사용한다. 이런 식으로 계속 반복되는 것이다.

나는 이 모든 것에 영감받아 맥가이버주의를 바탕으로 모델을 만들었다. 나는 이것을 '반복적 사고'라고 부르는데, 반복적 사고를 하는 사람은 성과 지향적 접근이 아닌 지속적으로 개선하는 반복적 접근을 취한다. 다음으로 장기적인 체중 감량을 위한 세분화 모델을 만들었고, 사람들은 이 모델에 따라 자신의 체중 감량 경험을 이야기했다. 체중을 감량하고 2년 이상 유지한 사람은 성공자succeeder로 분류되었다. 체중 감량에 성공했지만 유지 기간이 2년 미만인 사람은 달성자

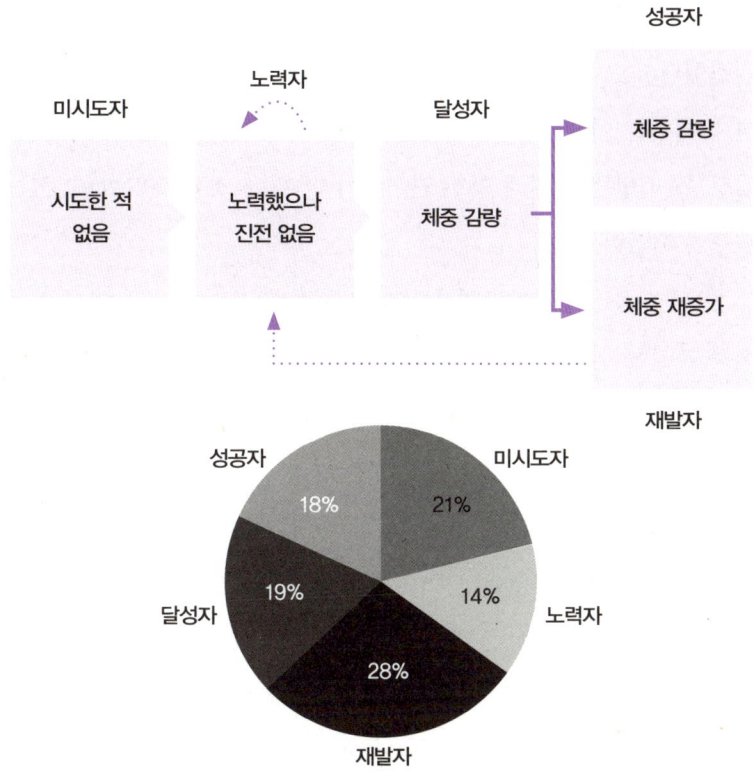

그림 4. 체중 감량 과정 분류
(위) 체중 감량 과정 분류
(아래) 일반 인구 표본에서 체중 감량 과정별 구성비

achiever였다. 재발자relapser는 과거에 체중을 감량했지만 다시 증가한 사람이며, 노력자struggler는 체중 감량을 시도했으나 진전이 없는 사람이다. 그리고 미시도자never trieds는 체중 감량을 시도한 적이 없는 사람이다.

우리 팀은 각 그룹을 이론적 모델(예를 들어 달성자가 체중 감량을 유지하면 성공자가 되고, 장기적으로 유지하지 못하면 재발자가 되는 방식)로 연결했다(그림 4 참고). 이 모델은 내가 수년간 연구해온 체중 감량-재발 데이터를 이해하는 데 도움이 되었을 뿐만 아니라 장기적인 체중 감량 유지 방법에 대해 향후 연구에서 더 많은 것을 파악할 수 있는 도구가 되었다.

그런 다음 수천 명을 대상으로 체중 감량 결과에 대해 여러 차례 설문 조사를 실시해 내가 초안을 구성한 반복적 사고 점수와의 상관관계를 분석했다. 놀랍게도 유통업체 직원들의 반복적 사고 점수 첫 번째 버전(IM 점수 1.0!)에서 장기 체중 감량과 개인의 특정 반복 수준 간에 매우 높고 유의미한 상관관계($p<0.01$)가 있는 것으로 나타났다(그림 5 참고). 나는 기초과학, 의학, 공중 보건을 공부한 사람으로서 모든 데이터에 냉정하고 면밀하게 접근한다. 하지만 수천 명을 대상으로 한 설문 조사에서 이러한 결과를 반복적으로 확인했기 때문에 반복을 이용하는 것과 장기적인 체중 감량 사이에 상당한 관계가 있는 것으로 보인다고 낙관적으로 말할 수 있다. 우리 팀은 매우 흥미롭게 여기며 정신 건강에 대한 연구를 반복했고, 장기적 회복이나 정신적 행복을 관리하는 사람들에게도 같은 패턴이 적용된다는 사실을 발견했다.

반복적 사고 훈련 결과 반복적 사고 점수와 체중 감량 및 습관 형성(검증된 습관 측정치 사용) 사이에 통계적으로 유의미한 상관관계가 나타남에 따라, 우리 팀은 예비 연구를 통해 반복적 사고가 실제로 가르칠 수 있는 것임을 입증해 이 발견을 더욱 발전시켰다(그림 5, 6, 7 참

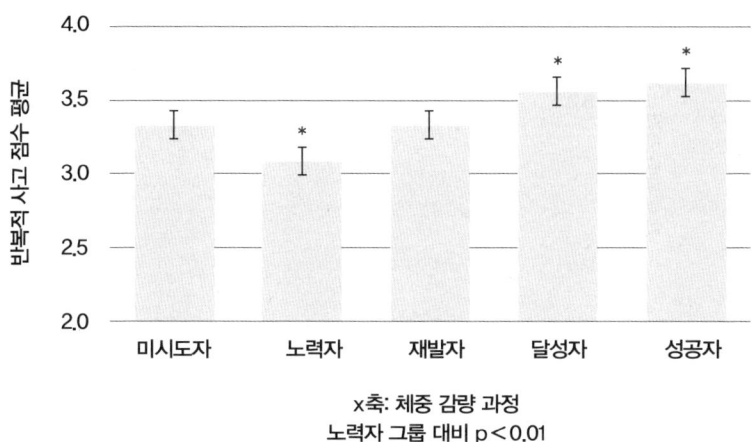

그림 5. 그룹별 반복적 사고
일반인 응답자 821명의 데이터. (양측 T-검정 사용. 오차 막대는 95퍼센트 신뢰 구간을 나타낸다.)

고). 마지막으로 우리는 표준, 자기 효능감 같은 검증된 측정치를 테스트했는데 이 또한 장기 체중 감량과 상관관계가 있었으나 통계적 유의성을 충족하지 못했다(데이터는 표시되지 않음).

이는 자기 효능감이 체중 감량을 이끄는 활성 요인이 아니라 반복의 결과일 수 있음을 의미한다. 기본적으로 체중 감량에 성공하면 자신감이 높아지고 자기 효능감이 증가할 수 있지만, 상관관계의 유의성이 낮기 때문에 자기 효능감은 반복과 달리 체중 감량을 이끌 가능성이 낮다. 이 모든 연구를 종합해 내가 세운 가설은 연습-반복 조합이 맥가이버 그룹의 성공에 영향을 미친 핵심 요소였다는 것이다. 현재 이 획기적인 발견을 좀 더 자세히 설명하기 위해 더 많은 연구를

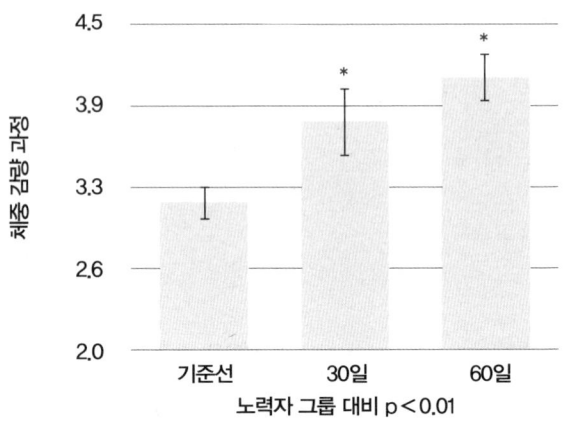

그림 6. 반복적 개입 종단 데이터: 반복적 사고 취약 집단에 적용한 60일 체중 감량 프로그램 결과, 반복적 사고를 훈련할 수 있는 것으로 입증되었다. 유통업체 직원 97명을 대상으로 반복적 사고법 개입에 따른 체중 감량 선행 연구를 실시했더니 주당 최대 0.45킬로그램씩 체중이 감소했다($p<0.01$). (양측 T-검정 사용. 오차 막대는 95퍼센트 신뢰 구간을 나타낸다.)

진행하고 있다.

이 발견은 관련 문헌, 특히 체중을 감량하고 최소 1년 동안 유지한 1만 명에 이르는 개인을 추적하는 미국 체중조절연구소National Weight Control Registry의 최근 패턴을 통해 더욱 확실하게 뒷받침된다.[1] 이 연구소는 장기적으로 체중 감량을 달성한 사람이 다시 체중이 증가한 '일반 인구'와 무엇이 다른지 분석한다. 가장 흥미로운 발견은 장기적 체중 감량에 성공한 사람은 재발 기간이 짧았다는 것이다. 말에서 내려온 사람은 다시 말 위에 오르기까지 땅에 오래 머물지 않았다.

이것은 역사상 가장 성공적인 장애물경주 선수 헌터 매킨타이어 Hunter McIntyre의 실제 사례와도 일치한다. 그는 반복을 사용해 여러 경

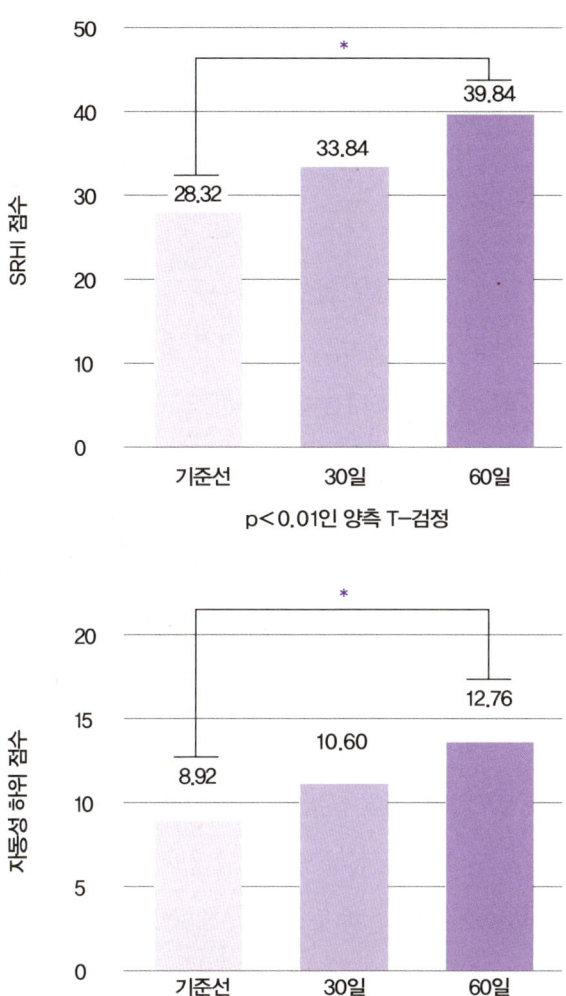

그림 7. 연구 3, 반복 개입 종단 데이터: 반복적 사고법 기반 체중 감량 개입에 대한 전향적 연구에서 습관 형성 및 습관 자동성을 보여주는 자가 보고 습관 지수(Self-Report Habit Index, SRHI) 데이터.

주에서 우승을 거듭했다. 나는 케이블 채널인 CMT에서 방영하던 〈스티브 오스틴의 브로큰 스컬 챌린지Steve Austin's Broken Skull Challenge〉라는 프로그램을 보곤 했다. 헌터는 크로스핏, 주짓수, 기타 프로스포츠 출신의 세계 정상급 운동선수들을 쉽게 제압했다. 어떻게 그랬을까?

그는 장애물 코스 요소 사이 전환 시간이 가장 짧았으며 철봉부터 물웅덩이 통과, 머리 위로 거대한 통나무 들고 달리기까지 순식간에 적응했다. 다른 선수들은 도전할 때마다 몇 초씩 허비했지만 헌터는 지구력, 근력, 유연성에 대한 변화하는 요구를 적극 받아들여 활용했다. 미국 체중관리연구소에 지속적인 체중 감량이 기록된 사람들과 마찬가지로 반복과 맥가이버링MacGyvering(손에 있는 물건을 활용해 즉흥적이고 창의적인 방식으로 물건을 만들거나 수리하는 것—옮긴이) 사이의 중단 시간이 짧을수록 멈출 수 없는 사람이 된다.

요약하면 어떤 대가를 치르더라도 실패했다고 믿지 마라. 그리고 실패했다면 가능한 한 빨리 그 실패를 무효화하고 최대한 빨리 다시 일어나 계속 시도하라. 이것이 가장 중요하다. 끊임없이 반복하고, 실험하고, 연습하라. 체중과 건강처럼 역동적인 분야에는 끊임없는 맥가이버링 아니면 후퇴와 정체 두 가지 상태밖에 없기 때문이다.

경직된 뇌, 유연한 뇌

맥가이버의 능력 중 가장 강력한 도구 중 하나는 인지 유연성이다. 이는 환경 변화에 자신의 생각과 행동을 적응시키는 능력으로 정의되며, 일상생활과 생존에 필수적인 요소다.² 이것은 고정된 사고방식에서 적응 또는 프로세스 사고방식으로의 변화를 나타내며, 최근에는 프로세스 기반 사고방식이 정신 건강 개선이나 체중 감량 같은 행동 변화의 주요 지표로 홍보되고 있다.³

인지 유연성과 사고방식에 초점을 맞추면 식단 변화에 대한 적응에서 질병 관리에 이르기까지 모든 면에서 상당한 이익을 얻을 수 있다. 대규모 행동심리학자 그룹이 당뇨병 환자의 헤모글로빈 A1C(당과 결합한 적혈구 수치)를 검사하는 인지된 행동 변화 기법 94가지를 검토한 결과, 목표나 그와 비슷한 지표를 설정하는 것보다 문제 해결 전략이 당뇨병 치료에서 가장 큰 A1C 감소를 가져온 것으로 나타났다.⁴ 사실 반복을 통해 가장 강력하게 이루어지는 문제 해결에는 인지 유연성이 필요하지만 현재의 질병 개입 프로그램에서는 대부분 이 점을 간과하고 있다.

그러나 최근의 신경과학 연구와 발견으로 맥가이버 같은 인지 유연성이 주목받고 있다. 예를 들어 최근 연구[5, 6, 7]에서 선조체, 전전두엽(전두엽의 앞부분을 덮고 있는 대뇌피질로 행동을 주시하고, 감독하고, 이끌고, 지시하고, 집중시키는 역할을 한다.—옮긴이 주) 등 고도로 연결된 뇌 부위를 포함해 인지 유연성을 담당하는 뇌 영역이 발견되었다. 유연성에 기여하는 뇌 영역과 경직성을 유발하는 뇌 영역을 파악하면 적응적 인지를 뒷받침하는 요인이 무엇인지 검토할 수 있다. 출장 중 바쁜 일정 때문에 식사 계획의 균형이 깨졌다고 가정해보자. 인지 유연성은 '내게 맞는 메뉴가 있는 레스토랑을 찾아야겠어' 같은 생각을 하게 만든다. 이는 바람직하고 건강한 변화를 달성하는 방법을 찾기 위해 반복과 문제 해결에 집중하는 길을 열어준다. 특히 체중 감량 같이 예상치 못한 일이 발생할 때 더욱 그렇다.

인지 유연성에 대해 증가하는 연구는 이 특성이 다양한 조건과 상황에 얼마나 중요한지 보여준다. 예를 들어 인지 유연성은 스트레스에 대한 회복력을 결정하는 요인으로 밝혀졌다.[8] 또 강박 장애와 같은 행동 장애가 있는 경우에도 인지 유연성은 눈에 띄게 낮아진다. 따라서 강박 장애가 있는 사람은 강박적인 반추에서 벗어나 더 유익하고 건강한 생각으로 뇌의 초점을 유연하게 바꾸지 못한다.[9] 마찬가지로 자폐스펙트럼장애에서 인지 유연성은 증상과 심각성을 결정하는 데 중요한 역할을 한다.[10] 인지 유연성은 직장에서의 건강 문제뿐 아니라 간호사[11]나 외과 레지던트[12] 같은 직업적 맥락에서도 번아웃 및 무력감과 연관되어 있다.

인지 유연성에서 비롯된 또 다른 강력한 도구는 '문제를 다른 관점에서 바라봄으로써 재개념화하는 과정'으로 정의되는 재구성reframing이다.[13] 재구성의 가장 대표적인 예는 캐럴 드웩의 성장 마인드셋과 고정 마인드셋에 대한 연구다. 지능이 고정되어 있거나 타고난다고 믿었던 사람이 이러한 근본적인 재구성을 통해 성장 마인드셋을 갖도록 훈련받으면 지능이 학습된다는 것을 이해하게 된다.[14,15]

단, 한 가지 주의할 점이 있다. 인지 유연성의 한 형태인 성장 마인드셋이 고정된 생각에서 비롯되는 실패 가능성을 낮춤으로써 하베눌라로부터 당신을 보호하지만, 성공으로 가는 길을 반복하는 것보다 모든 실패를 무효화하는 것에 더 명확하고 광범위하게 초점을 맞추지는 못한다는 점이다. 따라서 나는 성장 마인드셋과 반복 마인드셋을 결합하면 더 큰 효과를 얻을 것이라고 믿는다.

재구성의 다른 사례는 유통업체의 맥가이버 직원들을 대상으로 한 연구에서도 볼 수 있다. 그들에게는 각자의 여정에서 부딪히는 난관을 상쇄하는 자신만의 영리한 재구성 방법이 있었다. 예를 들어 어떤 사람들은 실수를 상쇄하기 위해 '내일은 새로운 날이다' 또는 '여기까지 오는 데 몇 년이 걸렸지만 밖으로 나가는 데는 며칠이 걸리지 않을 것이다'와 같은 주문으로 자기 대화를 한다.

실패에 대한 면역력 키우기

가장 중요한 요소는 연습과 반복이 성과 목표와 추적을 대체하는 방안임을 기억하는 것이다. 반복은 변화하는 데 필요한 더 깨끗한 연료이며 장기적으로 더 오래 지속되고 안정적인 결과를 가져온다. 또 점진적이기 때문에 뇌가 따라올 시간을 준다. 전환 기간을 줄이고 노력으로 빠르게 돌아가는 이러한 지속적인 노력은 신경 가소성을 지원해 습관을 형성한다.

목표를 고정하고, 성공의 정의를 제한하며, 역동성(예를 들어 체중 재증가)을 무시한 채 비현실적으로 영속성을 가정하는 성과 지향적 세계에서 우리는 쉽게 인지 유연성을 잃거나 인지 경직성을 띠게 된다는 점을 알아야 한다. 시작만 하고 끝내지 못한 프로그램, 따라 하고 싶지만 실천하지 않는 유튜브 레시피, 읽어도 실행에 옮기지 않는 자기 계발서는 경직된 마음을 일종의 실패병으로 굳게 만든다. 맥가이버들은 소셜 미디어, 전문 잡지, 이웃, 동료 등 다른 곳에서도 아이디어와 영감을 얻지만 그들이 다른 사람들과 차별화되는 점은 핵심을 내려놓지 않고 반복을 멈추지 않는다는 점이다. 다른 사람의 레시피나 루틴, 운동을 실험이나 연습으로 여기지 않고 그대로 받아들이는 것은 실패할 준비를 하는 것이나 다름없다.

맥가이버들은 다른 사람들의 아이디어를 자신의 창의성을 위한 재료로 여긴다. 그들은 웨이트 워처스, 눔, 홀 30 Whole 30 등의 규범적인 프로그램을 그만둘 때 '내가 그만둬서 실패했어', '그 프로그램이 효과가 없었던 건 내가 나빴기 때문이야'라고 생각하지 않는다. 그들은 '그 프로그램은 좋았지만 한 시즌밖에 효과가 없었어', '그건 나한테 맞지 않았어'라는 태도를 보인다.

맥가이버들은 애플 워치를 이용한 걸음 수 추적, 스포츠 경기, 목표 설정 같은 성과 지향적 도구로 실패하지 않는다. 그들은 이런 도구를 삶과 학습의 연장선에서 개별적인 실험과 반복으로 보기 때문이다. 그들은 '어디 보자' 식의 연습이나 또 다른 반복으로 모든 것에 접근한다. 이를 통해 헌터 매킨타이어가 한순간도 허비하지 않고 장애물 코스를 통과한 것처럼 자기 비난이나 반추에 갇히지 않고 유용한 아이디어로 유연하게 이동한다.

다른 사람들이 원래 습관으로 돌아갔다는 생각으로 괴로워하며 시간을 낭비할 때 맥가이버들은 실패에 대한 면역력을 키운다. 이것이 그들이 성공하고, 새로운 습관으로 향하는 길을 좋아하며 장기적으로 원하는 결과와 라이프스타일을 유지할 수 있는 이유다. 그들의 하베눌라는 조용히 휴식을 취하거나 유연하고 신속하게 물러난다.

이제 실패병이 치료되었는가? 결코 실패했다고 생각하지 마라. 만약 그렇게 생각한다면 실패를 재구성하거나 가능한 한 빨리 놓아버리고 다시 일어나 반복하라! 맥가이버가 되어라.

7장

끝까지 해내는 브레인스토밍 전략

당신은 무슨 일이 있어도 변화할 것이다. 그 변화는 좋은 쪽일 수도 있고 나쁜 쪽일 수도 있다.

- 세라 혼즈비 Sarah Hornsby

오클라호마에서 자랄 때 내가 가장 좋아했던 것은 말을 기르는 일이었다. 나는 레드 바스라는 이름의 쿼터 호스quarter horse(말 품종의 하나로 단거리를 빠르게 달리는 것이 특징—옮긴이)를 키웠는데 무엇보다 그 말을 사랑했다. 우리는 정식 승마 훈련을 받을 돈도, 기본적인 마구를 살 돈도 없었지만 그것은 중요하지 않았다. 나는 안장도 없이 고삐만 쥔 채 맨발로 레드 바스를 탔다. 해가 뜰 때부터 질 때까지 흙길과 넓은 들판을 달리는 매 순간을 사랑했다. 하지만 아무것도 모르는 풋내기에 불과했던 내게 주변 사람들은 부드럽고 협조적인 방식으로 소통하는 법 대신 채찍으로 엉덩이를 때려 더 빨리 달리게 만드는 법을 가르쳐주었다.

이후 나는 자동차, 학교, 직장, 친구에게 더욱 몰두했고 부모님은 내가 고등학교를 졸업하기도 전에 말을 팔아버리라고 강요했다. 그리고 내 삶은 대학, 아이들, 커리어를 중심으로 빠르게 흘러갔다. 세월이 지나면서 항상 마음 한구석에 말이 없는 허전함을 느꼈고 레드 바스를 지키지 못한 것에 대해 깊이 후회하며 많은 눈물을 흘렸다.

아이들이 대학에 진학한 후 다시 말을 타고 싶다는 생각을 했다. 그리고 2년 동안 알아본 끝에 아름답고 건강한 일곱 살짜리 테네시 워커종 암컷 셰로를 발견했다. 셰로는 어미와 함께 푸른 목초지에서 사랑스러운 '말의' 어린 시절을 보낸 후 캘리포니아 시골의 다정한 가족에게 4년 동안 천천히 훈련받았다. 셰로는 차분하고 온화했다. 셰로가 왔을 때 남편과 나는 아직 마구간을 설치하지 않았기 때문에 게일이라는 전문 훈련사가 있는 교외의 멋진 마방에 셰로를 맡겼다.

셰로를 훈련시키기 위해 게일이 있는 곳까지 두 시간을 운전해서 가곤 했는데, 그때마다 셰로는 난폭하게 굴었다. 다른 말을 물고 차거나 껑충거렸고 자전거나 개처럼 조금이라도 무서운 것을 보면 빙글빙글 돌며 점점 더 심각한 행동을 보였다. 게일은 보통 재갈을 사용했는데 그것은 말의 입을 아프게 해서 고개를 숙이고 항복하게 만드는 장치였다. 그뿐만 아니라 박차와 채찍까지 사용했다.

이후 3개월 동안 점점 더 난폭해지는 셰로를 보며 나는 뭔가 잘못

되었다는 생각이 들었다. 언젠가 훈련이 끝날 무렵 게일은 세로를 더 단호하게 다뤄야 한다고 말했다. "박차나 채찍을 사용하고 싶지 않아요"라고 했더니 게일은 "언젠가는 그렇게 될 거예요"라고 답했다. 나는 그곳에 다시 가지 않았고 세로를 우리 마을 근처로 옮겼다. 베이에서 가장 유명한 훈련사를 떠난 나는 주변 사람들에게 수소문해 우리 마을에 줄리 카펜터라는 훈련사가 있다는 사실을 알게 되었다.

줄리는 일반적으로 쓰는 비열한 훈련 방식과 거리를 두었다. 예를 들어 말을 훈련시키는 방법에는 비닐봉지, 작은 방수포, 덜거덕거리는 무서운 물건 등을 어린 말의 등이나 안장에 묶는 새킹sacking이라는 훈련이 있다. 소리에 놀란 말은 처음에는 소음에서 벗어나려고 정신없이 뛰어다니지만, 거기에서 도망칠 수 없다는 것을 깨닫고 결국 무력감에 빠져 벗어나려는 시도를 포기한다. 이제 당신은 이것이 말의 하베눌라가 켜졌다는 신호임을 알 것이다. 말에게도 하베눌라가 있기 때문이다.

인간은 말에게 하베눌라 '흉터'를 남겼다. 훈련사들은 이 방법이 부드러운 말을 '만들어낸다'고 믿지만 신경과학을 아는 우리는 시키는 대로 할 때까지 말을 무감각하게 만드는 방법일 뿐이라고 결론 내릴 수 있다. 하지만 이러한 방법을 사용하면 훈련사나 기수가 고정 장치로 말 머리를 아래로 묶고, 재갈이나 박차, 채찍 등으로 말의 몸을 조작해 특정 형태나 걸음걸이를 강요하며 점점 더 많은 힘으로 억눌러야 한다는 어두운 측면이 있다.

쇼, 점프 대회, 마장마술, 경주 등에서 말이 멋지게 보이도록 만들기 위해 고통과 왜곡이 사용된다. 말은 겉으로 보기에 완벽한 모습이지만 내면은 고통과 억압으로 얼룩져 있다. 전기가 흐르는 우리에 갇힌 개처럼 말의 하베눌라는 자기 옹호를 포기하게 만든다.

말을 도우려면 말의 마음을 이용해야 한다. 무언가를 제시한 뒤 말이 그것을 달성하는 방법을 스스로 찾게 해야 한다.
- 톰 도런스Tom Dorrance, 「진정한 통합: 말과 사람의 적극적인 소통」

줄리의 훈련은 말의 마음에 초점을 맞춘다. 이런 방식은 승마 선수이자 말 농장주인 해리 휘트니Harry Whitney, 자연 승마술의 창시자로 유명한 톰 도런스와 30년 동안 함께 훈련한 경험에서 비롯되었다. 거대 기업을 일군 팻 퍼렐리Pat Parelli와 같은 동시대 사람들은 말 엑스포에서 돈을 벌고 완벽한 공연을 펼치는 데 집중했고 그 과정에서 말의 의사를 무시하기도 했다. 하지만 줄리는 진실하고 순수하게 말의 마음과 상호작용했다.

1장에서 살펴보았듯이 어떤 일을 성과 지향적으로 하게 되면 원칙을 무시하고 힘을 사용해 인상적인 성과를 내려는 유혹이 생긴다. 다른 '자연 승마술' 훈련사들은 말을 가두거나 밧줄로 묶어 인간의 요구에 굴복하게 만들지만, 줄리는 끝없는 인내심, 지속적인 **반복**과 공감으로 말이 그들의 생각(우리, 음식, 무리에 대한 생각)을 내려놓고 스스로 나오도록 훈련의 모든 과정을 준비한다. 줄리의 접근법은 말에게 간식을 주며 강아지처럼 사람을 따라다니게 만들거나 필요할 때 즉각

이용할 수 있는 교통수단으로 취급하는 대신, 말과 사람의 마음을 하나로 통합하는 것이다.

말에 대해 아무것도 모른다고 해도 걱정할 필요 없다. 지금 설명하려는 내용은 내가 이해하는 데 몇 년이 걸린 이 방법에 대한 통찰을 제공할 것이기 때문이다. 우리는 줄리의 학생으로 말과 함께 일주일 동안 진행되는 소규모 클리닉에 참석했다. 그곳에서 다른 참가자들이 지켜보는 가운데 돌아가며 줄리와 일대일로 훈련했다. 친절한 유치원 교사였던 동료 학생 마리아는 '남편 말husband horse'을 구입했는데, 이는 매우 온순하고 차분하며 경험 많은 산악 승마용 말을 판매할 때 붙이는 이름이다. 마리아와 그녀의 남편은 함께 산악 승마를 하고 싶어 했다. 그래서 친구의 추천으로 산에서 수백 킬로미터 이상 달려본 경험이 있는 '소여'라는 이름의 크고 온순한 쿼터 호스를 구입했다. 그것은 안전한 선택이었다. 마리아는 소여와 함께 줄리의 자연 승마술 훈련을 시작했고 이곳에서 소여는 처음으로 자신의 의지에 반하는 일을 강요받지 않고 선택할 수 있었다.

그다음에 일어난 일은 충격적이고 끔찍했다! 그날 마리아와 몇 번 지상 훈련을 한 후, 540킬로그램에 이르는 소여는 더 이상 루틴을 따르며 런지 채찍을 든 사람에게 끌려다니지 않았고 자신에게 선택권이 있다는 것을 깨달았다. 그리고 소여의 선택은 폭력이었다! 수년간 경험한 속박과 인간에 대한 억눌린 분노, 즉 자신의 경험을 고려하지 않은 채 박차나 채찍, 재갈로 고문당한 무력감이 한순간에 끓어오른 것이다. 소여는 거대한 근육질 몸을 일으켜 지름 18미터의 둥근 우리 안에서 마리아를 몰아세웠다. 보기만 해도 무서운 광경이었다. 말의 행동을 이해하지 못하는 사람들은 안락사시키거나 개밥으로 만드는 것에 대해 전혀 망설이지 않았을 것이다.

그러나 줄리는 그 상황을 다르게 보았다. 그녀는 이 순간을 잘 알고 있었다. 줄리는 수백 마리의 말이 인간의 강요에 대해 실제로 느낀 것을 '깨닫는' 모습을 봐왔다. 줄리는 준비가 되어 있었고 훈련에서 마리아가 어디에 있는지, 소여가 무력감에서 선택으로, 폐쇄에서 각성으로 전환하는 과정 중 어디쯤에 있는지 정확히 알았다. 수년간 함께 훈련한 줄리는 소여가 흥분을 가라앉히고 우리 가장자리를 분주히 살피며 답을 찾을 때까지 특정한 패턴으로 깃발(주의를 집중시키는 해롭지 않은 도구)을 힘차게 흔들도록 재빨리 코치했다.

소여가 화물열차처럼 우리 주위를 뛰어다니자 줄리는 "우리는 소여가 깨어났다고 비난하는 것이 아니라 발을 움직이는 것처럼 다른 것을 시도하도록 격려하는 거예요. 우리는 소여를 쫓지 않아요. 이건 소여의 모든 에너지입니다"라고 말했다.

흥분한 소여를 보고 두려움에 떨던 마리아는 줄리의 코칭으로 집중력을 유지하며 자신의 위치를 지켰다. 그러자 잠시 후 에너지가 바뀌었다. 분노와 혼란을 충분히 표현하고 마침내 더 나은 답을 찾은 소여는 경계하듯 눈을 깜빡이고 혀를 날름거리며(차분한 학습의 표시) 마리아를 향해 부드럽게 머리를 숙였다. 소여와의 평화로운 교감 속에서 훈련이 끝나자 마리아는 강렬한 경험에 눈물을 터뜨렸다. 하지만 그녀가 눈물을 흘린 더 큰 이유는 자신과 소여가 경험한 치유 때문이었다. 현재 소여는 진정으로 차분하고 부드러운 산악 승마용 말이다. 재갈도, 박차도, 어떤 강요도 없이 깨어나 마리아에게 세상을 제공한다. 이것은 소여의 선택에서 비롯된 것이다.

"중요한 것은 말이 생각을 내려놓고 호기심을 이용해 여러분이 제시한 퍼즐이나 초대에 대한 답을 찾을 수 있다는 것입니다." 줄리는 항상 이렇게 말한다. **"탐색하지 않으면 아무것도 얻을 수 없습니다."**

이것은 말이 과거에서 해방되어 지상에서든 안장 위에서든 인간이 제시하는 퍼즐의 답을 찾으며 요청을 받아들이는 인지 유연성의 전형이다. 이런 식으로 훈련받은 말은 안정되고 여유가 있다. 자연스럽게 머리를 숙이고, 방향을 바꿀 때 몸을 구부리며, 탈 때 깃털 같은 촉감이 느껴진다. 더 젊고 강해 보이며 내면이 편안하기 때문에 활기찬 걸음걸이를 보여준다.

무력감을 돌파하는, 탐색

저명한 신경과학자 자크 판크세프Jaak Panksepp의 연구에 따르면, 인간을 포함한 모든 포유류는 핵심 감정을 공유한다. 쥐를 간지럼 태우면 초음속의 즐거운 웃음소리를 낸다는 사실을 밝혀내 '쥐를 간지럽히는 과학자rat tickler'로 알려진 그는 포유류의 뇌에 감정과 관련된 7개의 주요 신경망이 있다는 사실을 발견했다. 3개는 부정적 감정을, 3개는 긍정적 감정을, 1개는 이 모든 것을 지배하는 신경망이다[1] (표 1 참고).

부정적 감정	두려움/불안
	화/분노
	절망/슬픔
긍정적 감정	즐거움/놀이
	양육/사랑
	성욕/욕구
지배적 감정	탐색/추구/호기심

표 1. 판크세프가 제시한 포유류 뇌의 7개 감정 신경망

    강렬하고 흥미로운 모든 감정 중에서 **탐색**은 막힌 마음을 풀어주는 가장 기본적인 감정이다. 줄리의 훈련 사례에서 그녀는 탐색을 유발하기 위해 퍼즐을 설정해 말의 무력한 상태를 풀어주고, 한때 패배한 말을 절대 실패하지 않는 '반복자'로 변화시켰다. 어떤 일을 하든 아무리 패배하거나 절망적이든 첫 번째 단계는 탐색을 시작하는 것이다. 탐색할 수 없다면 실패담이 당신을 가로막고 있을 것이다. 따라서 실패를 재구성하는 작업을 반복해 하베눌라를 꺼야 한다. 맥가이버들의 이야기에서 살펴보았듯이 반복은 동기 상실에서 배움에 대한 몰입으로 전환하고, 실패에서 벗어나 발전으로 나아갈 수 있는 힘을 얻는 가장 효과적이고 강력한 방법이다.

성공할 때까지 성공한 척하라

> 우리는 시도하고 실패하고 시도하고 실패한다. 하지만 진정한 실패는 시도를 멈추는 것뿐이다.
>
> - 마담 리오타Madame Leota, 〈헌티드 맨션The Haunted Mansion〉(2003)

수십 년에 걸친 행동 변화 연구 및 실험을 통해 신경과학과 관련 데이터를 끈질기게 추적한 끝에 나는 하베눌라를 피하거나 무효화하는 안전하고 확실한 방법이 **오직** 연습과 반복뿐임을 확신하게 되었다. 하루가 끝날 때마다 중요한 것은 어떻게든 계속 나아가는 것이기 때문이다. 즉 끝까지 해내는 당신이 되는 것이다. 그리고 삶이 당신을 실망시키거나 탐색을 멈추게 할 때마다 반복해서 시도해야 한다.

이러한 성공 패턴은 DNA가 반복되고 진화하는 방식에 따라 자연에서 보존된다. 면역계를 예로 들어보자. 우리의 면역계는 끊임없이 변화하는 환경에 직면한다. 새롭고 복잡한 바이러스와 박테리아가 가득하며 그것은 반복을 통해 다양하고 종종 더 강력하게 진화한다. 이러한 미생물은 항체와 백신에 대한 내성을 지니게 되므로 과학자들은 계속해서 새롭고 더 나은 치료법을 개발한다. 실제로 암과 같이 가장 치명적인 최악의 질병은 반복을 통해 힘을 키우고(예를 들어 돌연변이) 불행히도 멈출 수 없는 상태가 된다.

누구든, 무엇이든 반복을 통해 끝까지 해내는 존재가 될 수 있다. 하베눌라가 있는 모든 존재에게 반복은 동기 차단기를 피할 수 있는 보편적인 수단이다. 중독 치료에서 피해를 줄이는 방법은 속수무책으로 중독성 물질을 사용할 수밖에 없는 상태와 실행 가능한 무언가를 탐색할 수 있는 상태 사이 간극을 메우는 수단으로 반복을 사용하는 것이다.

술을 끊을 수 없을까? 마시는 양을 매일 줄여보라. 칵테일파티에서 라임을 넣은 탄산수를 마셔보라. 평소 어울리던 과음하는 친구들 외에 다른 사람들과 관계를 맺어 술자리 횟수와 유혹을 줄여보라. 잘 알려진 알코올 중독 치료 단체인 익명의 알코올 중독자 모임Alcoholics Anonymous의 접근법(그리고 다른 12단계 프로그램)을 분석해봐도 동료 지원(모임과 후원자 형태)을 활용한다는 점을 확인할 수 있다. 사람들은 다른 사람의 이야기와 아이디어를 통해 취하지 않고 지내는 방법을 반복해서 배운다. 그리고 각 단계는 그 자체로 일련의 반복 안에 있는 또 하나의 반복이다.

술친구를 멀리하라거나 술집에 가지 말라는 조언은 본질적으로 반복과 같은 의미다. 금주는 반복을 통해 이루어진다. 예를 들어 '성공할 때까지 성공한 척하라'는 익명의 알코올 중독자들 모임에서 종종 강조하는 문구다. 하베눌라에 대해 알게 된 당신은 이런 말이 실패에 대한 믿음을 예방하거나 재구성하기 위한 것임을 알 수 있을 것이다. 물론 약삭빠른 사람이라면 알코올 중독자 모임에서 나온 말을 잘못 해석해 지속적인 약물 사용을 정당화할 수도 있다. 하지만 알코올 중독자 모임에서 나오는 이야기와 표현은 결국 하베눌라의 보호와 반복을 강조하고 있다. 피해 감소를 위해서든 금욕을 위해서든 모든 길은 더 나은 삶을 이루기 위한 숨겨진 수단으로 반복을 활용한다.

반복이 실패를 해결하기 위한 것만은 아니다. 오히려 그 반대다! 이제 실패를 무효화하는 것이 끈기의 핵심임을 알았으니 인간이 이룬 불가능에 가까운 놀라운 위업의 세계를 올바른 시각에서 바라볼 수 있다. 사실 암벽 등반가 알렉스 호놀드Alexander Honnold가 밧줄 없이 암벽을 오르는 모습이든, 소울 음악 역사상 가장 뛰어난 싱어송라이터, 어리사 프랭클린Aretha Franklin이 73세의 나이에 2015년 케네디 센터 공로상Kennedy Center Honors 시상식에서 '자연스러운 여성natural woman'을 외치는 모습이든, 우리가 본 초인적인 성과는 갑자기 나온 것이 아니다. 믿을 수 없는 인간의 위업은 모두 연습과 반복이라는 같은 기반에서 비롯되었다.

요약하자면 우리가 개인적으로 달성하거나 다른 사람에게서 목격하는 경외심을 불러일으키는 모든 성과는 1만 시간 이상의 연습뿐만 아니라 그 안에서의 수많은 반복이 반영된 결과다. 에디슨은 1,000번의 실패를 거듭한 끝에 전구를 발명했다. 스티브 잡스는 수많은 제품 아이디어를 냈지만 자신의 회사였던 애플에서 한때 해고되기도 했다. 2020년, 다슌 왕Dashun Wang 등[2]은 반복적으로 시도해도 성공하지 못하는 사람과 성공하는 사람을 구별하는 수학적 모델을 《네이처Nature》에 발표했다. 그들은 정체와 성공을 결정하는 유일한 요인은 이전의 실수에서 배우고 이전의 시도를 개선하는 능력이라는 사실을 발견했다. 이를 한마디로 정리하면 반복이다!

변화를 시도할 때 예측할 수 있는 네 가지 결과

모든 사람이 용기 있게 자신의 (또는 다른 사람의) 행동을 바꾸려고 할 때 저지르는 가장 큰 실수 중 하나는 가능성의 전 영역을 고려하지 않는 것이다. 예를 들어 업무 프로젝트의 생산성을 높이고자 매일 아침 한 시간 일찍 일어나 집에서 일을 시작하려 했지만, 거듭되는 알람과 야단스러운 아이들 때문에 매일 이루려던 목표가 일주일에 하루 혹은 이틀로 바뀔 수도 있다. 우리는 모든 일이 계획대로 진행될 것이라고 잘못 생각한다. 그래서 고정된 목표 설정에서 거의 항상 그렇듯이 계획대로 일이 진행되지 않으면 예상된 단 하나의 결과, 즉 실패라는 이름을 붙인다. 이것이 바로 수많은 사람이 한없이 빠지고 갇히는 '인식-행동 불일치'라는 '협곡'이다.

> 플랜 A가 작동하지 않는다면 알파벳에는 25개 글자가 더 있다.
> - 클레어 쿡 Claire Cook

하지만 희망은 있다! 나는 건강 행동 변화를 설계한 수백만 명을 통해 우리가 목표, 의도, 새로운 실천 방안을 세울 때마다 실제로 **네 가지** 예측 가능한 결과가 있다는 사실을 반복해서 발견했다. 이것을 알면 우리는 무슨 일이 일어났는지 빠르게 이해하고 적절한 유형의 반복을 준비해 다시 일어날 수 있다.

새로운 행동 변화 노력에서 발생할 수 있는 결과는 다음 네 가지

범주가 있다.

하나, 제대로 시작하지 않는 것

당신은 이번 주에 탄수화물을 전혀 먹지 않겠다고 맹세했으나 10분 만에 그 맹세를 잊고 쿠키를 집어 들었다. 이런! "나는 쿠키를 먹으려던 게 아니야." 이는 초보자나 오랫동안 하베눌라 충격을 경험한 사람을 좌절시킬 수 있다. "또 시작이야! 내가 하려던 다짐을 완전히 잊었어! 실패했어." 이때는 노력하지도, 기억하지도 못했다는 사실이 너무나 부끄러워서 코치, 선생님, 상사, 책임감 있는 친구 등을 마주하고 싶지 않게 된다.

이런 결과에 대한 유용한 재구성은 "지금 이 순간에 알맞은 실천법이었다면 잊지 않았을 거야" 또는 "이 일을 더 매력적이고, 기억하기 쉽고, 할 수 있게 만들 무언가를 놓쳤을지도 몰라" 등이다. 재구성을 통해 우리는 더 오래, 더 깊이 집중할 수 있는 무언가를 만들고 반복할 수 있다.

둘, 일시적인 효과에 실망하기

새로운 무언가를 하기로 선택하면 효과가 있다! 하지만 사람들은 새로운 행동을 하는 자신의 모습에 너무 흥분한 나머지 종종 일시성을 잊는다. 새로운 행동은 며칠, 일주일 또는 그 이상 효과가 있을 수 있지만 결국 모든 연습은 끝나거나 바뀐다.

아이가 어릴 때는 유모차를 사용하지만 자라고 나면 더 이상 사용하지 않는다. 정오까지 간헐적 단식을 하지만 이후 업무 일정이 바뀌면 너무 오래 굶게 될 수도 있다. 남들보다 한발 앞서 첨단 업무 기술을 배우지만 새로운 기술이 등장하면 기존에 배운 기술은 쓸모없어진다. 지금 효과가 있는 것이 항상 효과적일 것이라고 생각하는 것은 여러 유형의 실패로 이어진다.

이 결과를 재구성하려면 그것이 얼마나 오래 지속되었는지 인식하고, 한번 효과가 있었던 것을 찾았다면 지금 효과가 있는 다른 것도 찾을 수 있다는 확신을 가져야 한다. 그런 다음 자신이 몰두할 수 있는 다음 일을 반복해서 찾아야 한다.

셋, 방해 요인에 발목 잡히기

활동은 삶을 방해하는 요인이 발목을 잡을 때까지 순조롭게 진행된다. 규칙적으로 헬스장에 다녔지만 새로 이사 간 동네 근처에는 헬스장이 없을 수도 있다. 배우자와 테니스를 함께 했지만 이혼으로 운동 루틴이 끝날 수도 있다. 건강한 식당을 찾았지만 그 식당이 폐업할 수도 있다. 매일 명상을 하다가 명상을 하지 않는 사람과 데이트를 시작할 수도 있다. 방해는 재정 문제, 건강 문제, 감정 문제, 트라우마, 사회적 문제, 커리어 문제 등 다양한 형태로 나타날 수 있다.

방해를 재구성하는 것은 스스로를 부끄러워하지 않고 비난하지 않는 것이다. 당신은 게으르지 않다. 헬스장이 없을 뿐이다. 당신은 명상을 못하는 사람이 아니다. 단지 이제 막 연애를 시작했을 뿐이다. 방해 요소를 알아차리고 객관화하면 맥가이버처럼 마음이 자유로워지고 창의적인 반복을 통해 극복할 수 있게 된다.

넷, '레벨 업' 해야 한다는 갈망

당신은 무언가를 시도했고 다행히 아주 잘 진행되었다. 하지만 너무 쉽거나 지루해져서 새롭고 더 큰 도전을 갈망한다. 일반적으로 레벨 업이 필요하다는 명확한 신호는 그동안 형성한 습관에 대해 열정을 잃고 위선자가 되거나 그 과정에서 일관성이 없어지는 것이다.

레벨 업을 재구성하는 것은 기존 습관을 즐기지 못한다는 자책에 빠지지 않는 한 상당히 즐거운 일이다. 레벨 업을 반복하려면 안전지대를 벗어나야 한다.

끝까지 해내는 뇌를 만드는 브레인스토밍

1961년, 에너지 넘치는 열여섯 살 소년이었던 내 아버지는 집과 아이오와주의 작은 마을 벨 플레인 사이의 길을 달리고 있었다. 가출을 하는 걸까? 친구를 만나러 서둘러 시내에 가려는 걸까? 낡은 픽업트럭을 타고 자갈길을 달리던 이웃 농부가 옆에 차를 세웠다. "딘, 시내까지 태워다 줄까?"

"아니요, 운동 좀 하려고요!"

농부는 "힘내라"라고 말한 뒤 존디어 모자를 고쳐 쓰며 시동을 걸었다.

몇 년 후 필 나이트Phil Knight와 오리건대학교의 달리기 코치 빌 바워먼Bill Bowerman은 신발 회사를 설립해 조깅을 운동의 한 형태로 대중화했고, 이 회사는 훗날 나이키가 되었다. 멋진 신발을 신고 조깅하는 것이 '유행'하기도 전에 아버지는 건강을 위해 달리기를 했다. 나이트와 바워먼은 기회를 포착했다.

자연적이든 인위적이든 항상 반복이 일어나고 그 반복이 우리가 알고 있는 세상을 움직이긴 하지만, 오늘날 우리는 내가 **반복 이전 사고**pre-iterative mindset라고 부르는 세상에 살고 있다. 한편 생존을 위한 성과 매트릭스에 갇혀 있는 대부분의 인간은 반복적 사고의 힘도, 의식적이고 의도적으로 반복을 실천하는 방법도 모른다. 그래서 나는 더 많은 맥가이버 혹은 반복자iterator의 탄생과 발전을 돕기 위해 '이터레이츠ITERATES'라는 도구를 개발했다. 8가지 단어의 머릿글자에서 따온 이 약어는 당신이 생각하지 못했을 반복에 대한 아이디어를 떠올리는 데 도움이 되는 일련의 카테고리를 제시한다. 반복은 기술이기 때문에 이런 종류의 도구는 반복적 사고를 시작하는 데 도움이 될 수 있다.

인간의 뇌가 노력하지 않고 기억할 수 있는 작업 기억(단기 기억)은 보통 4~9개다.[3] 즉 우리 각자에게는 반복하는 지름길이나 단축키가 있다는 뜻이다. 예를 들어 스포츠 경기에서는 점수를 얻는 몇 가지 정해진 움직임이 있다. 논쟁에서는 자신을 방어하는 확실한 전략이 있다. 체중 감량을 목표로 할 때 우리는 실패했던 방법임에도 오래된 아이디어와 목표를 다시 꺼내 시도한다. 그리고 나중에 효과가 없으면 동기부여가 되지 않았던 자신을 다시 비난한다. 우리의 뇌는 지름길과 습관을 선호하는 경향이 있으며, 실제로는 오래된 습관인데도 '새로운' 아이디어가 있다고 착각하는 경우가 많다는 점을 기억하라. 물론 우리는 자신이 창의적이라고 생각할 수도 있다. 하지만 실제로는 브레인스토밍조차 우리 뇌의 루틴이 되어 진정으로 참신한 아이디어를 구상하는 데 방해가 될 수 있다.

건강 코치든, 비만 전문의든, 심장 전문의든 요즘 임상의는 불합리한 시간 제약을 받고 있다. 나는 임상의에 대한 행동 연구에서 그들이 시간 압박에 대처하면서도 환자에게 건강한 행동을 신속하게 교육하는 일종의 '영업 멘트' 같은 방법을 개발해 좋은 일을 하려고 노력한다는 것을 알게 되었다. 하지만 그들도 사람이기 때문에 4~9개의 작업 기억을 가지고 있다. 결국 임상의의 뇌는 가용성 휴리스틱, 즉 가용성 편향에 의존하기 때문에 각 환자는 상대적으로 동일한 수의 행동 변화 아이디어를 얻게 된다.

이 휴리스틱은 본질적으로 '특정 주제, 개념, 방법 또는 결정을 평가'할 때 즉시 떠오르는 사례에 의존하는 정신적 지름길이다. 내가 건강 코칭을 할 수도 있겠지만 인간 건강 코치는 정의상 효과가 있었던 모든 아이디어에서 방법을 택하는 것이 아니라 확실한 몇 가지 목록에서 SMART 목표를 세우도록 도와주거나 마지막 환자에게 효과가 있었던 방법을 제시한다.

대신 우리는 창의성을 자극해 그런 틀에서 벗어나기 위해 이터레이츠를 브레인스토밍 도구로 사용할 수 있다. 매번 해야 하는 것도 아니고 할 수도 없지만, 습관을 만들고 싶은 한 가지 행동에 이 방법을 한번 시도해보기 바란다. 그래야 목적에 맞게 반복하는 데 익숙해질 수 있다. 그렇게 하면 4~9개 이상의 아이디어를 짜내거나 소셜 미디어에서 아이디어를 모방하는 것이 어떤 느낌인지 알 수 있다. 다른 사람들의 아이디어를 모으는 것도 좋지만 다른 사람의 흥미로운 아이디어를 접할 때 이터레이츠 항목을 떠올리며 자신의 삶과 성격에 맞게 습관 실천을 반복하고 맞춤화하는 방법을 배웠으면 한다.

다음은 이터레이츠 항목에 대한 설명과 각각을 쉽게 이해할 수 있는 참고 자료를 표로 정리한 것이다(이터레이츠 모델이 8개 범주로 구성되어 있기 때문에 기억하기가 쉽지 않다).

I: 영감 Inspiration 으로 원동력을 얻어라

영감을 둘러싼 반복에는 스스로에 대한 동기부여나 실패로부터 자신을 보호하기 위한 재구성이 포함된다. 영감은 '전에 해봤으니 다시 할 수 있어', '내가 진정으로 원하는 삶을 살 준비가 됐어'와 같이 스스로에게 동기를 부여하는 긍정적인 자기 대화 형태로 나타날 수 있으며, '아이들과 놀아줄 더 많은 에너지를 얻고 싶어'와 같이 다른 사람을 위한 형태로 나타날 수도 있다. 그것이 우리의 이유이며, 우리를 계속 앞으로 나아가게 하는 원동력이다.

어떤 사람들은 냉장고에 붙여놓은 뚱뚱했던 자신의 예전 사진이나 원하는 것에 대한 열망 이미지를 이용한다. 재구성 형태로 나타나는 영감은 '내일은 새로운 하루'라는 맥가이버의 명언처럼 실패에서 회복하고 자신을 보호하는 데 도움이 된다. 내가 자주 들었던 재구성의 다른 표현으로 '넌 언제나 대안을 찾을 수 있어. 언제나 무언가를 할 수 있어', '과거는 잊고 다시 해봐' 등이 있다.

영감을 반복할 때는 (a)자신에게 동기를 부여하기 위해 영감이 필요한지, 아니면 실패병이라는 장애물을 없애기 위해 영감이 필요한지 스스로에게 물어본다. (b)지금까지 들어본 영감을 주는 모든 문구를 브레인스토밍하고, 다른 사람들이 스스로에게 영감을 주기 위해 무엇을 하는지 찾아본 다음 지금의 자신에게 가장 큰 감동을 주는 것을 고른다(사람들은 과거에 효과가 있었던 주문이나 영감을 주는 물건, 노래, 사람 등을 그대로 사용할 수 없는 경우가 많다).

T: 시간Time의 개념을 다양화하라

우리에게 시간은 결코 충분해 보이지 않지만 반복을 다루는 데 사용할 수 있는 일정한 변수는 시간이다. 반복할 수 있는 시간의 개념에는 여러 측면이 있다. 하루에 어떤 일을 하는 횟수를 늘리거나 줄이는 것일 수도 있고, 하루 중의 특정 시간 또는 1년 중 특정 시기일 수도 있다. 또 특정 시간에 하는 기존의 습관(예를 들어 저녁 식사, 잠자기 전, 일어난 후)에 새로운 행동을 결합하거나 쌓는 것이 될 수도 있다. 즉 기존의 습관을 실행할 때마다 새로운 습관을 그 위에 쌓는 것이다(스티브 J. 스콧J. Scott이 저서 『해빗 스태킹Habit Stacking』에서 제시한 습관 쌓기라는 개념).

이 외에도 활동의 강도, 횟수, 순서를 변경하는 등 시간과 관련된 다른 개념을 사용할 수도 있다. 브레인스토밍에서 다음을 생각해보

자. (a)이미 바쁜 일상 속에 새로운 습관을 넣기 가장 쉬운 때는 언제인가? (b)스스로에게 더 많은 선택지와 개선을 제시하기 위해 타이밍 및 시간(위 내용 참고)과 관련해 무엇을 반복할 수 있는가?

E: 습관을 지지해주는 환경Environment에 들어가라

나는 수십 년 동안 습관을 연구해온 습관 과학 분야의 전문가를 만난 적이 있다. 그는 "습관을 결정하는 것은 환경뿐이라는 결론에 도달했습니다"라고 말했다. 하지만 그들은 반복에 대해서는 알지 못했다. 그들은 패스트푸드에 중독되었던 내가 이제는 가장 황량한 식품 사막을 여행하면서도 환경에 굴복하지 않을 수 있다는 사실을 고려하지 않았다. 내가 전적으로 동의하는 부분은 새로운 습관을 시작할 때 환경이 미치는 영향력이다.

먼저 새로운 습관이 견고하게 자리 잡기 전에 환경을 반복하지 않으면 새로운 습관은 즉각 실패할 수 있다(예를 들어 단 음식을 끊겠다고 맹세했지만 그 주에 한 번의 결혼식과 두 번의 생일 파티가 있고 아이들은 학교에서 열린 다른 아이들의 생일 파티에서 사탕을 가져온다). 사회적 규범에 어긋나는 행동을 하거나 변화를 지지해줄 사람이 없는 경우(술을 끊으려고 노력하면서 술친구와 어울리는 것) 소셜 네트워크는 새로운 건강한 행동에 상당한 압력을 준다.

환경 반복에는 옳은 일은 더 쉽게, 잘못된 일은 더 어렵게 만드는 모든 행동이 포함된다. 주방에서 탄수화물이 가득한 음식을 치워버리면 무의식적 갈망을 자극하는 가시적 요인을 제거해 그것을 피하는 데 도움이 된다. 긍정적인 알림도 이와 비슷한 방식으로 작용한다. 싱크대 옆에 치실을 놓아두면 치실을 사용해야 한다는 것을 기억하게 된다. 커피 메이커 옆에 비타민을 두거나 책상 위에 물병을 두면 바람직한 건강 습관을 기를 수 있다. 인지 행동 치료Cognitive Behavioral Therapy는 환경을 활용하는 방법에 대한 좋은 아이디어를 많이 담고 있는 증거 기반 접근법이다(예를 들어 스트레스나 분노에서 벗어나기 위해 빨간불에 심호흡하는 것).⁴

마지막으로 새로운 습관을 형성한 후에는 최대한 그 습관을 뒷받침하는 환경을 조성하는 것이 그 습관을 유지하기 위해 추가로 에너지를 소모하는 것보다 훨씬 쉽다. 환경을 반복할 때 스스로에게 물어보라. (a)새로운 행동을 더 쉽게 하기 위해 주변 환경(사람이나 물건)에 무엇을 추가하거나 바꾸거나 없애야 하는가? (b)건강하지 않은 유발 요인과 유혹을 줄이기 위해 환경에서 무엇을 바꿔야 하는가?

R: 변화할 때까지 쉽고, 간단하게 감소Reduce시켜라

이 항목은 이름대로 더 작거나, 더 쉽거나, 더 실행 가능하거나, 더 점진적인 무언가를 만드는 것이다. 여기에는 하루에 탄산음료를 한 잔 덜 마시는 것처럼 해로움을 줄이는 모든 접근법이 포함된다. 한 블록 전체를 걷는 대신 우편함까지만 걸어갔다 와라. 이런 반복의 철학은 변화가 일어날 때까지 변화를 축소하는 것이다. 노력, 복잡성, 시간, 비용, 동료 집단의 압력 등을 줄이기 위해 반복을 이용할 수 있다. 감소를 위한 반복에 대해 브레인스토밍할 때 스스로에게 이렇게 물어보라. 어떻게 하면 무언가를 없애거나 줄여서 이 일을 더 작고, 더 간단하고, 더 쉽고, 더 빠르고, 저렴하게 만들 수 있을까?

A: 흥미를 한 스푼 추가 Add하라

감소와 짝을 이루는 이 반복 접근법은 습관을 실천하는 데 도움을 받기 위해 풍부함, 다양성, 도전을 이용한다. 사람들은 건강한 습관을 실천할 때 지루함, 외로움, 박탈감을 느끼는 경우가 많다. 하지만 이런 유형의 반복을 통해 몰입감, 사회적 지지, 풍요로움을 느낄 수 있다.

단백질을 보충하기 위해 오후 간식에 땅콩버터를 추가하라. 채소에 핫 소스를 추가하라. 할 수 있는지 확인하기 위해 운동을 두 세트 더 하거나 걷기 시간을 5분 추가하라. 달리기에 활력을 불어넣기 위해 음악을 추가하라. 함께 할 수 있는 책임감 있는 친구를 추가하라. 더 즐거운 연애를 위해 데이트의 밤을 추가하라. 평범한 일상에 새로운 도전이나 재미있는 요소를 추가하라.

추가를 반복하기 위해 스스로에게 이렇게 물어보라. 어떻게 하면 이 습관 실천에 다양성, 풍부함, 흥미를 불어넣을 수 있을까? 생각할 수 있는 모든 아이디어를 브레인스토밍하고(또는 다른 사람들이 무엇을 하는지 조사하라) 가장 흥미로운 아이디어를 선택해 시도해보라.

T: 같은 목표를 가진 사람들과 연대 Togetherness하라

인간은 인간을 필요로 한다. 그리고 서구 사회는 외로움이라는 전염병에 감염되어 있다. 수천 명을 대상으로 행동을 바꾸기 위해 무엇을 했는지 조사한 결과 내가 발견한 진실은 혼자서는 아무도 변하지 않는다는 것이다! 이 항목의 반복 브레인스토밍에서 묻는 것은 바로 누구인가다.

나를 지지해주는 사람은 누구인가? 나의 '팀'에 추가해야 하는 사람은 누구인가? 내 시간을 덜 써야 하는 방해자는 누구인가? 내 사람들은 누구인가? 나는 누구를 모방하거나 누구에게 동참하고 싶은가? 지역 모임에 가입하라. 종교적 행사나 모임에 참여하라. 동네 주민 파티를 열어라. 같은 생각을 하는 모험가들과 배낭여행을 떠나라. 외로움이 만연한 사회에서 연대는 좋은 약이다.

그리고 얼마나 많은 사람이 사회적 불안(지나친 소셜 미디어 사용과 부족한 대면 사회 활동이 우리 모두에게 미친 끔찍한 부작용)을 겪고 있는지 충분히 인식하고, 우리 모두가 사회의 모습을 바꾸기 위해 사용해야 하는 사회적 취약성에 익숙해질 수 있도록 편안함의 가장자리에 발가락을 살짝 담가라. 당신은 혼자가 아니다.

E: 유연하게 기대Expectation하라

행동 변화를 위한 자신의 노력이 특정 방향으로 나아가기를 기대할 때 많은 사람이 좌절하고 정체된다. 예를 들어 다이어트 첫 주에 2킬로그램 감량을 기대했는데 실제로 그렇게 되지 않으면 사람들은 낙담하고 의욕을 잃는다. 그리고 하베눌라가 켜진다!

나는 연구를 하면서 "20킬로그램을 감량하면 더 예뻐 보일 거라 생각했는데 피부가 처졌어!"라거나 "지금쯤이면 목표에 도달할 거라고 생각했어"와 같은 숨겨진 기대가 무의식에서 튀어나와 갑자기 그 사람을 덮치는 것을 보았다. 기대에 대한 반복은 종종 이야기를 통제하는 형태를 띤다.

이것은 재구성과 비슷하지만 인지 유연성에 더 가깝다. "열심히 일하고 훈련했지만 승진을 못하더라도 상관없어. 나는 실력이 뛰어나서 언제든 더 좋은 직장을 구할 수 있으니까" 혹은 "재발할 거라고 예상하지만 겁나지 않아. 무엇을 해야 할지 알고 있거든"이라고 생각하는 것이다.

수년 동안 건강 습관을 바꾸는 사람들을 지켜본 결과 내가 확실히 말할 수 있는 것은 변화는 결코 직선적인 것이 아니라는 점이다! 우리는 변화의 여정에서 정체되고, 지루해지고, 길을 잃을 수 있다. 하지만 발전하고, 성취감을 느끼고, 자신도 몰랐던 수준의 몰입 또한 기대할 수 있다. 기대의 반복에 대한 브레인스토밍에서는 다음과 같은 질문을 던진다. 내가 바라는 것 중 실패라는 역효과를 낳을 수 있는 것은 무엇일까? 어떻게 해야 역효과를 낳지 않고 건강하고 유연한 기대를 설정할 수 있을까?

S: '대체swap하기'로 뇌를 속여라

내가 맥가이버들에게서 발견한 자연스러운 행동 중 하나는 가능한 한 자주 대체할 만한 것을 찾는다는 것이다. 흰 빵 대신 통밀 빵, 설탕 대신 스테비아, 지방 대신 살코기, 일반 우유 대신 식물성 우유, 일반 국수 대신 호박 국수.

대체나 교환은 뇌에 익숙한 감각 경험을 제공한다. 내면의 나를 알면 이것이 얼마나 똑똑한 방법인지 알 수 있다. 대체를 통해 뇌를 속일 수 있는데 왜 나에 대한 근본적인 경험을 없애서 뇌를 놀라게 하는가?

에어 프라이어는 '튀긴 음식을 먹는' 나에게 도움을 준다. 당이 함유되어 있지만 식이 섬유와 비타민이 풍부한 과일은 설탕 중독에 대처하는 데 도움이 된다(사탕 대신 무설탕 리콜라 레몬 민트 사탕을 먹는 것처럼).

대체를 반복할 때 브레인스토밍을 촉진하는 질문은 다음과 같다. 이 행동을 즐기려면 어떤 감각적 경험을 해야 하는가? 그 경험을 좀 더 건강하고 나은 방식으로 유지하기 위해 해로움을 줄일 수 있는 대체 방안은 무엇인가?

영감	동기를 부여하는 주문/매체 실패로부터 보호하는 재구성
시간	빈도, 지속 기간, 반복 특정 시기(하루, 일주일, 1년 중) 습관 쌓기
환경	긍정적인 일을 더 쉽게 만들기 부정적인 일을 더 어렵게 만들기
감소	어려움, 강도, 복잡성 비용 동료 집단의 압력 유혹

추가	풍부함, 용이함 다양성 사회적 지지
연대	배우자/파트너/가족과 함께 모임 참여(온라인 또는 오프라인) 동료나 친구 초대(실생활에서 또는 새로운 만남을 통해)
기대	숨겨진 마감 기한이나 기대 제거 비선형적인 유연한 기대 설정 실험을 통한 배움
대체	맛/감각을 더 건강한 방식으로 대체 일관되고 유사한 감정 경험 가용성/실행 가능성

의욕 시스템을 강화하는 반복의 힘

끝까지 나아가는 자유로운 존재가 되는 비결은 바로 반복이다. 당신은 노력을 제한하고, 당신을 통제하며, 힘을 빼앗는 무능하고 비효율적인 지시와 결별할 수 있는 전적인 권한이 있다. 그리고 성과 지향 매트릭스와 거기에 내재된 실패에서 벗어나는 방법 또한 반복이다. 교육, 문화, 경제적 배경과 상관없이 누구나 반복할 수 있다.

이러한 반복 이전 사고의 세상에서 당신은 이제 진실을 알고 있는 몇 안 되는 사람 중 하나다. 대부분의 사람들에게 반복은 낯선 개념이다. 따라서 그들은 표면적으로 일어나는 일만 본다. 예를 들어 모니크는 동료 직원 제임스가 웨이트 워처스를 통해 매우 날씬해진 것을 보고 프로그램에 가입한다. 하지만 그녀는 웨이트 워처스가 제임스의

긴 인생에서 그저 하나의 반복일 뿐이며 잠시 도움을 주었다가 어느 순간 효과가 없을 수도 있다는 사실을 깨닫지 못한다. 모니크는 제임스의 계획을 모방하지만 같은 프로그램으로 성공하지 못한다. 그녀는 프로그램이 자신에게 맞지 않는다고 생각하기보다 자신이 실패했다고 잘못 믿으며 의욕을 잃는다. 여기서 중요한 단서는 프로그램 자체가 아니라 제임스가 자신이 참여할 수 있는 무언가를 찾았다는 사실이다. 모니크가 이를 알았다면 그 관점을 통해 자신에게 효과적인 방법을 찾는 데 집중했을 것이다. 그리고 그녀는 제임스가 좋아하는 프로그램이 자신에게 효과가 없었던 것은 자신의 잘못이 아니라고 쉽게 무시했을 것이다.

평생 운동을 해온 이웃(테레사라고 부를 것이다)이 있다고 가정해보자. 당연히 그녀의 시나리오는 수년에 걸쳐 바뀌었고, 테레사는 새로운 관심사, 직업적 요구, 신체 변화, 그 밖의 삶의 약속에 맞춰 적응하며 계속 반복했다. 그녀는 어린 시절 학교에서 비정형적 놀이로 운동을 시작했다. 이후 유소년 스포츠에 참여했고, 고등학교와 대학교 때는 팀에서 주전 선수로 활약했으며, 졸업 후에는 지역 체육관에서 운동에 전념했다. 젊은 시절에는 지역 하이킹 클럽에 가입했고, 아이를 키우면서는 유모차를 밀며 동네를 뛰었다. 테레사는 나이가 들고 무릎이 불편해지자 자전거를 타기 시작했다. 노년기에 접어들어서는 가벼운 요가와 걷기, 그리고 손주들과 노는 것을 즐기게 되었다.

테레사의 이러한 변화는 새로운 운동 습관으로 건강한 라이프스타일을 쉽게 유지하면서 삶의 다음 장으로 넘어가게 하는 하나의 반복이었다. 그리고 이것은 쉬운 일이 아니다. 중년에 접어든 사람은 다음 단계로 진화하는 것이 매우 자연스럽고 건강한 일이라는 사실을 깨닫지 못한 채 더 이상 스타 운동선수가 되지 못한다는 부정적 태도에 사로잡힐 수 있다.

나이나 현재 삶은 중요하지 않다. 우리는 이 책 앞부분에서 시몬 바일스에 대해 이야기했다. 그녀는 외부의 요구보다 자신의 건강과 안전을 우선했고, 정신적, 육체적 치유를 위해 2년간 휴식을 취했다(반복!). 그리고 2023년 복귀해 미국 체조 선수권 대회에서 우승했다. 피트니스계의 영부인 일레인 라렌Elaine LaLanne은 아흔일곱 살 나이에도 여전히 멈추지 않고 정신력을 발휘해 활기찬 건강을 유지하고 있다. 그녀는 "할 수 있다고 믿어야 해요. 모든 것은 마음에서 시작됩니다"라고 말했다. 피트니스계의 전설 잭 라렌Jack LaLanne과 60년 가까이 결혼 생활을 이어오고 있는 일레인은 '움직이지 않으면 움직일 수 없게 된다'라는 겸손하면서도 강력한 좌우명을 바탕으로 남편과 거대한 사업을 운영하며 무수히 많은 반복을 실천했다.

인생의 큰 그림을 보라. 당신은 반복자다. 지금까지 당신은 운동요법, 식습관, 정신 건강, 인간관계, 커리어 등 인생의 여러 측면에서 성공적으로 반복을 실행해왔다. 주로 한 가지 직업을 소명으로 여겼던 위대한 세대와 베이비 붐 세대에 비해 2년마다 직업을 바꾸는 Z세대를 생각해보라.

오늘날 우리는 적응하거나 죽거나(즉 무감각한 상태로 살거나) 둘 중 하나다. 힘든 경험을 한 후 생기는 회복 탄력성인 호르메시스hormesis

는 운동을 열심히 하면서 지친 근육이 타는 듯한 느낌을 받는 것처럼 완전히 살아 있기 위해 필요한 요소다. 마찬가지로 최신 피부 과학 연구자들은 특정 방식으로 피부를 손상시키면 피부 재생이 촉진된다는 사실을 발견했다. 생체 모방biomimicry(자연에 존재하는 생물을 모방해 기술이나 제품을 발명하는 것—옮긴이) 분야는 모든 자연에 유사점과 지적 설계가 존재한다는 격언을 따른다. 우리는 다른 사람을 위해 성과를 추구하고 자신의 힘을 잃는 대신 자연의 방식대로 행동함으로써 타고난 천재성을 따르는 방향으로 전환하고 있다. 자연은 반복을 통해 진화하고 회복력을 키운다. 반복은 인지 유연성을 통해 이루어진다. 호르메시스는 지옥을 겪은 후 반복을 통해 얻는 패기와 자신감을 키운다. 컨트리 가수 로드니 앳킨스Rodney Atkins의 깨달음을 보자.

"지옥을 겪고 있다면 계속 나아가라.

늦추지 말고 겁이 나도 내색하지 마라.

악마가 당신이 거기 있다는 사실을 알기도 전에

당신은 빠져나갈 수 있을 것이다.

친구여, 나가는 길은 반복하는 것이다.

반복하는 사람은 절대 실패하지 않기 때문이다."

8장

당신은 생각보다 더 강하다

자신이 변화를 만들기에 너무 작은 존재라고 생각한다면 모기와 함께 자보라.

— 달라이 라마 14세 Dalai Lama XIV

조시와 나는 캘리포니아의 특별한 지역에 살고 있다. 이곳은 오래된 삼나무, 희귀 식물, 수백 종의 동물이 사는 깨끗한 강이 흐르는 산과 숲으로 이루어져 있다. 사실 이 생태계 전체는 세계 샌드 힐스Sand Hills 생태계 중 2,000에이커(약 3,000제곱미터)에 불과하다. 어느 날, 사무실에서 엽서 한 통이 도착했다. 엽서에는 우리가 사는 지역을 위협하는 골치 아픈 소식이 담겨 있었다. 엽서의 주요 내용은 이랬다. '당신의 이웃이 대규모 산업용 대마초 농장을 제안하고 있으며 공청회가 열립

니다.'

엽서를 보는 순간 힘이 빠졌다. 수년간 환경보호를 위한 노력이 하나둘 실패하는 것을 지켜보면서 이 일을 극복할 방법은 없다고 생각했다. 조시도 마찬가지로 환경 파괴를 막는 데 회의적이고 비관적이었다.

우리 지역에는 몇 안 되는 이웃이 드문드문 살고 있다. 우리는 서로 만나지 않는 다른 유형의 사람이며, 지역 커피숍에 공지를 붙일 수 있는 것도 아니다. 내 하베눌라는 최고조로 활성화되었다. '이 일에 반대할 사람은 많지 않아.' 우리는 어떻게 싸워야 할지 몰랐고 너무 바쁜 데다 돈도 충분하지 않았다. 또 다른 이웃들은 우리처럼 물과 야생동물에 관심이 없을 수도 있었다.

하지만 막 의식을 마치고 돌아온 나는 세상을 위해 봉사하고 싶은 마음이 샘솟았다. 행동 변화에 대해 알고 있는 만큼 이제 내가 설파하는 내용을 실천할 차례였다. 나는 하베눌라가 켜지는 것을 피하기 위해 먼저 내 사고방식을 반복해야 한다는 것을 알고 있었다. 우리는 강을 보호할 것이다! 전례 없는 가뭄과 산불, 물 부족 시대에 플라스틱 양동이에 담긴 수만 그루의 목마른 식물이 1년에 몇 번씩 자라날 수 있는 곳은 없다. 물이 마르면 수많은 동물, 식물, 곤충이 사라질 것이다. 땅은 영원히 바뀔 것이다. 나는 영감에서부터 반복을 시작했다.

우리는 알고 지내던 이웃들과 이야기를 나누었고, 나는 모두가 지지할 수 있는 '우리는 이 강의 수호자입니다'라는 구호를 제안했다. 첫 공청회에는 50~60명 정도의 주민이 참석해 많은 지지를 보내며 카운티 직원들을 충격에 빠뜨렸다. 카운티 직원들은 핑계를 대며 공청회를 즉각 연기했다. 하지만 다음 공청회에서 그들이 산업용 대마초 농장을 제안한 힘 있는 신청자, 마을의 절반을 소유한 가족, 그리고 그들의 변호사들과 공모한 것이 분명해졌다.

신청자들은 서류를 위조해 법적 재배 면적을 2배로 부풀렸다. 그들은 자신의 영향력 안에 있는 사람들에게 반대 목소리를 내지 말라고 협박했다. 환경 영향 평가를 피하기 위해 기획 부서와 공모한 것 또한 분명했다. 그러나 정말 놀라운 일은 따로 있었다. 카운티는 대마초 사업에 대한 세금으로 매년 80만 달러를 징수할 수 있기 때문에 허가서에 도장을 찍을 인센티브가 충분했다. 소위 전문가(돈으로 매수한)라는 사람들이 줌Zoom을 통한 일방적인 대화로 이웃들의 우려를 '진정시키기 위해' 투입되었다(그들은 줌의 웨비나 설정을 이용해 공개 댓글이나 화상 참여를 제한했고 참석자 수조차 확인하지 못하게 했다). 카운티 전문가들은 우리가 사라지기를 바라며 의심스러운 데이터를 제공하기도 했다.

하지만 우리는 사라지지 않았다. 우리는 변호사를 고용하려 했지만 그 변호사조차 "결국 법정에 가서 지게 될 겁니다. 이런 일은 다 그런 식이에요(그의 하베눌라가 하는 말)"라고 말했다. 다음으로 여섯 명의 자원봉사자로 구성된 카운티 계획위원회 공청회가 줌을 통해 화상으로 열렸다. 이 공청회는 카운티의 기획 부서 책임자가 주관하고 소속 직원들이 지원하는 가운데 이루어졌다. 카운티 직원들은 드러나지 않은 공모를 통해 공청회를 완전히 엉터리로 만들었고 이는 마치 고양이에게 생선을 맡긴 격이었다.

그들은 화상회의에서 영상과 채팅 기능을 차단함으로써 다시 한 번 주민들의 비판을 피했지만, 우리는 보호자 카이라, 보호자 조시, 보호자 로버트 등 이름 앞에 '보호자'를 붙여 서로를 확인하는 영리한 전략으로 이에 대처했다. 그쪽에서 보는 화면에는 '보호자'가 가득했고, 대마초 프로젝트에 반대하는 이름이 찬성하는 이름보다 훨씬 더 많았다.

그 가운데 특히 강력한 존재감을 드러낸 이름이 있었는데 바로 토르였다. 그는 핀란드 사람이었는데, 공청회 도중 그들은 "보호자 토르 씨, 하실 말씀 있습니까?"라며 발언을 허용했다. 천둥의 신이 우리 편이 되면서 보호자 쪽으로 힘이 실렸고 그것은 보기 드문 유쾌한 순간이었다. 우리는 포기하지 않았고, 결국 계획위원회는 5대 1로 신청을 기각했다. 모든 역경에도 우리가 이긴 것이다!

이 이야기의 교훈은 반복을 그만두면 패배한다는 것이다. 우리는 이대로 둘 수 없다고 판단했고 "이 문제에 대해 무언가 할 수 있습니다"라고 말했다. 그리고 올바른 이유와 장기적 목적을 위해 참여했다. 비록 단기적 장애물에 잠시 발이 걸려 넘어지더라도 그것을 인식하면 재구성하고 반복할 수 있다. 지역 청원을 시작할 수 있을까? 더 많은 이웃을 하나로 모을 수 있을까? 이 문제를 페이스북에 게시할 수 있을까? 반복은 무력함을 치료하는 방법이며 우리는 끈질긴 추진력으로 위협을 이겨냈다.

그 어느 때보다 반복이 필요한 시대

나는 가장 좋아하는 책 『향모를 땋으며』를 끝까지 읽지 못했다. 솔직히 마지막 장을 읽는 것이 견딜 수 없었기 때문이다. 원주민들의 생태학적 지혜와 현대 과학을 이어주는 아름답고 훌륭한 이야기가 이어진 후 저자 로빈 월 키머러Robin Wall Kimmerer는 기후변화에 대한 장으로 책을 끝맺는다.

물론 마지막 장 전체를 읽지 않았기 때문에 그녀가 '잘' 끝냈는지 모르겠지만 내가 기억하는 감정은 무력감, 두려움, 압도적인 문제에 대한 분노, 아무것도 할 수 없다는 당혹감과 슬픔이었다.

내가 생명을 학대하거나 착취하는 혹은 상황의 심각성을 보여주는 영상이나 다큐멘터리를 보지 못하는 것도 이와 같은 이유다. 대부분의 '뉴스(잘못된 것만 집중적으로 다루기 때문에 나는 '나쁜 뉴스'라고 부른다)'가 내게 일으키는 감정 또한 마찬가지다. 그것은 내게 너무 강렬하고 나를 마비시킨다.

당신은 어떤지 모르지만, 나는 끔찍한 사건이나 예측에 대한 세계 뉴스에 너무 많이 노출되면 하베눌라가 '켜짐' 상태에 멈춰버리기도 한다. 아마 내가 사회운동 및 환경 운동이 두려움이나 과장, 피상성에 의존하며 하베눌라에 수많은 충격을 준 1970~1980년대에 자랐기 때문일 것이다. '우리는 ○○년 ○○월 ○○일에 모두 죽을 겁니다(언제나 날짜가 바뀌었기 때문에 양치기 소년의 말처럼 아무도 믿지 않았다)', '이것은 마약에 취한 당신의 뇌입니다', '음식을 남기지 마세요. 아프리카에는 굶주린 아이들이 있습니다!' 등의 구호가 난무하던 시대였다. 좋은 의도에서 비롯된 사회적 변화 메시지였지만, 명확한 행동을 촉구하기보다 감정에 치우친 각 메시지는 결국 스탠드업 코미디의 소재로 전락했다.

나는 신경과학을 연구하면서 많은 사람들과 다른 방식으로 이 시대를 헤쳐나가는 방법, 즉 빠르게 돌아가는 현대 생활에서 건강해지고 힘을 얻는 방법을 배웠다. 그리고 허위 및 악성 정보를 비롯한 엄청난 양의 뉴스로 하루에도 몇 번씩 우리 뇌를 폭격하는 절망과 무력감에서 벗어나는 방법(사실상 초월하는 방법)으로 이 관점을 제시하고 싶다. 우리 조상들의 뇌는 이처럼 많은 하베눌라 자극에 대처할 필요가 없었으며 인간의 뇌는 이를 더 잘 관리하도록 진화할 시간이 충분하지 않았다. 실패 산업과 벌거벗은 임금님이 만연한 매트릭스 같은 세계에서도 나는 지나친 낙관주의나 종말론적 허무주의의 희생양이 되지 않으면서 용기와 사랑, 지혜로 이 시대를 마주할 방법이 있다고 믿는다.

나는 과학에 근거해 절제와 희망의 균형을 맞춘 강력한 처방을 제시하고 있다. 그 답은 무엇일까? 당신도 알고 있다. 그것은 바로 반복이다. 나는 무력감으로 당신을 자극하지도, 세상의 모든 것이 '괜찮다'고 설득하지도 않을 것이다. 우리 중 대부분은 그렇지 않다는 것을 안다. 대신 힘을 북돋는 연습을 함께 해보자. 오늘날과 같이 혼란스럽고 대규모의 강력한 변화가 일어나는 시대에 반복을 필수 기술로 도입하자. 나는 반복이 우리 시대의 결정적인 기술이라고 믿는다.

우리는 할 수 있다. 어떤 강력한 도전이 일어나고 있는지가 아닌 그에 대한 우리의 반응에 초점을 맞추는 것은, 이상주의적 접근이 아니라 현실주의적 접근이다. 결국 우리가 실제로 이해할 수 있는 것은 반응이다. 반복하는 것과 도전에 대한 반응을 관리하는 것은 모한다스 간디Mohandas Gandhi, 마틴 루서 킹 주니어, 테레사 수녀Mother Theresa, 넬슨 만델라Nelson Mandela, 틱낫한Thich Nhat Hahn, 알베르트 아인슈타인Albert Einstein, 말랄라 유사프자이Malala Yousafzai 등 우리가 존경하는 모든 인물의 공통점이다.

그들은 모두 능숙한 유연함으로 세상을 헤쳐나간 반복의 대가였다. 반복에 능숙해지면 노력을 초월한 높은 수준의 효율성, 편안함, 현명한 행동에 도달한다. 기원전 6세기에 탄생한 도교 철학은 '무위'라는 개념에 초점을 맞춘다. 이는 수동적이고 아무것도 하지 않는 것을 의미하는 '무행동'으로 잘못 해석되는 경우가 많다. 그러나 더 정확한 해석은 마찰이 없고, 간섭하지 않으며, 힘들이지 않는 방식으로 행동하는 것이다.[1]

부정은 '가장 원시적 형태의 자기방어'라는 것을 기억하자. 그것은 말 그대로 슬픔의 첫 번째 단계이며, 다른 단계로는 분노, 우울, 협상, 수용이 있다. 이것은 유연하게 반복하고 적극적으로 탐색하지 않으면 우리의 일부가 슬픔에 갇힌다는 것을 의미한다. 슬픔은 어떻게 우리의 발목을 붙잡아 용기 있게 행동하는 대신 부정으로 얼어붙거나, 격렬히 분노하거나, 우울증으로 무력해지거나, 신에게 기적을 바라게 만들었을까?

당신도 알다시피 우리의 집단 하베눌라다. 집단행동이나 동기 상실 및 슬픔의 고착이라는 공통된 경험은 우리 모두의 힘, 창의성, 동력을 찾기 위해 함께 노력할 것을 요구한다. 결국 인간은 생물학적으로 모든 동물 가운데 가장 나약한 존재다. 털도 없고 힘도 약하게 태어나 오랫동안 무방비 상태로 수많은 야생동물의 이빨과 발톱에 공격받고 미생물과 기생충에 쉽게 감염된다.

코미디언 데이비드 셔펠David Chappelle은 이런 질병에 대해 농담한 적이 있다. "설사로 사망한 사람이 홍역으로 사망한 사람보다 훨씬 많습니다. 물론 지금은 우스운 일이지만 100년 전만 해도 설사병에 걸리면 죽은 목숨이나 마찬가지였어요. 생존할 확률이 0퍼센트였거든요. '푸지직! 오, 이런. 주변 정리를 시작하는 게 좋겠군.'"[2]

사실 야생에서 외로운 인간이 된다는 것은 가슴 아픈 취약성을 느끼게 한다. 인간의 힘은 부분적으로 전뇌와 문제 해결 능력 및 독창성, 그리고 생존율을 높이기 위해 집단적·협력적으로 재능을 결합하는 능력에 있다. 우리는 집단적으로 강력하고 개인적으로 취약한 종species이다.

사회적 무력감의 탈출구

집단 하베눌라를 관리하는 데 가장 중요한 전략은 절망과 동기 상실이 발생할 때를 미리 계획하고, 모든 사람이 서투르게 포기하고 집으로 돌아가도록 자극하지 않는 변화 접근법을 설계하는 것이다. 예를 들어 신성한 땅에 깊은 상처를 내고 물을 오염시키는 수송관을 설치하는 것에 항의하기 위해 이웃이 모인 경우 '이렇게 한들 무슨 소용이 있는가? 우리는 이길 수 없다'라는 하베눌라의 순간을 경험하고 집으로 돌아가 침울해질 수도 있다.

반면 이런 자연스러운 슬픔과 무력한 반응을 예상한 경우, 인지된 실패(실패병 유형 중 시작하기도 전에 끝났다고 생각하는 사전 실패에 해당)를 무효화하는 메시지와 방법을 만들어 사람들을 움직이게 만들고 계속 나아갈 수도 있다.

이는 과거 행동주의와 사회운동에서 크게 놓친 부분이었다. 그 결과 사람들은 목표한 결과를 얻기 위해 장기적 전략의 일환으로서가 아닌 일회성으로 진행된 행진이나 시위에 열정적으로 참여했다. 환경운동은 전통적으로 분노, 두려움, 죄책감, 수치심과 같은 단기적이고 강렬한 감정에 의해 추진되었다.

열정적인 환경주의의 강렬함에는 중요한 균형의 힘, 즉 지속적이고 스스로 전파되는 여러 세대에 걸친 변화가 빠져 있다. 이는 한 번에 수십 년 치 계획을 세우는 막강한 기업적·정치적 이해관계에 맞서는 유일한 방법이다. 우리는 전략적 의사 결정을 내리고 사전 계획을 세워야 한다.

지금까지는 아무도 하베눌라에 대해 알지 못했기 때문에 장기적인 참여를 이끌어내기 위해 무엇이 필요한지 예측하기 어려웠다. 예를 들어 하루 종일 소리 지르고 땀 흘리며 참여한 시위가 정책적·사회적·법적 변화를 이끌어내지 못했다면 어떻게 될까? 그날 밤, 무언가를 했다고 느끼며 잠을 자는 동안 하베눌라가 귀에 대고 속삭인다. "잠깐. 정확히 뭐가 바뀐 거지? 물론 이런 걱정을 나 혼자만 하는 게 아니라는 사실을 알게 되었어. 하지만 권력이나 자원이 있는 누군가를 변화하게 만들었을까?" 장기적으로 사람들이 냉소적인 태도를 보이지 않고 계속 나아가도록 하기 위해 실패와 절망에 대한 이야기를 통제하는 것이 얼마나 중요한지 아는 사람은 없었다.

순응과 복종의 시대였던 1940년대와 1950년대, 그리고 1960년대 초반과 달리 대규모 가두시위가 벌어지던 1960년대가 지나갔다. 젊은 사람들이 매트릭스에 동조하지 않는 것은 이례적이고 급진적인 일이었고, 몇 년 동안 그들은 변화를 추구하는 크고 통일된 목소리로 세상에 불을 밝혔다. 하지만 안타깝게도 그들 역시 하베눌라에 대한 계획은 세우지 못했다.

샌프란시스코에서 자란 '보리스'라는 내 친구는 열여섯 살 때 상징적인 운동인 '사랑의 여름Summer of Love(1967년 여름 샌프란시스코에서 일어난 히피 운동으로, 주류 가치를 거부하고 평화, 사랑, 개인의 자유를 중심으로 한 이상을 추구했다.—옮긴이)'에서 맨 앞줄에 있었다. 그는 당시 경험을 이렇게 설명했다. "세상에, 처음 시작했을 땐 정말 놀라웠어! 말 그대로 골든게이트 공원에서 아름다운 여자들이 벌거벗은 채 춤을 췄지. 나는 죽어서 천국에 간 줄 알았어!" 그리고 운동 후반부에 대해 이렇게 말했다. "1년쯤 지나 모임에 갔는데 벌거벗은 여자들이 있던 자리에서 웬 늙은 남자 하나가 벌거벗고 춤을 추더라고. 그때 그 운동이 끝난 걸 알았지."

벌거벗은 채 춤을 추는 것보다 더 좋은 방법이 있다. 바로 반복과 실패 관리다. 가까운 예로, 2016년 노스다코타주 스탠딩 록 인디언 보호구역Standing Rock Sioux Reservation에서 미주리강 아래로 연결될 계획이었던 다코타 송유관에 대한 항의 시위를 들 수 있다. 조상의 무덤과 주요 수자원을 보호하기 위해 약 200개 부족에서 수천 명이 모여 거대 석유 권력과 돈에 맞서 전례 없는 시위를 벌였다. 처음에는 언론의 주목을 받지 못했고 인원, 자금, 권력 등 모든 면에서 열세에 놓여 있었다. '아메리카 원주민의 이슈는 눈에 보이지 않는다'는 오래된 패턴이 나타나기 시작했다.

하지만 당시 스탠딩 록 부족의 추장이자 대학 시절부터 내 멘토였던 원주민 대부 릭이 공평한 경쟁의 장을 만들었다. 70대 초반인 그는 캠프를 방문해 왜 언론이 그들을 시위자로 부르게 두었는지 물었다.

"여러분은 물을 보호하는 사람이지 시위자가 아닙니다."

그는 상황을 바라보는 새로운 시각을 반복하고 재구성했다.

"여러분은 희생자가 아닙니다. 그저 어떤 것에 반대하는 것이 아니라 물을 위해, 생명을 위해 존재하는 사람이에요."

이 강력한 패러다임 전환을 통해 그들은 일시적인 시위를 넘어 더 오래 지속되는 노력으로 나아갈 수 있었다. 오늘날 그들은 장기적 관점을 바탕으로 법정에서 계속 노력하고 있다.

사랑하는 무언가나 누군가를 치열하게 보호하고 있다면 당신은 목적과 인내심이 있는 것이다. 반복적 사고가 확고히 자리 잡으면 하베눌라는 불가능을 성취할 수 있도록 조용히 당신을 놓아둔다. 나는 우편함에 전달된 간단한 엽서 한 장을 계기로 무력감에서 벗어나 직접 수자원 보호자가 되어 이 방법을 실천했고, 그것이 성공적으로 이루어지는 모습을 보았다.

이것은 모든 경우에 똑같이 적용되는 결론이다. 세상을 바꿀 수 없는 것은 사람들 때문이 아니다. 반복을 멈추고, 어느 순간에는 시도를 멈추기 때문이다. 극복할 수 없을 것 같은 난관에 부딪혔을 때 이 점을 기억하라. 상황이 잘 풀리지 않을 때 진정한 반복자는 탐색을 시작한다. 이것이 지금 나에게 가르쳐주는 것은 무엇인가? 오랜 시간에 걸쳐 입증된 '적응하지 않으면 죽는다Adapt or Die'는 진리처럼 박테리아부터 바퀴벌레, 인간에 이르기까지 적응할 수 있는 모든 종은 살아남을 것이다. 오픈 인터넷을 억제하겠다는 AI 연구자들의 초기 합의에도 현재 오픈 인터넷에 연결된 AI가 우리가 이해할 수조차 없는 엄청난 속도로 반복을 실행할 수 있다는 점에서 깊은 인상을 준다.

2023년 팟캐스트 〈메이킹 센스Making Sense〉에서 샘 해리스Sam Harris는 무스타파 술레이먼Mustafa Suleyman과 인공지능의 딜레마에 대해 이야기했다. 반복 학습을 처음 발명한 사람들 중 한 명인 술레이먼은 이제 AI를 억제하는 것에 대해 우려를 나타낸다. 그는 이런 식으로 통제되지 않은 AI의 문제와 위험에 직면하기를 주저하는 동료들에 대해 다음과 같이 설명한다.

"우리(AI 과학계)는 (개방형 AI의) 단점에 초점을 맞추고 그것에 대해 이야기하는 것을 두려워하지 말아야 합니다. 저는 이 주제를 언급할 때 일종의 비관주의적 혐오를 확실히 경험합니다. 사람들은 일이 어떻게 잘못될 수 있는지에 대해 부정적 대화를 나누지 못합니다."[3]

익숙하게 들리는가? 하베눌라는 혐오가 있을 때마다 작동한다. 슐레이먼은 반복과 탐색을 통해 행동하는 대신 패배감에 빠져 모래 속에 머리를 파묻고 있는 것처럼 말하는 동료들의 하베눌라에 대해 이야기하는 것이다. 부정, 두려움, 무력감으로 얼어붙지 않고 지금부터 반복한다면, AI처럼 불확실하고 잠재적으로 해로울 수 있는 문제도 우리의 집단적 노력으로 해결할 수 있다. 아니, 어쩌면 우리 중 한 명이 디지털 하베눌라 AI를 프로그래밍해 수치심과 죄책감으로 AI를 통제할 수 있을지도 모른다!

"우리는 모두 연결되어 있다"

좋은 소식은 우리가 집단 하베눌라와 씨름해야 할 수도 있지만 서로 그리고 삶 전체에서 훨씬 더 많은 공통점을 공유하고 있다는 점이다. '나처럼Just Like Me'이라는 명상이 있는데, 나는 이 명상이 매일 지나치게 강조되는 개인주의에 대해 믿을 수 없을 정도로 큰 치료 효과가 있음을 알게 되었다.

이 연습은 '이 사람은 나처럼 살아오면서 신체적·정서적 고통과 아픔을 경험했습니다'와 같은 사려 깊은 문구로 당신을 안내한다. 그리고 나중에는 '이 사람도 나처럼 행복해지기를 원합니다. 이 사람도 나처럼 안전하고, 강하고, 건강하기를 원합니다'라고 표현하게 한다. 이 연습은 연민을 자극하고 개인의 지나친 자아를 해소하는 데 효과적이다.

가키나-아비야Gakina-awiiya는 오지브웨어로 '우리는 모두 연결되어 있다'라는 뜻이다. 라코타족 명언인 '미타쿠예 오야신Mitakuye Oyasin'은 '나의 모든 관계'라는 뜻이다. 전 세계 원주민 문화에는 이러한 상호 연결성에 대한 아주 오래된 이해가 깊이 스며들어 있다. 제1원칙 사고법First Principles Thinking('진실이라고 알고 있는 근본적인 부분까지 프로세스를 분해해 거기서부터 쌓아 올리는 행위'로 정의된다)을 이용해 이를 생각해보라.[4] 협력, 삶, 죽음이 매일은 아니더라도 계절마다 밀접하게 연관되어 흘러가는 지구의 실용적 사회에서는 어떤 사소한 것도 시간을 견뎌낼 수 없다. 피상적인 사색이나 트렌드, 쓸모없는 철학이 살아남을 자리는 없다. 따라서 이 상호 연결성이라는 실이 전 세계에서 독립적으로 생겨나 태곳적부터 지속되어왔다면 이것은 생존과 좋은 삶을 위해 정말 중요한 요소일 것이다.

나는 이것이 단서라고 생각한다. 우리는 옥시토신을 고갈시키는 사회에서 분노를 자극하는 소셜 미디어 알고리즘(그리고 공감 능력에 문제가 있는 억만장자 계급의 지배자들)이 타인과 연결하려는 우리의 욕구를 분열된 부족주의로 악용하는 시대에 살고 있다. 이러한 조작에 대해 우리는 너무나 취약하며, 이는 에미상을 받은 〈소셜 딜레마The Social Dilemma〉 같은 다큐멘터리의 도움으로 점점 더 명확해지고 있다.

하지만 더 흥미로운 것은 자연이 어떻게 스스로 균형을 잡는가다.

이러한 플랫폼들의 폭주하는 선전, 괴롭힘, 피해에 대해 점점 더 많은 사람이 피로감을 느끼고 의심하고 있다. 우리가 견딜 수 있는 정신 건강 악화나 절망은 한계가 있다. 감옥 같은 우리에서 코카인에 중독된 쥐들이 자극적이고 풍요로운 환경에서 살면 중독되지 않는 것처럼, 결국 연결에 대한 우리의 갈망은 일시적인 도파민 해결책을 초월할 수밖에 없다.[5] 오늘날 너무 많은 사람이 관심 또는 실패 경제의 매트릭스에 갇혀 있지만, 여기에 완전히 중독되는 대신 누구나 사랑에 빠지고, 기술을 배우고, 예술을 만들고, 휴일에 친척과 모일 수 있다는 사실은 진정한 연결이 승리한다는 것을 의미한다.

그리고 제1원칙에 따르면, 우리의 관심을 사로잡는 틱톡에 이용당하는 것만큼 우리가 연결을 추구한다면 의미 있는 경험을 갈망하는 것은 시간문제일 뿐이다. 정크 푸드만 먹으면 복통, 브레인 포그brain fog, 기력 저하 등의 비특이적 증상이 나타나 더 건강한 무언가를 추구하게 되듯, 뇌의 극단적 불균형은 결국 사람들에게 알려져 물과 마찬가지로 균형을 찾게 될 것이다.

연결이란 이런 것이다. 외로움에서 피상적인 연결로 방향이 바뀌더라도 우리는 연결, 정서적·사회적 안전, 사랑에 깊이 의지하기 때문에 항상 그것을 추구할 것이다.

연습하라, 재구성하라, 반복하라

오늘날 세상은 탐욕과 권력을 추구하는 사람들로 가득 차 있는 것 같다. 그들 중 일부는 나르시시즘과 소시오패스적 성향이 너무나 뚜렷해서 수치심도 하베눌라도 전혀 없는 것처럼 보인다. 그들 중 상당수는 최근 인류의 많은 부분에 대해 전례 없는 영향력을 축적한 부유하고 강력한 (주로) 남성인데, 공교롭게도 그들이 소유하고 있거나 막강한 영향력을 행사할 수 있는 미디어에서 긍정적으로 묘사되고 있다.

마크 저커버그Mark Zuckerberg는 30억 명이 넘는 사람들의 뉴스 흐름을 통제한다.[6] 틱톡은 17억 명의 사용자를 보유하고 있으며[7] 그중 상당수는 아직 뇌가 발달 중인 젊은이들이다. 일론 머스크는 세계적으로 전례 없는 국가 안보 위협으로 여겨지는 수천만 개의 스타링크 위성으로 밤하늘을 뒤덮어 세계 인터넷을 장악할 작정이다.[8] 국제적인 인터넷 전원 스위치를 한 사람 손에 맡겨야 하는가? 한편 빌 게이츠Bill Gates는 미국에서 가장 큰 농지를 갖고 있으며 이는 미래의 식량과 의약품 공급에 막대한 영향을 미칠 수 있다. 나는 이들을 비난하지 않고 그들의 의도나 윤리를 알고 있다고 주장하지도 않는다. 나는 극소수가 어떻게 그런 권력과 부를 누릴 수 있는지에 더 집중하고 있다.

이런 일이 일어나려면 평범한 사람들이 자신의 권력과 주권을 포기해야 한다. 이런 불균형이 존재하는 이유는 다음과 같다. 만연한 실패병이 대규모로 하베눌라를 작동시키고, 이는 집단적 무기력을 일으키며, 포기한 권력이 소수의 엘리트를 먹여 살리는 데 이용되기 때문이다. 그리고 좋은 의도를 가지고 열심히 일하는 사람이 많겠지만, 실패 산업 관련 기업들이 그렇듯 그들을 둘러싼 인센티브 매트릭스는 어떻게든 그 자체로 생명을 갖게 된다.

그러한 인센티브 대신 내게 활기를 불어넣어주는 것이 있다. 바로 대중이 더 많은 힘을 갖도록 돕는 일이다. 다양한 사람을 만나며 경험한 바에 따르면, 대다수는 선하며 좋은 일을 하고 싶어 하기 때문이다. 안전하지 않다고 느낄 때 그들은 이기적이거나 방어적이거나 비판적인 모습을 보이는가? 물론이다. 하지만 많은 사람들은 생각보다 더 많은 공통의 가치를 지니고 있다. 바로 황금률에 따라 살고 싶어 한다는 점이다. 대부분의 사람들은 다른 사람으로부터 자신을 보호하기 위해 혹은 사랑받는다고 느끼기 위해 만들어진 형식적인 모습이 아닌, 진정한 자신이 되고 싶어 한다. 또 전쟁, 빈곤, 기후, 정의 등의 문제가 지혜롭고 합리적으로 해결되는 건강하고 아름다운 세상에서 자녀가 성장하기를 바란다. 그렇다면 우리의 관심이나 무기력으로 수익을 얻는 이들로부터 우리의 관심을 되찾아 통제력을 갖고 의미 있는 삶을 살려면 어떻게 해야 할까?

이제 당신은 실패했다고 생각하거나 하고 싶은 일을 하지 않을 때마다 하베눌라가 작동한다는 사실을 알고 있다. 그리고 마지막 장에서 자신을 자유롭게 하기 위해 무엇을 해야 하는지 알아보았다. **연습하라. 재구성하라. 반복하라.** 노스다코타에서 일어난 물 시위대 이야기는 집단 하베눌라 설계를 보여주는 사례다. 즉 집단 전체의 하베눌라가 작동하지 않도록 막아 그들을 멈출 수 없는 존재로 만든 것이다.

이 책을 쓰는 동안 나는 끊임없이 실패를 경험했다. 내가 사람들에게 그 이야기를 할 때마다 그들은 이해할 수 없는 하베눌라의 순간을 겪었다. "무슨 소리야? 하베눌라가 뭐야? 목표와 추적이 뭐가 그렇게 문제야?" 형편없고 부적절한 방식으로 계속 설명하는 것이 좌절감을 안겨줄 때도 있었다. 나는 세상을 바꾸는 이 새로운 뇌 과학의 심오한 의미를 제대로 설명하지 못하는 것 같았다. 하지만 어떻게 하면 이 중요하고 시의적절한 정보를 이해할 수 있고, 기억에 남고, 행동을 바꾸는 방식으로 가르칠 수 있을지 계속 고민하고 반복했다. 그렇게 4년간의 광범위한 연구와 실험, 그리고 반복을 거듭한 끝에 마침내 이 책이 탄생했다.

반복은 자신에게 적합한 것을 찾도록 도와준다. 사실 나는 삶을 일종의 길고 끝없는 복도에 비유하며 다양한 문의 손잡이를 돌리고 있다. 어떤 손잡이는 조금만 움직인다. 어떤 문은 살짝 열려 안쪽이 조금 보이기도 하고, 어떤 문은 활짝 열리기도 한다. 또 어떤 문은 은행 금고처럼 꽉 닫혀 있다. 나는 그 안에 있는 것이 지금, 어쩌면 영원히 내게 맞지 않을 수도 있다는 점을 깨닫고 인내와 끈기로 복도를 계속 걸어가야 한다. 반복은 그런 것이다 "안 돼!"라고 단호하게 외치는 사람도 있다. "어쩌면…"이라고 부드럽게 말하는 사람도 있다. 핵심은 움직이지 않는 것을 빠르게 놓아주고 움직이는 것을 기반으로 발전할 수 있도록 인지 유연성을 유지하는 것이다. 신화학자 조지프 캠벨 Joseph Campbell은 이렇게 말했다. "우리는 우리가 계획한 삶을 내려놓아야 한다. 그래야 우리를 기다리고 있는 삶을 받아들일 수 있다."

준비는 모두 끝났다

터프한 야생 가이드인 친구 케이틀린과 근처 주립 공원에서 산책하던 중 기후변화, 정치 불안, 기타 글로벌 문제들이 화제에 올랐다. "나는 걱정하지 않아. 왠지 이 시대를 위해 태어난 것 같거든. 나는 준비가 되었어." 그녀는 대담하게 말했다.

나는 '와우, 나는 준비가 되었을까?'라고 생각했다.

지금 이 시대에 추론 능력이 발달한 우리 인간은 과거에서 배우고 세상을 바꿀 수 있는 독특하고 특별한 집단적 기회를 갖고 있다. 그리고 우리는 그 일을 하고 있다. 물론 거대하고 두려운 일이 존재한다. 처음에는 무엇을 해야 할지 모를 수도 있고, 자신이 '충분하지 않다' 거나 다른 유형의 실패병이 머릿속에서 맴돌 수도 있다. 하지만 우리는 서로가 분리되어 있고 광활한 세상에 홀로 있다는 착각에서 벗어날 수 있다.

우리는 고립되고, 중독되고, 약해지고, 산만하고, 두렵고, 회의적이고, 상처받은 존재였던 과거의 모습을 버릴 수 있다. 우리는 스스로를 변화시키고, 실수에서 배우고, 트라우마를 용서하고 치유하며, 새로운 습관을 만들고, 우리가 사랑하는 지속 가능한 삶을 만들 수 있다. 우리는 역경에도 굴하지 않고 더 나은 미래를 만들기 위해 함께 힘을 모을 수 있다.

우리는 협력하면서 장기적으로 정책 결정과 행동 설계에 초점을 맞출 수 있다. 나는 한 번에 약 500년의 시간 단위, 즉 일곱 세대에 걸

그림 8. 카프먼의 드라마 삼각형

쳐 생각하는 세계관을 계승하는 오지브웨족 출신이다. 4분의 1도, 연간 계획도 아니다. 무려 500년이다! 미래를 위한 집단적 설계를 촉진하고 오늘날의 문제를 해결하기 위해 우리 모두는 수천 년에 걸쳐 작동해온 전 세계 사람들의 견고한 지혜를 고수해야 한다.

나는 먼저 당신이 속한 조직에서 할 수 있는 모든 프로세스에 반복을 포함시키라고 제안하고 싶다. 이를 통해 시스템에 인지 유연성을 끼워 넣고 낡거나 해로운 관행을 순환시키고 개선할 수 있다. 둘째, 500년 단위로 생각하는 것을 마음을 여는 방법으로 적용해볼 것을 제안한다. 근시안적이고 반응적인 에너지가 우리를 이기는 경우가 너무 많기 때문이다. 셋째, 제어되지 않는 정치적 올바름이 긍정적 추진력을 마비시키지 않도록 하면서 모두를 위한 공간을 만드는 사회적 기술을 채택할 것이다.

이 시대에는 명확하고, 온정적이며, 공정하고, 집단을 생산적인 결과로 이끌 수 있는 새롭고 잘 설계된 서로 간의 합의가 필요하다. 현재의 정책 중 너무 많은 것이 어리석거나 편파적인 양상으로 카프먼 Karpman의 드라마 삼각형[9]을 전파한다. 이 삼각형에서 우리는 어떤 뉴스 거품을 소비하느냐에 따라 빈곤층, 경찰, 정치인을 희생자, 박해자, 구원자로 보게 된다. 나는 이러한 합의를 실행함으로써 우리 모두가 힘을 합쳐 오늘날의 도전을 극복할 수 있다고 믿는다.

역사는 자신이 믿는 것을 위해 일하고, 싸우고, 추진하면서 반대와 낙담, 그리고 실패에 직면한 사람들로 가득하다. 그들은 본능적으로 집단 하베눌라에서 길을 찾았고, 종종 반복을 통해 원동력을 얻었다. 우리는 영향력을 발휘할 더 좋은 기회를 갖고 있다. 하베눌라에 대한 새로운 신경과학에 비추어 볼 때, 동기 상실과 자기 비난에서 자신을 보호하기 위해 모든 실패를 무력화하는 것이 중요하다는 점을 이해하고 있기 때문이다. 반복적 사고를 채택하는 것은 누구나 발전시킬 수 있는 중요한 기술이며, 매트릭스에서 우리를 해방시킬 뿐만 아니라 멈출 수 없는 존재로 만드는 마법의 문이다.

이 책이 당신에게 삶에 대한 강력하고 새로운 이해를 일깨워주기 바란다. 당신이 과거나 미래의 실패에서 해방되어 신이 주신 잠재력을 마음껏 발휘할 수 있기를 바란다. 그리고 내면 깊은 곳에 있는 재능을 펼쳐 모든 존재에게 유익함과 편리함을 가져다주길 바란다. 당신의 앞날을 축복하며.

감사의 글

Memengwaakwe indizhnikaaz.

Gaa zagaskwaa-jimekaag indoonjibaa.

Migizi indoodem.

오지브웨족의 조상과 언어를 기리고자 전통 방식으로 메멩와퀘 Memengwaakwe(나비 여인)로 나를 소개해보았다. Miigwech! (감사합니다!)

가장 위대한 과학자인 대자연에 감사드린다. 우리 인간이 '발견'하는 모든 것은 기존에 존재하는, 그리고 인간의 이해 능력을 뛰어넘는 지능 시스템의 요소에 이름을 붙인 것에 불과하다.

가능한 한 많은 사람에게 건강과 활력을 전파하기 위해 사심 없이 노력하는 모든 교사, 과학자, 치유자, 부모, 농부, 전사, 도덕적 지도자에게 감사드린다. 또 사랑과 유대, 건강, 지혜를 키워주는 모든 조상과 보이지 않는 힘에 감사드린다.

나의 삶과 이 책을 키우고, 가르치고, 치유하고, 지원하고, 안내해준 사랑하는 가족, 멘토, 친구들에게 특별한 감사를 전한다. 트라우마를 이겨내고 살아남아 훌륭한 어머니, 정신분석가, 치유자, 반복자가

된 내 어머니 미스코콴Miskogwan과 내가 아는 사람 중 가장 이타적이고 인내심 많은 새아버지 테리Terry, 생전에 실수도 많이 하셨지만 상식과 노력에 대해 수많은 가르침을 주신 내 아버지 딘Dean과 친절함, 전략적 탁월함, 근성과 끈기로 우리 가족 모두에게 훌륭한 삶을 사는 방법을 몸소 보여준 새어머니 어니타Anita에게도 감사드린다.

특별한 남편 조시Josh와 내게 가르침을 준 혼합 가족의 자녀들 알렉사Alecsa, 이선Ethan, 멤피스Memphis, 세라Shara 그리고 여동생과 언니 레나Rena, 캐시Kathy, 앨리샤Allysha, 더불어 그녀들의 남편 제프Jeff, 앤드루Andrew, 딜런Dylan, 내게 놀라운 선생님이 되어준 조카들 칼리Kalie, 브렛Bret, 오토Otto, 시오Theo, 여러분과 친척이 되어 영광이다!

그리고 소중한 선배, 멘토, 선생님들께 감사드린다. 수십 년 동안 내게 문화적 멘토링을 해주고 오지브웨 이름으로 나를 키워준 리처드 윌리엄스Richard Williams와 샐리 윌리엄스Sally Williams, 동물의 세계, 말과의 소통 및 존중을 가르쳐준 커티스 라이트Curtis Wright와 줄리 카펜터, 우리 가족을 오지브웨 언어와 문화에 다시 연결해준 바비타우 보이드Baabiitaw Boyd와 와고쉬Waagosh, 깊은 명상의 계보로 연결하고 안내해준 실비아 그레첸Sylvia Gretchen, 아트 지아칼론Dr. Art Giacalone, 산토시 필립Santosh Philip, 요가의 지혜를 알려준 주코 홀리데이Juko Holiday, 원주민 기술을 지키고 준중한 존 영Jon Young, 폴 라파엘Paul Rafael, 톰 브라운 주니어Tom Brown Jr, 마음 챙김을 소개해준 틱낫한 스님과 디 수녀님Sister D, 평정심뿐 아니라 인종과 사회 정의에 대해 가르쳐준 쇼시크 포시Shosheech Posey, 디몬드 힐D'mond Hill, 데이비드 루이스David Lewis, 맥

로치 그리고 서양의학, 심리학, 과학 분야에서 최고의 가르침을 준 의학 및 공중 보건학 교수님들. 특히 내가 확신하지 못할 때 이 책을 믿어준 마크 니컬슨Mark Nicolson. 진실을 알려준 데이브 SDave S, 내 목소리와 마음과 힘을 열어준 리사 리틀버드Lisa Littlebird와 후샤후 야와나와Hushahu Yawanawa 그리고 그 밖의 모든 영적·의식적 지도자들, 내 삶과 건강은 여러분이 주신 선물과 은혜의 결과다.

행동 변화, 의학, 인구 집단 건강, 신경과학 분야의 특별한 분들께도 감사의 말씀을 전하고 싶다. 관대함과 천재성을 지닌 B. J. 포그B. J. Fogg, 반복을 실행하는 환자에 대해 눈을 뜨게 해준 래리 추, 모든 일에서 새로운 것을 받아들이고 혁신을 보여준 조 크베다르Joe Kvedar, 신경과학의 매력을 알고 다가갈 수 있게 해준 데이비드 이글먼David Eagleman, 연민을 몸소 보여준 짐 도티Jim Doty, 비전을 제시하고 우리 모두의 미래를 열어준 데이비드 호크David Hoke, 그리고 캐롤 드웩, 자크 판크세프, 웬디 우드Wendy Wood, 제니 버넷, 앤 렘케Anne Lembke, 가보 마테를 비롯해 막강한 잠재력을 지닌 뇌 영역의 작동 원리를 밝히고 있는 뛰어난 하베눌라 연구자들과 사고방식, 습관, 신경 네트워크, 트라우마, 중독, 환각 치료, 신경과학에 대한 중요한 연구와 통찰을 제공하는 많은 학자들에게 깊은 감사를 보낸다.

이 책은 뛰어난 재능과 같은 생각을 지닌 여러 사람들이 함께 만들어낸 결과물이다. 하나의 약 묶음과도 같은 이 책을 만드는 데 영감과 노력, 지원을 아끼지 않은 분이 너무 많지만 일일이 거론할 수 없는 관계로 몇 분의 이름만 소개한다. 초창기부터 반복의 효과를 믿어준 여러 팀원을 비롯해 프레시 트라이의 훌륭한 전현직 팀원들이 보여준 상당한 기여와 안내에 감사드린다. 브라이언 가르시아Brian Garcia, 네이트 허시Nate Hershey, 베스 맥마흔Beth McMahon, 헤일리 번스Hayley Burns, 멜리사 브랜트Melissa Brandt, 키넌 월시Keenan Walsh, 시몬 아로라Simone Arora, 데니 로열Denny Royal, 아니사 가르자Anyssa Garza, 매디 목타라니Maddy Mokhtarani, 스테파니 그리어Stephanie Greer, 호세 코랄José Corral, 케빈 피옥Kevin Fyock, 브라이언 크롭Brian Cropp, 그리고 최근에 합류한 제프 주렐러Jeff Jureller, 케이시 휴스Casey Hughes, 존 벡John Beck, 샤론 헬거루드Sharon Helgerud, 에마 소사Emma Sosa, 코트니 들로라Courtney DeLaura, 애디슨 도포르토Addison Doporto, 앤드루 리Andrew Lee, 샘 유어Sam Eure, 다코타 탠Dakota Tan, 다차 레인DaChar Lane, 세라 호버슨Sara Hoverson.

그리고 우리가 하는 일을 영향력 있게 만들어주는 디자이너, 엔지니어, 협력 업체의 모든 구성원들께도 감사드린다! 연구 및 프로젝트 관리 지원을 맡아준 말로리 로얼Mallory Rowell과 애비 슈말츠Abby Schmalz에게 특별히 감사드린다. 고통을 완화하고 변화의 본질을 추구하는 여정에 여러분과 함께할 수 있는 것은 매우 큰 영광이다! 어멘다 피셔Amenda Fisher, 마이크 캐넌Mike Cannon, 브라이스 스미스Bryce Smith, 마이크 얀센Mike Jansen, 리사 우즈Lisa Woods, 스티브 트레미티어Steve Tremitiere, 애덤 스타비스키Adam Stavisky 등 진정한 행동 변화를 추구하는 비즈니스 파트너들에게도 깊은 감사를 전한다.

전문적인 안내와 팀워크를 보여준 포브스 북스Forbes Books 출판 팀의 로런 스테프스Lauren Steffes, 올리비아 탱슬리Olivia Tanksley, 엘리자베스 린치Elisabeth Lynch, 제이컵 홀리필드Jacob Hollifield, 앨리슨 모스Alison Morse, 스티브 존슨Steve Johnson에게 특별히 감사드린다. 또 이 책을 소개하고 믿어준 리즈 콰Liz Kwo께도 감사드린다.

행동 변화와 자기 치유의 길을 걸으며 든든한 우정과 심오한 가르침을 준 로즈 다위디악-라파냐니Rose Dawydiak-Rapagnani, 내털리 샤피로Natalie Shapiro, 다니 도브가니치Dani Dovganych, 케이틀린 와일드Caitlin Wild, 체어 사익스Chere Sykes, 마이클 펜Michael Penn, 마가리타 라모스Margarita Ramos, 줄리아 스틸바겐과 브레이든 스틸바겐Julia and Braden Stilwagen, 데니스 노튼Dennis Notten, 보리스 쿠드린Boris Koodrin, 티피 폴레Tippi Pollet, 켄 스턴Ken Stern, 로비 라이언Robbie Ryan, 앤드루 짐머만Andrew Zimmermann, 이본 오헤어Yvonne O'Hare, 헤더 리어리Heather Leary, 에이바 그레이스Ava Grace, 쇼샤나 헬만Shoshana Helman 이 외의 많은 분들께 감사 인사를 전하고 싶다.

마지막으로 책에 담을 내용을 구체화하는 지루한 과정 내내 자주 안아주고 웃음을 주며 힘든 시기에 몸과 마음에 좋은 약이 되어준 반려동물들(세로, 말쿠, 아폴로, 셈파, 누지, 젠, 오기마, 그리고 세피라)에게도 고마움을 전한다.

주

서문 | 당신은 뇌에게 완전히 속았다

1. Encyclopaedia Britannica, s.v. "Pavlovian conditioning," accessed May 12, 2023, https://www.britannica.com/science/Pavlovian-conditioning.

1장 | 성과주의라는 신기루

1. Richtel, Matt, "It's Life or Death," *New York Times*, April 2022, accessed June 1, 2023, https://www.nytimes.com/2022/04/23/health/mental-health-crisisteens.html.
2. Centers for Disease Control and Prevention, "Youth Risk Behavior Surveillance Data Summary & Trends Report: 2011–2021," accessed May 28, 2023, https://www.cdc.gov/healthyyouth/data/yrbs/pdf/YRBS_Data-Summary-Trends_Report2023_508.pdf.
3. Dweck, Carol S., and Ellen S. Elliott. "Achievement Motivation." *Handbook of Child Psychology*, vol. 4, Socialization, Personality, and Social Development, edited by Paul H. Mussen and E. Mavis Hetherington, 643–691. New York: Wiley, 1983.
4. Dweck, Carol S. "Motivational Processes Affecting Learning." *American Psychologist* (1986): 1040–1048.
5. "Extrinsic Motivation." *ScienceDirect Topics*. Accessed September 25, 2023. https://www.sciencedirect.com/topics/psychology/extrinsicmotivation#:~:text=Extrinsic%20motivation%20is%20defined%20as,and%20the%20Performing%20Artist%2C%202017.
6. Oudeyer, Pierre-Yves, and Frederic Kaplan. "What Is Intrinsic Motivation? A Typology of Computational Approaches." *Frontiers in Neurorobotics* 1 (2007): 6. https://doi.org/10.3389/neuro.12.006.2007.
7. Vandewalle, Don, Christina G. L. Nerstad, and Anders Dysvik. "Goal Orientation: A Review of the Miles Traveled and the Miles to Go." *Annual Review of Organizational Psychology and Organizational Behavior* 6 (2019): 115–144.
8. Duda, Joan L., and Susan A. White. "Goal Orientations and Beliefs About the Causes of Sport Success Among Elite Skiers." *Sport Psychologist* 6 (1992): 334–43.
9. Vandewalle, Don, Christina G. L. Nerstad, and Anders Dysvik. "Goal Orientation: A Review of the Miles Traveled and the Miles to Go." *Annual Review of Organizational Psychology and Organizational Behavior* 6 (2019): 115–144.
10. Vandewalle, Don, Christina G. L. Nerstad, and Anders Dysvik. "Goal Orientation: A Review of the Miles Traveled and the Miles to Go." *Annual Review of Organizational*

Psychology and Organizational Behavior 6 (2019): 115–144.
11. Eikey, Elizabeth V. "Effects of Diet and Fitness Apps on Eating Disorder Behaviours: Qualitative Study." *BJPsych Open* 7, no. 5 (2021): e176. https://doi.org/10.1192/bjo.2021.1011.
12. Wing, Rena R., and Suzanne Phelan. "Long-Term Weight Loss Maintenance." *American Journal of Clinical Nutrition* 82 (2005): 222–225.
13. Ge, Long, Behnam Sadeghirad, et al. "Comparison of Dietary Macronutrient Patterns of 14 Popular Named Dietary Programmes for Weight and Cardiovascular Risk Factor Reduction in Adults: Systematic Review and Network Meta-Analysis of Randomised Trials." *BMJ* 369 (2020): m696. https://doi.org/10.1136/bmj.m696.
14. Apolzan, John W., Elizabeth M. Venditti, Sharon L. Edelstein, et al., for the Diabetes Prevention Program Research Group. "Long-Term Weight Loss with Metformin or Lifestyle Intervention in the Diabetes Prevention Program Outcomes Study." *Annals of Internal Medicine* 170 (2019): 682–690. https://doi.org/10.7326/M18-1605.
15. Apolzan, John W., Elizabeth M. Venditti, Sharon L. Edelstein, et al., for the Diabetes Prevention Program Research Group. "Long-Term Weight Loss with Metformin or Lifestyle Intervention in the Diabetes Prevention Program Outcomes Study." *Annals of Internal Medicine* 170 (2019): 682–690. https://doi.org/10.7326/M18-1605.
16. Oscarsson, Marcus, Per Carlbring, Gerhard Andersson, and Alexander Rozental. "A Large-Scale Experiment on New Year's Resolutions: Approach-Oriented Goals Are More Successful than Avoidance-Oriented Goals." *PLoS ONE* 15, no. 12 (2020): e0234097. https://doi.org/10.1371/journal.pone.0234097.
17. Bechara, Antoine, Hanna Damasio, Daniel Tranel, and Antonio R. Damasio. "Deciding Advantageously Before Knowing the Advantageous Strategy." *Science* 275, no. 5304 (1997): 1293–1295. https://doi.org/10.1126/science.275.5304.1293.
18. Vogels, Emily A., and Colleen McClain. "Key Findings about Online Dating in the U.S." Pew Research Center, February 2023. https://www.pewresearch.org/short-reads/2023/02/02/key-findings-about-online-dating-in-the-u-s/.
19. Galloway, Scott. "The Number One Reason This Generation Is Struggling." Diary of a CEO (video), October 2022. https://www.youtube.com/watch?v=S3l-wPn8N5Y&ab_channel=TheDiaryOfACEOClips.
20. Sturm, Rudiger. "Jim Carrey: There Is No Me." The Talks. https://the-talks.com/interview/jim-carrey/.
21. Paterniti, Michael. "Brad Pitt Talks Divorce, Quitting Drinking, and Becoming a Better Man." GQ.com, May 3, 2017. https://www.gq.com/story/brad-pitt-gq-style-cover-story.
22. The 92nd Street Y, New York. "Malcolm Gladwell: The Crisis in Girls' Sports with Lauren Fleshman and Linda Flanagan." YouTube video, 1:04:04, April 15, 2023. https://

www.youtube.com/watch?v=E_iEQNaqhu0&ab_channel=The92ndStreetY,NewYork.
23. Milner, Allison, Andrew Page, Stephen Morrell, et al. "The Effects of Involuntary Job Loss on Suicide and Suicide Attempts Among Young Adults: Evidence from a Matched Case-Control Study." *Australian & New Zealand Journal of Psychiatry* 48, no. 4 (2014): 333–340. https://doi.org/10.1177/0004867414521502.
24. Thomas, Carly. "Elizabeth Holmes Claims Amanda Seyfried Was 'Playing A Character I Created' In 'The Dropout.'" *The Hollywood Reporter*, May 8, 2023. https://www.hollywoodreporter.com/tv/tv-news/elizabeth-holmes-reacts-amanda-seyfried-the-dropout-1235482424/.
25. Goldman-Mellor, Sidra J., Katherine B. Saxton, and Ralph C. Catalano. "Economic Contraction and Mental Health." *International Journal of Mental Health* 39, no. 2 (2010): 6–31. https://doi.org/10.2753/IMH0020-7411390201.
26. Sucher, Sandra J., and Marilyn Morgan Webster. "What Companies Still Get Wrong About Layoffs." *Harvard Business Review*, December 8, 2022. https://hbr.org/2022/12/what-companies-still-get-wrong-about-layoffs.
27. Vandewalle, Don, Charlotte G. L. Nerstad, and Anders Dysvik. "Goal Orientation: A Review of the Miles Traveled and the Miles to Go." *Annual Review of Organizational Psychology and Organizational Behavior* 6 (2019): 115–144.
28. Lee, Woogul, Johnmarshall Reeve, Yixue Xue, and Jianxin Xiong. "Neural Differences Between Intrinsic Reasons for Doing Versus Extrinsic Reasons for Doing: An fMRI Study." *Neuroscience Research* 73, no. 1 (May 2012): 68–72. https://doi.org/10.1016/j.neures.2012.02.010. PMID: 23565014. PMCID: PMC3614004.

2장 | 의지를 꺾어버리는 내 머릿속 스위치

1. Seligman, Martin E.P. and Steven F. Maier. 1967. "Failure to Escape Traumatic Shock." *Journal of Experimental Psychology* 74: 1–9. http://dx.doi.org/10.1037/h0024514.
2. Psychology Today. "Learned Helplessness." Accessed September 15, 2023. https://www.psychologytoday.com/us/basics/learned-helplessness.
3. Schunk, Dale H., Paul R. Pintrich, and Judith L. Meece. 2008. *Motivation in Education: Theory, Research, and Applications*. 3rd ed. Upper Saddle River, NJ: Pearson Education.
4. Matsumoto, Masayuki, and Okihide Hikosaka. 2007. "Lateral Habenula as a Source of Negative Reward Signals in Dopamine Neurons." *Nature* 447 (7148): 1111–1115. https://doi.org/10.1038/nature05860.
5. Velasquez, Karla M., Denis L. Molfese, and Raul Salas. 2014. "The Role of the Habenula in Drug Addiction." *Frontiers in Human Neuroscience* 8. https://doi.org/10.3389/

fnhum.2014.00174.

6. Ferguson, Sarah. "Donald Olding Hebb." *Canadian Association For Neuroscience*. Accessed July 9, 2023. https://can-acn.org/donald-olding-hebb/.

7. Ruggeri, Kai, Sonja Alí, Maxime L. Berge, et al. 2020. "Replicating Patterns of Prospect Theory for Decision Under Risk." *Nature Human Behaviour* 4: 622–633. https://doi.org/10.1038/s41562-020-0886-x.

8. Hikosaka, Okihide. 2010. "The Habenula: From Stress Evasion to Value-Based Decision-Making." *Nature Reviews Neuroscience* 11 (7): 503–513. https://doi.org/10.1038/nrn2866.

9. Kahneman, Daniel, and Amos Tversky. 1992. "Advances in Prospect Theory: Cumulative Representation of Uncertainty." *Journal of Risk and Uncertainty* 5 (4): 297–323.

10. George, Mark S., Terence A. Ketter, and Robert M. Post. 1994. "Prefrontal Cortex Dysfunction in Clinical Depression." *Depression* 2, no. 2: 59–72. https://doi.org/10.1002/depr.3050020202.

11. Wolever, Ruth Q., Kyra J. Bobinet, Kathleen McCabe, Elizabeth R. Mackenzie, Erin Fekete, Catherine A. Kusnick, and Michael Baime. 2012. "Effective and Viable Mind-Body Stress Reduction in the Workplace: A Randomized Controlled Trial." *Journal of Occupational Health Psychology* 17, no. 2: 246–258. https://doi.org/10.1037/a0027278.

12. Li, Bo, Javier Piriz, Matthew Mirrione, et al. 2011. "Synaptic Potentiation onto Habenula Neurons in the Learned Helplessness Model of Depression." *Nature* 470: 535–539. https://doi.org/10.1038/nature09742.

13. Sartorius, Alexander, Kristina L. Kiening, Philipp Kirsch, Charmaine C. von Gall, Uwe Haberkorn, Andreas W. Unterberg, Fritz A. Henn, and Andreas Meyer-Lindenberg. 2010. "Remission of Major Depression under Deep Brain Stimulation of the Lateral Habenula in a Therapy-Refractory Patient." *Biological Psychiatry* 67, no. 2 (January 15): e9–e11. https://doi.org/10.1016/j.biopsych.2009.08.027. PMID: 19846068.

14. Hsu, Yun-Wei A., Si D. Wang, Shirong Wang, Glenn Morton, Hatim A. Zariwala, Horacio O. de la Iglesia, and Eric E. Turner. 2014. "Role of the Dorsal Medial Habenula in the Regulation of Voluntary Activity, Motor Function, Hedonic State, and Primary Reinforcement." *Journal of Neuroscience* 34, no. 34 (August 20): 11366–11384. https://doi.org/10.1523/JNEUROSCI.1861-14.2014.

15. Lawson, Rebecca P., Claire Nord, Barbara Seymour, et al. 2017. "Disrupted Habenula Function in Major Depression." *Molecular Psychiatry* 22: 202–208. https://doi.org/10.1038/mp.2016.81.

16. Barreiros, Andre R., Isabella Breukelaar, Praniti Mayur, et al. 2022. "Abnormal Habenula Functional Connectivity Characterizes Treatment-Resistant Depression." *NeuroImage: Clinical* 34: 102990. https://doi.org/10.1016/j.nicl.2022.102990. PMID: 35305499.

PMCID: PMC8933564.
17. Yang, Ying, Yizhen Cui, Kay Sang, et al. 2018. "Ketamine Blocks Bursting in the Lateral Habenula to Rapidly Relieve Depression." *Nature* 554: 317–322. https://doi.org/10.1038/nature25509.
18. Herzog, Herbert, et al. 2023. "Critical Role of Lateral Habenula Circuits in the Control of Stress-Induced Palatable Food Consumption." *Neuron* (June 08). https://doi.org/10.1016/j.neuron.2023.05.010.
19. Maldonado, Maricela, Denis L. Molfese, Harshini Viswanath, et al. 2018. "The Habenula as a Novel Link Between the Homeostatic and Hedonic Pathways in Cancer-Associated Weight Loss: A Pilot Study." *Journal of Cachexia, Sarcopenia and Muscle* 9: 497–504. https://doi.org/10.1002/jcsm.12286.
20. Báez-Mendoza, Raymundo, and Wolfram Schultz. 2013. "The Role of the Striatum in Social Behavior." *Frontiers in Neuroscience* 7 (December 10): 233. https://doi.org/10.3389/fnins.2013.00233. PMID: 24339801. PMCID: PMC3857563.
21. Báez-Mendoza, Raymundo, and Wolfram Schultz. 2013. "The Role of the Striatum in Social Behavior." *Frontiers in Neuroscience* 7 (December 10): 233. https://doi.org/10.3389/fnins.2013.00233. PMID: 24339801. PMCID: PMC3857563.
22. Fowler, Christie and Paul Kenny. 2012. "Habenular Signaling in Nicotine Reinforcement." *Neuropsychopharmacology* 37: 306–307. https://doi.org/10.1038/npp.2011.197.
23. Berrettini, Wade, Xiangning Yuan, Francesca Tozzi, et al. 2008. "Alpha-5/alpha-3 Nicotinic Receptor Subunit Alleles Increase Risk for Heavy Smoking." *Molecular Psychiatry* 13, no. 4: 368–373. https://doi.org/10.1038/sj.mp.4002154. PMID: 18227835. PMCID: PMC2507863.
24. Baldwin, Patricia R., Rebecca Alanis, and Raul Salas. 2011. "The Role of the Habenula in Nicotine Addiction." *Journal of Addiction Research & Therapy Suppl* 1, no. 2: 002. https://doi.org/10.4172/2155-6105.S1-002. PMID: 22493758. PMCID: PMC3321348.
25. Jhou, Thomas C., Charlotte H. Good, Conor S. Rowley, et al. 2013. "Cocaine Drives Aversive Conditioning via Delayed Activation of Dopamine-Responsive Habenular and Midbrain Pathways." *Journal of Neuroscience* 33, no. 17: 7501–7512. https://doi.org/10.1523/JNEUROSCI.3634-12.2013. PMID: 23616555. PMCID: PMC3865501.
26. Neumann, Peter A., et al. 2015. "Increased Excitability of Lateral Habenula Neurons in Adolescent Rats Following Cocaine Self-Administration." *International Journal of Neuropsychopharmacology* 18, no. 6: pyu109. https://doi.org/10.1093/ijnp/pyu109.
27. Baldwin, Patricia R., Rebecca Alanis, and Raul Salas. 2011. "The Role of the Habenula in Nicotine Addiction." *Journal of Addiction Research & Therapy Suppl* 1, no. 2: 002. https://doi.org/10.4172/2155-6105.S1-002. PMID: 22493758. PMCID: PMC3321348.

28. Lax, Elad, Alex Friedman, Oshri Croitoru, et al. 2013. "Neurodegeneration of Lateral Habenula Efferent Fibers after Intermittent Cocaine Administration: Implications for Deep Brain Stimulation." *Neuropharmacology* 75: 246–254. https://doi.org/10.1016/j.neuropharm.2013.06.034. PMID: 23891640.
29. Müller, Ulf J., Meinhard Ahrens, Viktoriya Vasilevska, et al. 2021. "Reduced Habenular Volumes and Neuron Numbers in Male Heroin Addicts: A Post-Mortem Study." *European Archives of Psychiatry and Clinical Neuroscience* 271: 835–845. https://doi.org/10.1007/s00406-020-01195-y.
30. Baldwin, Patricia R., Rebecca Alanis, and Raul Salas. 2011. "The Role of the Habenula in Nicotine Addiction." *Journal of Addiction Research & Therapy Suppl* 1, no. 2: 002. https://doi.org/10.4172/2155-6105.S1-002. PMID: 22493758. PMCID: PMC3321348.
31. Viswanath, Harshini, Adam Q. Carter, Patricia R. Baldwin, et al. 2014. "The Medial Habenula: Still Neglected." *Frontiers in Human Neuroscience* 7: 931. https://doi.org/10.3389/fnhum.2013.00931. PMID: 24478666. PMCID: PMC3894476.
32. Harvard University Center on the Developing Child. "Take the ACE Quiz and Learn What It Does and Doesn't Mean." Accessed September 05, 2023. https://developingchild.harvard.edu/media-coverage/take-the-ace-quiz-and-learn-what-it-does-and-doesnt-mean/.
33. Webster, Jennifer F., Sam Beerens, and Chandler Wozny. 2023. "Effects of Early Life Stress and Subsequent Re-Exposure to Stress on Neuronal Activity in the Lateral Habenula." *Neuropsychopharmacology* 48: 745–753. https://doi.org/10.1038/s41386-022-01493-0.
34. Madubata, Ijeoma J., Michael O. Odafe, Danielle C. Talavera, et al. 2018. "Helplessness Mediates Racial Discrimination and Depression for African American Young Adults." *Journal of Black Psychology* 44, no. 7: 626–643. https://doi.org/10.1177/0095798418811476.
35. Simmons, Steven C., Ryan D. Shepard, Spencer Gouty, et al. 2020. "Early Life Stress Dysregulates Kappa Opioid Receptor Signaling Within the Lateral Habenula." *Neurobiology of Stress* 13: 100267. https://doi.org/10.1016/j.ynstr.2020.100267. PMID: 33344720. PMCID: PMC7739170.
36. Kawai, Takafumi, Hiroaki Yamada, Naohide Sato, et al. 2015. "Roles of the Lateral Habenula and Anterior Cingulate Cortex in Negative Outcome Monitoring and Behavioral Adjustment in Nonhuman Primates." *Neuron* 88, no. 4: 792–804. https://doi.org/10.1016/j.neuron.2015.09.030. PMID: 26481035.
37. Haun, Fred, Tara C. Eckenrode, and Michelle Murray. 1992. "Habenula and Thalamus Cell Transplants Restore Normal Sleep Behaviors Disrupted by Denervation of the Interpeduncular Nucleus." *The Journal of Neuroscience* 12, no. 8: 3282–3290. https://doi.org/10.1523/JNEUROSCI.12-08-03282.1992. PMID: 1494957. PMCID: PMC6575669.

38. Guilding, Chris, and Hugh D. Piggins. 2007. "Challenging the Omnipotence of the Suprachiasmatic Timekeeper: Are Circadian Oscillators Present Throughout the Mammalian Brain?" *European Journal of Neuroscience* 25, no. 11: 3195–3216. https://doi.org/10.1111/j.1460-9568.2007.05581.x. PMID: 17552989.
39. Huang, Li, Xin Chen, Qiaoning Tao, et al. 2023. "Bright Light Treatment Counteracts Stress-Induced Sleep Alterations in Mice, via a Visual Circuit Related to the Rostromedial Tegmental Nucleus." *PLoS Biology* 21, no. 9: e3002282. https://doi.org/10.1371/journal.pbio.3002282. PMID: 37676855. PMCID: PMC10484455.
40. Fan, Zeng, Jiaqi Chang, Yunfei Liang, et al. 2023. "Neural Mechanism Underlying Depressive-Like State Associated with Social Status Loss." *Cell* 186, no. 3: 560–576.e17. https://doi.org/10.1016/j.cell.2022.12.033. PMID: 36693374.
41. Hall, Kevin D., and Steven Kahan. 2018. "Maintenance of Lost Weight and Long-Term Management of Obesity." *Medical Clinics of North America* 102, no. 1: 183–197. https://doi.org/10.1016/j.mcna.2017.08.012. PMID: 29156185. PMCID: PMC5764193.
42. Seabrook, Elizabeth M., Margaret L. Kern, and Nikki S. Rickard. 2016. "Social Networking Sites, Depression, and Anxiety: A Systematic Review." *JMIR Mental Health* 3, no. 4: e50. https://doi.org/10.2196/mental.5842. PMID: 27881357. PMCID: PMC5143470.
43. Kahneman, Daniel, and Gary Klein. 2009. "Conditions for Intuitive Expertise: A Failure to Disagree." *American Psychologist* 64, no. 6: 515–526. https://doi.org/10.1037/a0016755.
44. Wood, Stacy L., and James R. Bettman. 2007. "Predicting Happiness: How Normative Feeling Rules Influence (and Even Reverse) Durability Bias." *Journal of Consumer Psychology* 17, no. 3: 188–201. https://doi.org/10.1016/S1057-7408(07)70028-1.
45. Philippi, Carissa L., Mario Dzemidzic, Caryn P. Frost, et al. 2018. "Neural and Behavioral Correlates of Negative Self-Focused Thought Associated with Depression." *Human Brain Mapping* 39, no. 5: 2246–2257. https://doi.org/10.1002/hbm.24003. PMID: 29427365. PMCID: PMC5895491.

3장 | 세상은 당신이 포기하기를 간절히 바라고 있다

1. Gunja, Munira Z., Evan D. Gumas, and Reginald D. Williams II. 2023. "U.S. Health Care from a Global Perspective, 2022: Accelerating Spending, Worsening Outcomes." Commonwealth Fund, January. https://www.commonwealthfund.org/publications/issue-briefs/2023/jan/us-health-care-global-perspective-2022.
2. Duncan, Iain, Tanzila Ahmed, Hamish Dove, Trevor L. Maxwell. 2019. "Medicare Cost at

End of Life." *American Journal of Hospice and Palliative Medicine* 36, no. 8 (August): 705–710. https://doi.org/10.1177/1049909119836204. PMID: 30884954. PMCID: PMC6610551.
3. "Corpulence." *The Encyclopædia Britannica*, edited by Hugh Chisholm, 7:192–193. 11th ed. Vol. 7. Cambridge: Cambridge University Press, 1911.
4. Groves, Barry. 2002. "William Banting: The Father of the Low-Carbohydrate Diet." *Second Opinions*. Accessed September 1, 2023. http://www.secondopinions.co.uk/banting.html.
5. Petrelli, Jennifer and Karen Y. Wolin. 2009. *Obesity (Biographies of Disease)*. Westport, CT: Greenwood.
6. Banting, William. 2005 [1863]. *Letter on Corpulence*. New York: Cosimo Classics.
7. Wikimedia Foundation. "Lulu Hunt Peters." Wikipedia, March 2023. https://en.wikipedia.org/wiki/Lulu_Hunt_Peters.
8. NotBadDan. "Are You Aging Poorly?" YouTube video, 10:58. Posted July 28, 2023. https://www.youtube.com/watch?v=VWlraoFbiY0&ab_channel=NotBadDan.
9. TheDiaryOfACEO. "Unmasking The Lies About Calories, Dieting, And Weight Loss." YouTube video, 9:31. Posted February 2, 2023. https://www.youtube.com/watch?v=Gy_vcL1cpP8&ab_channel=TheDiaryOfACEO.
10. Evaluate. "Biggest Selling Drugs of 2023." Evaluate Vantage, accessed September 2, 2023. https://www.evaluate.com/vantage/articles/analysis/biggest-selling-drugs-2023.
11. Filippatos, Theodosios D., Theodora V. Panagiotopoulou, and Moses S. Elisaf. 2014. "Adverse Effects of GLP-1 Receptor Agonists." *Reviews in Diabetic Studies* 11, no. 3–4: 202–30. https://doi.org/10.1900/RDS.2014.11.202. PMID: 26177483. PMCID: PMC5397288.
12. Butler, Peter C., Sara Dry, and Ross Elashoff. 2010. "GLP-1-Based Therapy for Diabetes: What You Do Not Know Can Hurt You." *Diabetes Care* 33, no. 2: 453–455. https://doi.org/10.2337/dc09-1902. PMID: 20103562. PMCID: PMC2809301.
13. Naito, Ryo, Martin McKee, Diana Leong, Shofiqul Islam, Salim Yusuf. 2023. "Social Isolation as a Risk Factor for All-Cause Mortality: Systematic Review and Meta-Analysis of Cohort Studies." *PLoS ONE* 18, no. 1 (January 12): e0280308. https://doi.org/10.1371/journal.pone.0280308. PMID: 36634152. PMCID: PMC9836313.
14. "Health Goals." In Encyclopedia.com. September 2, 2023. https://www.encyclopedia.com/education/encyclopedias-almanacs-transcripts-and-maps/health-goals.
15. Yeragani, Vikram K., Michael Tancer, Priyattam Chokka, and Glen B. Baker. 2010. "Arvid Carlsson, and the Story of Dopamine." *Indian Journal of Psychiatry* 52, no. 1 (January): 87–88. https://doi.org/10.4103/0019-5545.58907. PMID: 20174530. PMCID: PMC2824994.

16. Liu, Chunyan M., Matthew O. Spaulding, Jacob J. Rea, Emily E. Noble, and Scott E. Kanoski. 2021. "Oxytocin and Food Intake Control: Neural, Behavioral, and Signaling Mechanisms." *International Journal of Molecular Sciences* 22, no. 19 (October 8): 10859. https://doi.org/10.3390/ijms221910859. PMID: 34639199. PMCID: PMC8509519.
17. Sabatier, N., G. Leng, and J. Menzies. 2013. "Oxytocin, Feeding, and Satiety." *Frontiers in Endocrinology* 4 (March 20): 35. https://doi.org/10.3389/fendo.2013.00035. PMID: 23518828. PMCID: PMC3603288.
18. Rice, Lauren J., Jo Agu, C. Sue Carter, Julia C. Harris, Hamid P. Nazarloo, Hedieh Naanai, Stewart L. Einfeld. 2023. "The Relationship Between Endogenous Oxytocin and Vasopressin Levels and the Prader-Willi Syndrome Behaviour Phenotype." *Frontiers in Endocrinology* 14 (May 29): 1183525. https://doi.org/10.3389/fendo.2023.1183525. PMID: 37313445. PMCID: PMC10259653.
19. Otero-Garcia, Marta, Carmen Agustin-Pavon, Enrique Lanuza, and Fernando Martinez Garcia. 2015. "Distribution of Oxytocin and Co-Localization with Arginine Vasopressin in the Brain of Mice." *Brain Structure and Function* 221: 3445–3473.
20. Shahrokh, Dara K., Tie-Yuan Zhang, Jocelyn Diorio, Alexandre Gratton, and Michael J. Meaney. 2010. "Oxytocin-Dopamine Interactions Mediate Variations in Maternal Behavior in the Rat." *Endocrinology* 151: 2276–2286.
21. Peris, Joanna, Kayla MacFadyen, Justin A. Smith, Annette D. de Kloet, Lei Wang, Eric G. Krause. 2017. "Oxytocin Receptors are Expressed on Dopamine and Glutamate Neurons in the Mouse Ventral Tegmental Area that Project to Nucleus Accumbens and Other Mesolimbic Targets." *Journal of Comparative Neurology* 525, no. 5 (April 1): 1094–1108. https://doi.org/10.1002/cne.24116. PMID: 27615433. PMCID: PMC6483090.
22. Carson, D. S., J. L. Cornish, A. J. Guastella, G. E. Hunt, and I. S. McGregor. 2010. "Oxytocin Decreases Methamphetamine Self-Administration, Methamphetamine Hyperactivity, and Relapse to Methamphetamine-Seeking Behaviour in Rats." *Neuropharmacology* 58 (1): 38–43.
23. Leong, Kah-Chung, Sarah Cox, Clarissa King, Heidi Becker, and Cara M. Reichel. 2018. "Oxytocin and Rodent Models of Addiction." *International Review of Neurobiology* 140: 201–247. https://doi.org/10.1016/bs.irn.2018.07.007. PMID: 30193705. PMCID: PMC6530803.
24. Bardo, Michael T., Lauren R. Hammerslag, and Shelby G. Malone. 2021. "Effect of Early Life Social Adversity on Drug Abuse Vulnerability: Focus on Corticotropin-Releasing Factor and Oxytocin." *Neuropharmacology* 191 (June 15): 108567. https://doi.org/10.1016/j.neuropharm.2021.108567. PMID: 33862030. PMCID: PMC8217369.

25. Kosiborod, Mikhail, Stephan Abildstrøm, Barry Borlaug, et al. 2023. "Semaglutide in Patients with Heart Failure with Preserved Ejection Fraction and Obesity." *New England Journal of Medicine*. https://doi.org/10.1056/NEJMoa2306963.
26. Chuong, Victor, Maryam Farokhnia, Sara Khom, et al. 2023. "The Glucagon-Like Peptide-1 (GLP-1) Analogue Semaglutide Reduces Alcohol Drinking and Modulates Central GABA Neurotransmission." *JCI* Insight 8, no. 12 (June 22): e170671. https://doi.org/10.1172/jci.insight.170671. PMID: 37192005. PMCID: PMC10371247.
27. Brown, Marie T., and Jennifer K. Bussell. 2011. "Medication Adherence: WHO Cares?" *Mayo Clinic Proceedings* 86, no. 4 (April): 304–314. https://doi.org/10.4065/mcp.2010.0575. PMID: 21389250. PMCID: PMC3068890.
28. Baldoni, John. 2013. "Your Least Engaged Employees Might Be Your Top Performers." *Harvard Business Review*, April 2, 2013. https://hbr.org/2013/04/your-least-engaged-employees-m.
29. Lee, I-Min, Eric J. Shiroma, Misaka Kamada, et al. 2019. "Association of Step Volume and Intensity with All-Cause Mortality in Older Women." *JAMA Internal Medicine* 179, no. 8 (August 1): 1105–1112. https://doi.org/10.1001/jamainternmed.2019.0899. PMID: 31141585. PMCID: PMC6547157.

4장 | "어차피 나는 안 된다"는 생각 멈추기

1. Mercan, Nilay, Melek Bulut, and Çagrı Yüksel. 2023. "Investigation of the Relatedness of Cognitive Distortions with Emotional Expression, Anxiety, and Depression." *Current Psychology* 42: 2176–2185. https://doi.org/10.1007/s12144-021-02251-z.
2. Teasdale, John D., Julie Scott, Robert G. Moore, Helen Hayhurst, Michael Pope, and Eugene S. Paykel. 2001. "How Does Cognitive Therapy Prevent Relapse in Residual Depression? Evidence from a Controlled Trial." *Journal of Consulting and Clinical Psychology* 69, no. 3: 347–357. https://doi.org/10.1037/0022-006X.69.3.347.
3. Ammerman, Robert T., Kevin G. Lynch, James E. Donovan, Christopher S. Martin, and Stephen A. Maisto. 2001. "Constructive Thinking in Adolescents with Substance Use Disorders." *Psychology of Addictive Behaviors* 15, no. 2: 89–96. https://doi.org/10.1037/0893-164X.15.2.89.
4. Fairburn, Christopher G., Zafra Cooper, and Roz Shafran. 2003. "Cognitive Behaviour Therapy for Eating Disorders: A 'Transdiagnostic' Theory and Treatment." *Behaviour Research and Therapy* 41, no. 5 (May): 509–528. https://doi.org/10.1016/s0005-7967(02)00088-8. PMID: 12711261.
5. Ouhmad, Nawal, Romain Deperrois, Wissam El-Hage, and Nicolas Combalbert. 2023.

"Cognitive Distortions, Anxiety, and Depression in Individuals Suffering from PTSD." *International Journal of Mental Health*: 1–17. https://doi.org/10.1080/00207411.2023.2219950.

6. Arntz, Arnoud, and José ten Haaf. 2012. "Social Cognition in Borderline Personality Disorder: Evidence for Dichotomous Thinking but No Evidence for Less Complex Attributions." *Behaviour Research and Therapy* 50, no. 11: 707–712.
7. Psych Central. "All or Nothing Thinking Examples." Accessed February 27, 2023. https://psychcentral.com/health/all-or-nothing-thinking-examples#all-or-nothing-distortion.
8. Yechiam, Eldad, and Guy Hochman. 2013. "Losses as Modulators of Attention: *Review and Analysis of the Unique Effects of Losses Over Gains*." Psychological Bulletin 139, no. 2 (March): 497–518. https://doi.org/10.1037/a0029383. PMID: 22823738.
9. Bravata, Dena M., Sarah A. Watts, Allison L. Keefer, Dinesh K. Madhusudhan, Kathleen T. Taylor, Danielle M. Clark, Remy R. Nelson, Kevin O. Cokley, and Hans K. Hagg. 2020. "Prevalence, Predictors, and Treatment of Impostor Syndrome: A Systematic Review." *Journal of General Internal Medicine* 35, no. 4 (April): 1252–1275. https://doi.org/10.1007/s11606-019-05364-1. PMID: 31848865. PMCID: PMC7174434.
10. Psychology Today. "Imposter Syndrome." Accessed July 28, 2023. https://www.psychologytoday.com/us/basics/imposter-syndrome.
11. Bridge, Donna J., and Ken A. Paller. 2012. "Neural Correlates of Reactivation and Retrieval-Induced Distortion." *Journal of Neuroscience* 32, no. 35 (August 29): 12144–12151. https://doi.org/10.1523/JNEUROSCI.1378-12.2012.
12. Hardstone, R., M. Zhu, A. Flinker, et al. 2021. "Long-Term Priors Influence Visual Perception Through Recruitment of Long-Range Feedback." *Nature Communications* 12: 6288. https://doi.org/10.1038/s41467-021-26544-w.
13. Tyler, Christopher W. 2022. "The Nature of Illusions: A New Synthesis Based on Verifiability." *Frontiers in Human Neuroscience* 16. https://doi.org/10.3389/fnhum.2022.875829.
14. Sec. Sensory Neuroscience, Volume 16 - 2022. https://doi.org/10.3389/fnhum.2022.875829.

5장 | 작심삼일 습관을 뿌리 뽑는 기술

1. Landon, E. Laird. "Self Concept, Ideal Self Concept, and Consumer Purchase Intentions." *Journal of Consumer Research* 1, no. 2 (1974): 44–51. http://www.jstor.org/stable/2489106.
2. McDougall, Scott, William Vargas Riad, Aileen Silva-Gotay, Etienne R. Tavares, Vidya

Harpalani, Guo-Li Ming Li, and Heather N. Richardson. 2018. "Myelination of Axons Corresponds with Faster Transmission Speed in the Prefrontal Cortex of Developing Male Rats." *eNeuro* 5, no. 4. https://doi.org/10.1523/ENEURO.0203-18.2018. PMID: 30225359. PMCID: PMC6140121.

3. Dickinson, Anthony, Janet Smith, and József Mirenowicz. 2000. "Dissociation of Pavlovian and Instrumental Incentive Learning under Dopamine Antagonists." *Behavioral Neuroscience* 114, no. 3: 468–483. https://doi.org/10.1037/0735-7044.114.3.468.

4. Dolan, Ray J., and Peter Dayan. 2013. "Goals and Habits in the Brain." *Neuron* 80, no. 2: 312–325. https://doi.org/10.1016/j.neuron.2013.09.007.

5. Delahoy, Rebekah, Catherine G. Davey, Alexander J. Jamieson, Lauren Finlayson-Short, Hannah S. Savage, Thomas Steward, and Ben J. Harrison. 2022. "Modulation of the Brain's Core-Self Network by Self-Appraisal Processes." *NeuroImage* 251 (May): 118980. https://doi.org/10.1016/j.neuroimage.2022.118980. PMID: 35143976.

6. Gusnard, D. A., E. Akbudak, G. L. Shulman, and M. E. Raichle. 2001. "Medial Prefrontal Cortex and Self-Referential Mental Activity: Relation to a Default Mode of Brain Function." *Proceedings of the National Academy of Sciences* 98 (7): 4259–4264. https://doi.org/10.1073/pnas.071043098. PMID: 11259662. PMCID: PMC31213.

7. Daws, Robert E., Charlotte Timmermann, Beatriz Giribaldi, et al. 2022. "Increased Global Integration in the Brain after Psilocybin Therapy for Depression." *Nature Medicine* 28 (4): 844–851. https://doi.org/10.1038/s41591-022-01744-z. PMID: 35411074.

8. Kurtzman, Laura. 2022. "Psilocybin Rewires the Brain for People with Depression." UCSF Weill Institute for Neurosciences, April. https://psych.ucsf.edu/news/psilocybin-rewires-brain-people-depression.

9. Ly, Calvin, Alex Kwan, LP Cameron, et al. 2018. "Psychedelics Promote Structural and Functional Neural Plasticity." *Cell Reports* 23 (11): 3170–3182. https://doi.org/10.1016/j.celrep.2018.05.022. PMID: 29898390. PMCID: PMC6082376.

10. Sherin, Jonathan E., and Charles B. Nemeroff. 2011. "Post-Traumatic Stress Disorder: The Neurobiological Impact of Psychological Trauma." *Dialogues in Clinical Neuroscience* 13 (3): 263–278. PMID: 22034143. PMCID: PMC3182008.

11. National Institutes of Health. 2015. "Positive Emotions and Your Health: Developing a Brighter Outlook." NIH News in Health, August. https://newsinhealth.nih.gov/2015/08/positive-emotions-your-health.

12. Palmer, Barbara. "Everyday Awe and Its Effects on Our Brains." PCMA Convene, accessed October 12, 2023. https://www.pcma.org/everyday-awe-effects-on-our-brains/.

13. Alexander, Rosemary, Oded R. Aragón, Joaquim B. Bookwala, et al. 2021. "The Neuroscience of Positive Emotions and Affect: Implications for Cultivating Happiness

and Wellbeing." *Neuroscience & Biobehavioral Reviews* 121 (February): 220–249. https://doi.org/10.1016/j.neubiorev.2020.12.002. PMID: 33307046.
14. Teo, Koon, Scott Lear, Salim Yusuf, et al. 2013. "Prevalence of a Healthy Lifestyle among Individuals with Cardiovascular Disease in High-, Middle-, and Low-Income Countries: The Prospective Urban Rural Epidemiology (PURE) Study." *JAMA* 309, no. 15 (April 17): 1613–1621. https://doi.org/10.1001/jama.2013.3519. PMID: 23592106.

6장 | 인생의 주도권을 쥔 사람은 무엇이 다른가

1. Thomas, J. Graham, Deborah S. Bond, Suzanne Phelan, et al. 2014. "Weight-Loss Maintenance for 10 Years in the National Weight Control Registry." *American Journal of Preventive Medicine* 46, no. 1 (January): 17–23. https://doi.org/10.1016/j.amepre.2013.08.019. PMID: 24355667.
2. Bonnavion, Patricia, Estefanía P. Fernández, Cristina Varin, and Adrien de Kerchove d'Exaerde. 2019. "It Takes Two to Tango: Dorsal Direct and Indirect Pathways Orchestration of Motor Learning and Behavioral Flexibility." *Neurochemistry International* 124 (March): 200–214. https://doi.org/10.1016/j.neuint.2019.01.009. PMID: 30659871.
3. Omada. "Can a Positive 'Process Mindset' Unlock Sustainable Behavior Change?" Accessed October 12, 2023. https://resourcecenter.omadahealth.com/blog/can-a-positive-process-mindset-unlock-sustainable-behavior-change.
4. Cradock, Katie A., Gearoid ÓLaighin, Fiona M. Finucane, et al. 2017. "Diet Behavior Change Techniques in Type 2 Diabetes: A Systematic Review and Meta-Analysis." *Diabetes Care* 40, no. 12: 1800–1810. https://doi.org/10.2337/dc17-0462.
5. Bonnavion, Patricia, Estefanía P. Fernández, Cristina Varin, and Adrien de Kerchove d'Exaerde. 2019. "It Takes Two to Tango: Dorsal Direct and Indirect Pathways Orchestration of Motor Learning and Behavioral Flexibility." *Neurochemistry International* 124 (March): 200–214. https://doi.org/10.1016/j.neuint.2019.01.009. PMID: 30659871.
6. Liu, Qian, Feng Gao, Xi Wang, et al. 2023. "Cognitive Inflexibility is Linked to Abnormal Frontoparietal-Related Activation and Connectivity in Obsessive-Compulsive Disorder." *Human Brain Mapping* (September 8). https://doi.org/10.1002/hbm.26457. PMID: 37683103.
7. Tei, Shisei, Takashi Itahashi, Yuko Y. Aoki, et al. 2023. "Neural Correlates of Perceptual Switching and Their Association with Empathy and Alexithymia in Individuals with and without Autism Spectrum Disorder." *Journal of Psychiatric Research* 164 (August):

322–328. https://doi.org/10.1016/j.jpsychires.2023.06.035. PMID: 37393797.
8. Rademacher, Lena, Dominique Kraft, Christiane J. Eckart, and Christian J. Fiebach. 2023. "Individual Differences in Resilience to Stress Are Associated with Affective Flexibility." *Psychological Research* 87, no. 6 (September): 1862–1879. https://doi.org/10.1007/s00426-022-01779-4. PMID: 36528692. PMCID: PMC10366320.
9. Liu, Qian, Feng Gao, Xi Wang, et al. 2023. "Cognitive Inflexibility is Linked to Abnormal Frontoparietal-Related Activation and Connectivity in Obsessive-Compulsive Disorder." *Human Brain Mapping* (September 8). https://doi.org/10.1002/hbm.26457. PMID: 37683103.
10. Tei, Shisei, Takashi Itahashi, Yuko Y. Aoki, et al. 2023. "Neural Correlates of Perceptual Switching and Their Association with Empathy and Alexithymia in Individuals with and without Autism Spectrum Disorder." *Journal of Psychiatric Research* 164 (August): 322–328. https://doi.org/10.1016/j.jpsychires.2023.06.035. PMID: 37393797.
11. Kılıç, Zümrüt, Neslihan Uzdil, and Yelda Günaydın. 2023. "The Effect of Cognitive Flexibility in Nurses on Attitudes to Professional Autonomy." *Nursing Ethics* (August 21). https://doi.org/10.1177/09697330231174533. PMID: 37602374.
12. Anton, Natasha E., Daniel J. Doster, Jaewook Choi, et al. 2023. "Neuropsychological Differences Between Surgery Interns and Age-Matched Adults." *Journal of Surgical Education* (August 25). https://doi.org/10.1016/j.jsurg.2023.07.022. PMID: 37634978.
13. American Psychological Association. "Reframing." Dictionary.apa.org. Accessed Month Day, Year. https://dictionary.apa.org/reframing.
14. Dweck, Carol S. and Ellen L. Elliott. 1983. "Achievement Motivation." *Handbook of Child Psychology*, 4th ed., edited by Paul H. Mussen and E. Mavis Hetherington, 643–691. New York: Wiley.
15. Mindset Works. "Decades of Scientific Research that Started a Growth Mindset Revolution." Accessed October 12, 2023. https://www.mindsetworks.com/science/.

7장 | 끝까지 해내는 브레인스토밍 전략

1. Montag, Christian, and Kwangyeol Baek. 2018. "Affective Neuroscience Theory and Personality: An Update." *Personal Neuroscience* 1: e12. https://doi.org/10.1017/pen.2018.10. PMID: 32435731. PMCID: PMC7219919.
2. Yin, Yi, Yang Wang, James A. Evans, and Dashun Wang. 2019. "Quantifying the Dynamics of Failure Across Science, Startups and Security." *Nature* 575 (7781): 190–194. https://doi.org/10.1038/s41586-019-1725-y. PMID: 31666706.
3. Cowan, Nelson. 2001. "The Magical Number 4 in Short-Term Memory: A Reconsideration

of Mental Storage Capacity." *Behavioral and Brain Sciences* 24, no. 1: 87–114. https://doi.org/10.1017/S0140525X01003922. PMID: 11515286.

4. Hofmann, Stefan G., Anu Asnaani, Imke J.J. Vonk, Alice T. Sawyer, and Angie Fang. 2012. "The Efficacy of Cognitive Behavioral Therapy: A Review of Meta-analyses." *Cognitive Therapy and Research* 36, no. 5 (October): 427–440. https://doi.org/10.1007/s10608-012-9476-1. PMID: 23459093. PMCID: PMC3584580.

8장 | 당신은 생각보다 더 강하다

1. Dickinson, Kevn. 2023. "5 Quotes from the 'Tao Te Ching' to Help Bring Balance to Your Life." The Big Think (March). https://bigthink.com/thelearning-curve/tao-te-ching/#:~:text=The%20Tao%20of%20heaven%20is,is%20to%20work%20without%20effort.

2. Stand Up Geniuses. 2022. Dave Chappelle: Deep in the Heart of Texas. YouTube video, 1:11:04. July 16, 2022. https://www.youtube.com/watch?v=GQpRwOztPuE&ab_channel=StandupGeniuses.

3. Harris, Sam. "Can We Contain Artificial Intelligence?: A Conversation with Mustafa Suleyman (Episode #33)." YouTube video, 1:17:17. Posted by "SamHarris," May 2, 2018. https://www.youtube.com/watch?v=IkojE37PUO8&ab_channel=SamHarris.

4. Liebenson, Craig. "A Systematic Way of Thinking." First Principles of Movement. Accessed October 12, 2023. https://firstprinciplesofmovement.com/about/.

5. Puhl, Matthew D., Joshua S. Blum, Stefany Acosta-Torres, and Patricia S. Grigson. 2012. "Environmental Enrichment Protects Against the Acquisition of Cocaine Self-Administration in Adult Male Rats, but Does Not Eliminate Avoidance of a Drug-Associated Saccharin Cue." *Behavioural Pharmacology* 23, no. 1: 43–53. https://doi.org/10.1097/FBP.0b013e32834eb060.

6. Waterson, Jim, and Dan Milmo. 2021. "Facebook Whistleblower Frances Haugen Calls for Urgent External Regulation." *The Guardian*, October 25, 2021. https://www.theguardian.com/technology/2021/oct/25/facebook-whistleblower-frances-haugen-calls-for-urgent-external-regulation.

7. Iqbal, Mansoor. 2023. "TikTok Revenue and Usage Statistics (2023)." Business of Apps, August 23, 2023. https://www.businessofapps.com/data/tik-tok-statistics/.

8. Satariano, Adam, et al. 2023. "Elon Musk's Unmatched Power in the Stars." *New York Times*, July. https://www.nytimes.com/interactive/2023/07/28/business/starlink.html.

9. Johnson, R. Skip. "Escaping Conflict and the Drama Triangle." BPDFamily.com. Retrieved June 10, 2015.

옮긴이 유지연

연세대학교 경제학과를 졸업하고 국내 대기업 인사팀과 IBM 컨설팅에서 인사/조직 및 경영 혁신과 관련해 여러 업무를 진행했다. 글밥아카데미 수료 후, 현재는 바른번역 소속 번역가로 활동 중이다. 옮긴 책으로는 『이것부터 해결하라』 『세븐 파워』 『나를 바꾸는 마지막 용기』 『자본주의 이대로 괜찮은가?』 『경영의 모델 100+』 『토니 블레어의 여정』 『돈, 착하게 벌 수는 없는가』 『예측가능 프로스펙팅』 『야망의 힘』 『결국 성공하는 사람들의 원칙』 『철학이 있는 삶이 성공을 만든다』 등이 있다.

끝까지 해내는 뇌

초판 1쇄 발행 2025년 7월 4일

지은이 카이라 보비넷
옮긴이 유지연

발행인 윤승현 **단행본사업본부장** 신동해
편집장 김예원 **파트장** 김보람 **책임편집** 김예빈
디자인 김은정 **교정교열** 고영숙
국제업무 김은정 김지민 **제작** 정석훈
마케터 최혜진 이인국 **홍보** 송임선

브랜드 갤리온
주소 경기도 파주시 회동길 20 웅진씽크빅
문의전화 031-956-7210(편집) 031-956-7089(마케팅)

홈페이지 www.wjbooks.co.kr
인스타그램 www.instagram.com/woongjin_readers
페이스북 www.facebook.com/woongjinreaders
블로그 blog.naver.com/wj_booking

발행처 ㈜웅진씽크빅
출판신고 1980년 3월 29일 제406-2007-000046호

한국어판 출판권 © ㈜웅진씽크빅, 2025
ISBN 978-89-01-29589-3 03190

- 갤리온은 ㈜웅진씽크빅 단행본사업본부의 브랜드입니다.
- 이 책은 저작권법에 의해 한국 내에서 보호를 받는 저작물이므로 무단 전재와 무단 복제를 금합니다.
- 책 내용의 전부 또는 일부를 이용하려면 반드시 저작권자와 ㈜웅진씽크빅의 서면 동의를 받아야 합니다.
- 책값은 뒤표지에 있습니다.
- 잘못된 책은 구입하신 곳에서 바꿔드립니다.